EVITA

EVITA

Alfonso Crespo

EVITA

Le destin extraordinaire
d'Eva Perón

Traduit de l'espagnol
par Edouard Jimenez

Éditions Mengès

3 janvier 1935

Une femme descend du train en gare de Buenos Aires, elle y a rendez-vous avec son destin.

Ses biens se réduisent à une valise de carton et à cent pesos dans son porte-monnaie. Personne ne la connaît. Personne ne l'attend. Absolument personne.

10 août 1952

Les obsèques les plus hallucinantes de l'histoire argentine : deux millions de personnes sont réunies pour faire leurs adieux à cette femme. Arrosées par les larmes, des milliers de couronnes de fleurs tapissent le parcours du cercueil monté sur l'affût d'un canon.

Il a fallu qu'il s'en passe, des choses, pendant ces dix-sept années.

Par un de ses tours mystérieux, le destin avait voulu secouer les pages de l'histoire argentine, grâce à un être au doux visage et à l'âme ardente. Il l'avait exigé mort ou vif. Pour qu'il exacerbe les passions d'une nation entière.

Voici sa vie.

CHAPITRE PREMIER
Décor et circonstances

Le mercredi 7 mai 1919 à La Unión, une ferme située à trois cents kilomètres à l'ouest de Buenos Aires. Il pleuvait ce matin-là sur la pampa argentine quand Juana Ibarguren, une mère célibataire, donne le jour, aidée par la sage-femme de la tribu indienne voisine, à une fillette de race blanche.

C'était un jour comme les autres : l'automne agonisait et le vent du sud annonçait déjà la venue de l'hiver tout proche. Les champs étaient en jachères et des millions de bêtes à cornes broutaient paisiblement sur les pâturages fertiles.

A Buenos Aires, une grève des acteurs paralysait les théâtres et la ville, indifférente comme à l'ordinaire, négligeait les luttes menées par le syndicat des coiffeurs et par le personnel de la société commerciale « Gath y Chávez ». Aucun autre conflit social, malgré un chômage qui affectait quelque 450 000 travailleurs, séquelle de la baisse des exportations de viande et de blé après la fin de la Première Guerre mondiale.

Buenos Aires avait pu vérifier combien cette quiétude était précaire et trompeuse : quatre mois auparavant — exactement le 7 janvier 1919 —, une hécatombe avait ponctué la grève des ouvriers des ateliers métallurgiques Vasena ; au cours de cette « semaine tragique », des centaines de morts et de blessés avaient jonché les rues de la ville.

Les citoyens devraient attendre un quart de siècle pour envahir les rues à nouveau et y réclamer leurs droits. Mais alors le sang ne serait pas versé : autoritaire, la voix d'une femme tonnerait et les appellerait à la manifestation, remplaçant le crépitement des fusils de la répression. La femme née à La Unión, par cette aube froide et mouillée.

Juana Ibarguren eut du mal à la faire inscrire sur le registre civil de Los Toldos, un hameau voisin de La Unión. Son amant, un fermier nommé Juan Duarte, se refusait à reconnaître la paternité de l'enfant, bien qu'il eût accepté pour les quatre rejetons précédents (trois filles et un garçon).

Après d'âpres discussions, Juana décida d'inscrire la fillette sous son propre nom : Ibarguren. Elle s'appellerait Eva María Ibarguren tout court. Juan Duarte n'assista pas plus à l'enregistrement qu'à la naissance : il ignorait qu'il échapperait un jour à l'anonymat grâce à cet être à qui il déniait une identité.

Par une étrange ironie du sort, Eva ne manquerait pas d'identités pendant sa courte vie : elle porterait quatre noms différents, et un cinquième après sa mort.

Juana n'en était pas à ses premières aventures. Originaire de la métairie de Bragado, sa mère, Petrona Nuñez, était une femme illettrée, *puestera* de Los Toldos (ou General Viamonte). Les *puesteras* appartenaient à ces phalanges féminines qui, des années auparavant, s'étaient enfoncées dans le désert sur les traces des soldats du général Julio A. Roca. Vivandières en France, *adelitas* au Mexique ou *rabonas* en Bolivie, ces femelles sauvages servaient de cuisinière ou de concubine et se transformaient, quand le besoin s'en faisait sentir, en infirmières ou en indomptables combattantes. Petrona était de cette race. Elle s'était installée à Los Toldos vers 1880, avec ses deux filles, Juana et Liberata. Le père de Juana, Joaquín Ibarguren, était un charretier, basque d'origine ; quant à Liberata, dont on ignorait le procréateur, elle s'appelait Nuñez, comme sa mère.

Les trois femmes étaient pauvres et gagnaient difficilement leur vie dans ce poste ferroviaire, marché d'approvisionnement pour les fermes des alentours. Hameau sans histoire ni caractère, il ressemblait à des centaines d'autres jalonnant la pampa, à peine réunis par des chemins poussiéreux où, de loin en loin, entre ciel et terre, se découpaient les silhouettes fugaces des *gauchos* et des lourdes diligences.

La pampa laissait une impression d'isolement cosmique, avec ses bourgades séparées par des distances incommensurables ; sur cette immensité assaillie par des vents acharnés, poudreuse en été et transformée en bourbier à la saison des pluies, de lugubres masures faites de briques ou de torchis, recouvertes de zinc, invitaient à l'absence. Pas la moindre colline pour rompre la monotonie de ces horizons éternels ; de rares buissons clairsemés près des champs où paissaient les bœufs et çà et là, entre les étendues verdoyantes et les paisibles troupeaux, un arbre gigantesque, insensible aux vents et aux bourrasques : l'ombu ; orgueilleux, indomptable, provocateur, refuge pour l'égaré, ombre bienfaisante, abri contre la tempête. La foudre seule peut le blesser à mort mais il sait mourir debout. L'ombu.

Les deux ou trois mille habitants que comptait Los Toldos à la fin du XIXe siècle étaient, pour la plupart, immigrants ou fils d'immigrants espagnols et italiens ; chassés par la misère, ils avaient gagné cette Arcadie américaine qui leur promettait la paix, le travail et le pain. Petrona était l'une d'entre eux.

Le village offrait à l'intérieur de ses limites une image caractéristique de la campagne argentine et de ses groupes sociaux : propriétaires, fermiers, administrateurs fonciers, détaillants, transporteurs ou simples journaliers. Personne n'était très riche ni très pauvre grâce à la pampa généreuse ; les existences s'y déroulaient anonymes et vouées à la grisaille.

Un jour quelconque de 1908, Juana Ibarguren, âgée de vingt ans à peine, noua des relations avec un nouvel arrivant, Juan Duarte.

Duarte, trente-sept ans, marié, trois filles, appartenait à la bourgeoisie de Chivilcoy, une ville voisine de Los Toldos. Il avait été pendant un certain temps juge suppléant, partageant son temps entre cette activité et le fermage, ce qui expliquait d'ailleurs sa présence ici : il venait de louer La Unión. Les mauvaises langues prétendaient qu'il avait été abandonné par sa femme, Estela Grisolía, séduite par un acteur de Buenos Aires.

Juan Duarte n'eut pas besoin de galanteries subtiles pour faire de Juana Ibarguren sa maîtresse : le concubinage était fréquent à la campagne et reflétait la dépendance sociale et économique de la femme, privée d'autonomie dans le travail et soumise à la férule masculine. La position sociale supérieure de Juan Duarte lui facilitait la tâche, il triomphait sans gloire.

Fugaces mais non furtives, les escapades de Juan Duarte à Los Toldos accentuèrent la marginalisation sociale des Nuñez, celle de

Juana en particulier, que l'on surnomma désormais « la concubine ». Quant à ces amours charnelles, sans doute négligées au début par Juan Duarte qui les tenaient pour passagères, elles allaient durer dix-huit années.

Les enfants naquirent au fil des ans : Blanca, en 1908 ; Elisa, en 1910 ; Juan Ramón, en 1914 ; Erminda, en 1916. Ils grandirent sans rien ignorer de leur bâtardise, délaissés par un père qui continuait à vivre avec sa famille légitime de Chivilcoy. Juan se souciait peu de leurs problèmes d'argent, se contentant de payer les habits neufs pour la messe et les vacances de fin d'année ; Juana palliait ces carences grâce à ses talents de couturière, réalisant les commandes des voisines qui lui avaient conservé leur amitié.

D'une taille quelque peu inférieure à la moyenne, teint clair et visage attrayant, yeux myopes mais pleins de vie, Juana Ibarguren se conduisit comme une femme avisée ; son total dévouement envers ses enfants contrastait avec le détachement du fermier. Plus tard les sœurs Duarte garderaient le silence sur la mémoire de leur père, mais voueraient un véritable culte à leur mère.

L'enfance d'Eva María fut celle des fillettes de son âge et de sa condition ; son arrivée augmenta les soucis financiers de Juana Ibarguren dépendante de son travail et de l'aide parcimonieuse d'un concubin, visiteur sporadique et père négligent.

Eva aimait partager les jeux de ses préférés, Juancito et Erminda, dès qu'elle sut marcher ; un de ses passe-temps consistait à observer les vers à soie sur les mûriers sauvages des prairies voisines ; elle prit goût ensuite aux espiègleries comportant des risques ; les saules la fascinaient, elle les escaladait prestement et se cachait dans leurs feuillages. « Les grands arbres ne lui faisaient pas peur », se rappelle Erminda.

Une jeunesse humble et innocente. Leur maison jouxtait un bosquet, Eva et Erminda y construisaient des « abris secrets », s'y réfugiant lorsque des pluies soudaines et torrentielles inondaient les sentiers. Lors des journées lumineuses, quand l'atmosphère était envahie par le parfum des magnolias et du basilic, Juancito lançait vers le viel des cerfs-volants multicolores, devant ses sœurs exubérantes comme le printemps.

On offrit un jour à Eva un perroquet ; elle lui apprit une comptine : « riz au lait, je veux me marier », dont la ritournelle danserait trente ans plus tard dans son cerveau agonisant.

Les six premières années de sa vie se déroulèrent ainsi, banales et paisibles. Juan Duarte espaçait ses visites mais finit par reconnaître sa paternité, autorisant ses enfants à porter son nom. Il ne signa aucune déclaration juridique et se contenta d'une simple acceptation de fait, cédant à l'insistance de Juana. Il entretenait sa famille et son domicile légaux à Chivilcoy ; informée de « l'affaire de Los Toldos », son épouse légitime n'essayait pas d'y mettre fin et feignait de l'ignorer.

Le concubinat Duarte-Ibarguren fut brutalement interrompu le 8 janvier 1926 : Juan Duarte se tua au volant de sa voiture, dans les environs de Chivilcoy.

Les obsèques de son père révéleront à Eva — âgée de six ans — la marginalité sociale de sa famille. Juana Ibarguren et ses cinq enfants se sont rendus à Chivilcoy, mais les filles légitimes de Juan Duarte leur interdisent l'accès de la chambre mortuaire.

— Laissez-nous entrer, s'il vous plaît. Pour les enfants, implore Juana.

— Votre place n'est pas ici, telle est la réponse claquant comme un coup de fouet sur le visage.

Grâce à l'intervention compatissante de Juan Grisolía — beau-frère de Juan Duarte et intendant de Chivilcoy —, Juana et ses enfants (« ces malheureux veulent le voir une dernière fois ») obtiennent de pouvoir accompagner le cortège jusqu'au cimetière, loin des proches et des amis qui les regardent du coin de l'œil.

Un incident très bref passera inaperçu de l'assitance mais laissera une trace indélébile dans la mémoire de la petite Eva. Pendant qu'on discutait pour savoir si sa famille veillerait ou non le cadavre de son père, le prêtre chargé de l'office religieux l'a discrètement réconfortée, d'une légère caresse sur la joue. Eva n'oublierait jamais les affronts de cette journée, ni le geste apaisant du prêtre.

On a cru déceler dans ces deux épisodes antinomiques l'une des clefs de la conduite ultérieure de Eva. Peut-être l'origine de beaucoup de ses actes de femme adulte se trouve-t-elle dans ces événements de Chivilcoy, quand en l'espace de quelques instants elle put observer le clair-obscur plein de contradictions de l'âme humaine. La compréhension chrétienne s'opposait au féroce mépris de ses demi-sœurs. Eva écrira plus tard :

« D'aussi loin que je me souvienne, chaque injustice blesse mon âme comme si on y clouait quelque chose. Chaque âge m'a laissé le souvenir d'une injustice qui me bouleversa, me déchirant au plus profond de moi-même. »

Chivilcoy fut une des plus douloureuses, dans l'océan mystérieux de sa vie.

Malgré sa vie mouvementée, Juana Ibarguren avait des convictions catholiques qu'elle transmit à ses filles. Dans quelle mesure l'outrage de la mort de son père détermina-t-il l'attitude d'Eva, défenseur loyal de l'Eglise alors que les hauts dignitaires du clergé argentin lui marqueraient toujours de la réticence ?

Ces vicissitudes expliquent-elles la future hostilité de Eva contre certains préjugés de la société bourgeoise ? Devenue une femme elle condamnera et combattra les inégalités et les hypocrisies qui avaient fait de sa mère une concubine, et d'elle-même une bâtarde. Quand elle détiendra le pouvoir politique entre ses mains, elle exigera et obtiendra un décret punissant avec sévérité les hommes qui engendrent des enfants illégitimes et abandonnent la mère. Elle sera implacable pour les séducteurs et interviendra directement en vue de les châtier. Elle s'érigera en protectrice des mères célibataires, comme si elle voulait ainsi dédommager la « concubine » de Los Toldos.

Cette amertume ternira aussi l'image qu'Eva conserve de son père. Sans rien lui reprocher expressément, Eva oubliera de le citer dans ses écrits ou conversations, mais il serait bien hasardeux d'avancer une explication pour ce silence : était-ce de la rancœur, ou la plainte étouffée d'un enfant à qui l'on avait refusé l'affection et la protection paternelles ? Sa vie sera conditionnée par la quête inconsciente du père, ou — ainsi que l'observe J. J. Sebrelli, un de ses biographes — « peut-être la mort de son père, et le rôle paternel assumé par sa mère, ont-ils empêché le transfert d'un complexe d'Œdipe actif, lié à la mère, à un complexe d'Œdipe passif, lié au père, qui lui aurait fait accepter sa condition de femme ».

Eva dénoncera par la suite l'attitude dominatrice de nombreuses femmes se mariant sans avoir réussi à être de véritables filles, et vieillissant stériles, incapables de se réaliser comme mères.

Silencieuses et humiliées sur le triste chemin du retour, Juana et ses enfants comprirent qu'il leur faudrait dorénavant affronter de nouveaux problèmes : surpris par la mort, Juan Duarte leur avait légué pour toute fortune le discrédit et l'opprobre.

Petrona Nuñez mourut l'année suivante ; Liberata se maria un peu après. La famille de Juana dut déménager pour un logement encore plus étroit, sur un terrain en friche bordé de buissons et de massifs de caroubiers. « Le problème de notre subsistance devint une lutte quotidienne, sous des formes différentes », dit Erminda. Une pauvreté extrême, sinon l'indigence absolue, s'installa dans ce foyer de femmes, entretenu au prix de durs efforts par les chiches revenus de Juana, grâce à son métier de couturière, et d'Elisa, employée à la poste de General Viamonte.

Le désastre financier provoqué par la mort de Juan Duarte retarda d'une année l'entrée d'Eva à l'école primaire, mais à six ans personne n'est malheureux : Eva et Erminda, inséparables, recréèrent bientôt leurs jardins secrets, découvrant des cachettes inconnues en compagnie du perroquet, le complice de leurs aventures, parfumant d'un souffle de poésie leur petit monde guetté par la détresse.

Cimentée par l'adversité, la famille Ibarguren affrontait vaillamment les difficultés, serrée autour de Juana pour qui la pauvreté était un vieux compagnon de route.

Pendant sa première année d'école primaire, en 1927, Eva María Duarte ne fut pas plus ponctuelle que brillante élève. Absente quarante-huit jours sur cent quatre-vingt-quatre, elle ne laisserait qu'un souvenir incertain dans la mémoire de son institutrice, Nidia de la Torre : « J'oublie le visage de cette élève, sans doute parce qu'elle n'a pas terminé ses études primaires au village. Elle était plutôt silencieuse et n'avait pas beaucoup de camarades. Je crois me rappeler que les mères demandaient à leurs enfants de les tenir à l'écart, ses sœurs et elle. »

Eva obtint des notes tout juste suffisantes ; l'année suivante elle dut redoubler mais ses résultats devinrent excellents.

A neuf ans, Eva était une fillette au corps svelte et d'allure mélancolique. Une photographie d'alors montre son expression renfermée et quelque peu absente. Les yeux sont très beaux, elle en gardera le regard triste pour le restant de sa vie. On dirait une « petite tête noire », ce terme un peu péjoratif que les habitants de Buenos Aires utilisent pour désigner les gens de l'intérieur ; retenue par un ruban, la chevelure ondulée entoure un visage au contour régulier, des sourcils bien dessinés et des lèvres minces. Les yeux constituent le trait physique dominant.

Sensitive et douée d'un grand esprit d'observation, Eva écrira de nombreuses années plus tard : « Là où j'ai passé mon enfance, il y avait beaucoup plus de pauvres que de riches, mais j'essayai de me convaincre qu'il y avait certainement d'autres endroits dans mon pays et dans le monde où les choses étaient différentes et plutôt inverses. »

Ces lueurs de conscience sociale avaient-elles vraiment surgi chez une fillette de moins de dix ans, ou s'agit-il de pensées rétrospectives ? En tout cas, et malgré son jeune âge, Eva connaissait la situation précaire de sa famille, leur isolement dans un monde hostile et étranger.

A la suite d'une dispute avec l'une de ses collègues du bureau de postes, et à la demande de Juana, toujours prompte à défendre ses filles, Elisa fut mutée à Junín. Six années après la mort de Juan Duarte, la situation de la famille devenait insoutenable à General Viamonte : aux sempiternelles angoisses d'argent venait s'ajouter la sournoise hostilité des voisins se nourrissant de ces causes futiles qui provoquent inimitiés et rancunes dans les bourgades. Les racontars attribuaient à Juana des amants successifs : un certain Carlos Rosset dont l'influence aurait valu à Elisa sa place d'employée des postes et qui mourut une nuit chez Juana, dans des circonstances jamais éclaircies, ce qui bien sûr fit redoubler la malveillance ; et Eliseo Calviño, le fermier qui lui offrait des poules... Et Elías Tomasso, le boucher, dont les fillettes Duarte obtenaient de la viande deux fois par semaine... Et Miguel Lizazo, Juan Gilabert, Amadeo Garín... et tous les autres.

Et chacun de commérer dans le village, au crépuscule, quand les travaux des champs sont finis et qu'il faut bien tuer le temps en préparant le maté, en jouant aux cartes, en discutant sur le prochain match de football... ou en épiant la vie privée des Duarte qui non contentes d'être jolies osaient même être pauvres.

L'atmosphère devenait irrespirable au fur et à mesure que les fillettes grandissaient, il fallait de toute urgence aller voir d'autres horizons. La mutation d'Elisa à Junín précipita le mouvement, et le 6 février 1931, tels six personnages en route vers leur destin, Juana Ibarguren et ses enfants quittèrent General Viamonte pour Junín, à quelque soixante kilomètres de distance. Fuyant un passé amer et affrontant un avenir incertain, les Duarte ne reviendraient jamais sur leurs pas.

L'Argentine connaît au cours de ces années un déplacement massif de populations, à l'image de l'exode de la famille Duarte.

Affectée par la crise économique mondiale de 1929, l'activité agricole a diminué ; le travail se fait rare à la campagne, entraînant des courants migratoires spontanés vers les villes, Buenos Aires en particulier où apparaît une industrie manufacturière. C'est cet arrière-plan économique qui fait émigrer les Duarte — à l'instar de milliers de familles paysannes —, poussés aussi par d'autres motivations qui leur sont propres : Juana veut des époux pour ses filles, et non des amants.

Plus agréable que General Viamonte, avec une population plus importante et des commerçants plus dynamiques, Junín lui ressemblait quant à l'esprit mesquin et médisant de ses habitants, tous gens de la campagne. A se retrouver dans une société endormie, emplie de préjugés, malveillante, qu'elles croyaient avoir fuie, les Duarte éprouvèrent une immense déception ; elles s'efforcèrent d'ignorer le vide social qui les entourait et de s'adapter aux nouvelles conditions de leur errance.

Juana s'installa dans une bâtisse vétuste de la rue Moisés Levenshon (rue Vásquez à cette époque) et rouvrit son atelier de couture. Elle y travaillait tard dans la nuit, penchée sur sa machine à coudre « Singer ». Eva conserva à jamais cette image de sa mère et beaucoup plus tard, quand le destin fit d'elle la marraine fée de l'Argentine, elle prit grand plaisir à offrir des machines à coudre à des milliers de femmes de condition modeste.

L'incident de Los Toldos était clos, Elisa reprit son travail à la poste ; Juan Ramón exerça plusieurs métiers successifs, entre autres celui de vendeur ambulant de produits d'intérieur (cire d'appartement et savon « Radical ») ; institutrice diplômée, Blanca fut nommée dans une école primaire ; Erminda faisait sa sixième année d'études.

Eva confirmait ses faibles dispositions pour l'école ; inscrite en quatrième année, elle obtint des résultats médiocres à ses examens : un 3 en mathématiques gâcha ses vacances d'été mais elle fut admise en cinquième année, après avoir réussi in extremis ses épreuves de rattrapage.

C'est en histoire qu'elle était la plus forte.

Tenus à l'écart par une classe moyenne qui ne leur ouvrirait jamais ses portes, les Duarte renforcèrent leur solidarité, dans une lutte commune et obstinée afin d'améliorer leur niveau de vie et d'acquérir de la respectabilité. Au milieu de 1932, grâce aux apports de Juan Ramón et d'Elisa, la famille put déménager pour un quartier plus cossu, au croisement des rues Alfonso Alsina et Lavalle, et plus tard au numéro 90 de la rue Winter. Luxe inusité : la nouvelle maison comptait trois chambres à coucher et un salon-salle à manger.

Juana en profita pour installer une pension, ou plutôt un restaurant car l'exiguïté des chambres empêchait que l'on y reçût des pensionnaires. On accueillait donc des commensaux ou on livrait de la nourriture à des clients extérieurs. D'après une voisine, Renata Coronado de Nuosi, « les Duarte étaient tellement pauvres qu'il leur fallait servir des repas pour pouvoir subsister ».

La nature de la pension de la rue Winter est encore un sujet de discussions en Argentine.

Les ennemis politiques, qui devaient par la suite souiller l'honneur d'Eva et de sa famille, affirmeraient que derrière la façade innocente de la pension se cachait une maison de rendez-vous tenue par les Duarte, mère et filles. Ce type d'accusation scandaleuse est difficile à extirper, ainsi que pourraient le vérifier douloureusement les Duarte au cours de leurs vies respectives : personne n'oserait les accuser en public, mais la calomnie ramperait derrière leur dos, insaisissable et persistante comme les ombres nocturnes.

A l'évidence, il s'agissait d'un procédé caractéristique des passions politiques de ce continent, et les Duarte, Eva en particulier, ne pourraient pas y échapper malgré les arguments concrets allégués pour leur défense : par exemple la pauvreté constante de la famille jusqu'en 1945, avant qu'Eva ne fît leur fortune ; en conservant leurs humbles emplois d'institutrice, d'employée des postes et de colporteur, Blanca, Elisa et Juan Ramón établissaient de façon convaincante leur honnêteté.

Des mariages rapprochés permirent à Juana d'avancer dans sa quête de la respectabilité bourgeoise : Blanca épousa Justo Lucas Alvarez Rodríguez, avocat et professeur au Collège National de Junín, Elisa le major Hermino Arrieta, chef du District Militaire numéro 7. Ces deux unions constituaient une ascension dans l'échelle sociale, mais ne leur ouvraient pas nécessairement les portes de la classe moyenne de la ville. Sur les Duarte continuait à peser l'opprobre de leur origine bâtarde, que quelque voisin empressé se plut à divulguer.

Eduardo Brossi, un camarade d'école d'Erminda et d'Eva, apporte un témoignage révélateur : « On pouvait toujours dire quelque chose à ces filles, bien que leur frère Juan les protégeât vraiment. Les Duarte n'étaient pas de ces filles qui cherchent, en dépit des affirmations contraires de toute la classe. Je me rappelle qu'un jour je leur avais parlé et que Juan m'attendit au coin des rues San Martín et 6 de Agosto. Qu'as-tu dit à mes sœurs, me demanda-t-il sur un ton provocant. »

Juan Ramón était le soutien moral des cinq femmes et remplaçait avec abnégation le père absent ; il avait aussi quelque chose qui le rapprochait d'Eva et les différenciait du restant de la famille : une attitude rebelle qui les poussait à refuser l'adversité et à lutter. Pour Blanca, Elisa et Erminda, la pauvreté était un état d'âme, accepté avec résignation ; Juan Ramón et Eva l'affrontaient comme une difficulté transitoire, une injustice qu'il fallait impérieusement réparer. Juan Ramón fut le confident et le seul véritable ami d'Eva.

Ainsi réunis et dans l'attente des jours meilleurs, ils partageaient la routine familiale.

Chez Eva, la volonté de trouver une échappatoire au dénuement se manifestait inconsciemment par son goût pour les masques, les changements de noms, les textes déclamés, et donc le théâtre.

Déguisée en « fée de la nuit », une robe vaporeuse de tulle noir constellée d'étoiles d'argent confectionnée par les mains adroites de Juana, Eva est photographiée aux côtés de ses sœurs lors d'un carnaval.

Comme toutes les filles de son âge, elle n'ignore rien des vies des acteurs de cinéma. Elle demande à ses sœurs de l'appeler « Norma Shearer » et son jeune premier favori n'est autre que Tyrone Power. Un rêve d'enfance qui se réalisera beaucoup plus tard, quand Eva posera en compagnie de son idole dans un somptueux salons du palais présidentiel, la *Casa Rosada* (la maison rose).

Elle aime aussi réciter des poèmes — ses auteurs préférés sont Bécquer, Amado Nervo et bien entendu Campoamor — et chantonner les tangos à la mode. Carlos Gardel, Agustín Magaldi et Azucena Maizani sont alors au faîte de leur gloire.

A cette époque une discothèque de Junín diffusait une fois par semaine, à travers ses haut-parleurs, une « heure choisie » élaborée par les amateurs locaux, dont Eva. Celle-ci organisa ensuite, chez elle, une série de pseudo-représentations théâtrales, les « ensembles philodramatiques ». Acteurs et public étaient des étudiants du quartier et le produit infime des entrées était envoyé à la bibliothèque scolaire. Dynamique et orgueilleuse, Eva cumulait les tâches de directrice, actrice, caissière et machiniste ; et Juana de murmurer, à mi-chemin entre la fierté et l'inquiétude : « Elle aurait dû naître homme. » Eva avait alors quatorze ans.

Le 20 octobre 1933 fut une journée mémorable : elle débuta sur scène, devant un public juvénile, jouant un rôle secondaire dans la comédie « En avant les étudiants ! », une œuvre composée par les élèves de l'Ecole Normale de Junín à laquelle elle n'appartenait pas. Elle ne parviendrait plus jamais à conjurer la fascination des feux de la rampe.

S'il fallait analyser les ressorts psychologiques poussant Eva vers le théâtre, on citerait évidemment son désir d'échapper à la grisaille quotidienne en se plongeant dans un monde onirique. Le théâtre signifiait l'évasion, elle pouvait s'y transformer en héroïne ou en princesse, oublier fugacement sa pauvreté, les limites de sa conditions sociale. D'ordre matériel, la seconde motivation découlait de la première : elle pressentait que cette vie hérissée de soucis et d'humiliations n'avait pas d'autre échappatoire que le théâtre. A lire les revues, à écouter la radio, elle s'était familiarisée avec les milieux artistiques de Buenos Aires, les succès des actrices et des chanteurs en vogue. Il est improbable que la petite Eva Duarte ait fait alors de cette profession théâtrale le sédatif de ses angoisses métaphysiques ou de ses inquiétudes existentielles, encore qu'elle affirmât par la suite : « Dès mon plus jeune âge, j'ai toujours voulu réciter. C'était comme si je désirais dire quelque chose aux autres, quelque chose de grand que je ressentais au plus profond de moi-même. »

Julio Otero, qui connut Eva adolescente, prétendait qu'elle « devinait tout naturellement ce que les gens éprouvaient ». Sans aucun doute, de telles qualités la prévenaient contre l'avenir étriqué l'attendant à Junín : vertueuse, elle épouserait quelque éleveur obèse ; affranchie, elle revivrait le destin hasardeux de sa mère. « Je me marierai avec un prince ou un président », confia-t-elle un jour à Erminda.

Elle devait confesser, des années plus tard : « C'est pour cette raison que j'ai fui la maison. Ma mère m'aurait unie à quelqu'un du village, et je ne l'aurais jamais toléré. »

Son moi était habité par un besoin indomptable de liberté : disposer d'elle-même sans maîtres ni sujétions d'aucune sorte. Un anticonformisme viscéral qui serait à l'origine de ses rébellions futures et scellerait son destin. Ainsi qu'elle le disait, « j'ai toujours vécu libre ; comme les oiseaux, j'aime la forêt ; je n'ai pas même supporté cette sorte d'esclavage représenté par la vie chez mes parents ou dans le village natal ».

Nous connaissons déjà son chez-soi, un foyer solidaire mais déséquilibré par l'absence paternelle. Une mère autoritaire et dévouée, mais trop absorbée par les tâches domestiques pour témoigner à ses filles la tendresse qu'elles en attendaient. C'était Eva qui lui ressemblait davantage, la similitude des tempéraments finit par provoquer la mésentente.

Elles étaient ambitieuses, l'une et l'autre, mais si l'ambition de Juana se limitait à l'obtention d'une existence exempte de soucis matériels (un meilleur logement, de beaux mariages pour ses filles), celle d'Eva dépassait ces objectifs et visait des buts plus reluisants.

Elles étaient tenaces, mais si la ténacité de Juana entraînait une soumission implicite à l'ordre social existant (la richesse pour quelques-uns et la pauvreté pour tous les autres), celle d'Eva la faisait bouillir contre ce qu'elle jugeait injuste, brutal, inacceptable.

Elles étaient courageuses, mais si le courage de Juana s'évanouissait et s'atténuait dans ses veilles quotidiennes (elle cousait jusqu'à l'aube), celui d'Eva était vibrant et tendu, ainsi qu'elle le montrerait douloureusement pendant les dernières années de sa courte vie.

Elles étaient indépendantes, mais si Juana allait rester prisonnière de son passé, Eva s'élancerait vers son avenir, fulgurante et fugace tel un météore consumé dans sa propre flamme.

Juana ne parviendrait pas à dépasser la chronique provinciale, Eva étonnerait son siècle.

Douée de plus d'envergure que celle de General Viamonte, la population de Junín restait tributaire de la capitale fédérale. Semblables à tous les autres, les deux bourgs étaient deux points minuscules sur la carte de l'Argentine, sans histoire ni particularités.

Eva se rendit compte très tôt que Junín ne comblerait pas ses appétits artistiques : « J'imaginai que les grandes cités étaient des lieux merveilleux où l'on ne rencontrait que la richesse ; tout ce que j'entendais dire me confirmait dans cette croyance. Il me semblait même que tous les grands personnages y étaient plus grands que dans mon village. »

Elle fut désormais obsédée par la volonté d'échapper à l'autorité maternelle et à la langueur routinière de Junín, révant d'aller conquérir gloire et fortune à Buenos Aires, la Mecque où se consacraient toutes les audaces.

Une adolescente de quinze ans qui prétend s'émanciper : cette impertinence ne pouvait, dans un premier temps, que provoquer l'appréhension de Juana et de la famille ; sans argent ni amis, qui protégerait l'enfant dans la ville gigantesque ? Le projet fut qualifié d'insensé et Juana — qui s'y connaissait — opposa une fin de non-recevoir, dramatisant les risques inhérents à pareille extravagance.

Les Duarte discutèrent du voyage d'Eva pendant plusieurs mois. On ne sait pas si Eva parvint à persuader sa mère ou bien si, lasse d'insister, elle s'enfuit du logis. Erminda laisse entendre, dans un livre publié quarante années plus tard, que Juana finit par céder, et qu'elle alla même jusqu'à accompagner sa fille à Buenos Aires. Eva dira « s'être échappée de la maison », sans que les mots doivent être pris dans leur sens littéral. En tout cas ce voyage périlleux était révélateur de la fermeté de caractère et de la nature impulsive d'Eva.

Pour bien mesurer la portée de sa décision, il faut la situer à son époque, quand la femme argentine languissait, prisonnière de préjugés anachroniques : le travail féminin était en général stigmatisé ; quant à la profession d'actrice, elle cachait pour la plupart des mœurs dissolues. Rares étaient les vedettes parvenant à se soustraire à l'arbitraire de cette réputation. Conditionnée par l'oisiveté et la frivolité quand elle venait des classes possédantes, enchaînée à la grisaille des tâches quotidiennes et flanquée d'une famille prolifique quand elle appartenait au peuple, la femme était exclue d'activités bien considérées aujourd'hui mais alors tenues pour dégradantes.

Sans doute sa jeunesse et sa candeur l'empêchaient-elles de prévoir les dangers la guettant hors de chez elle, à moins qu'ils ne fussent un irrésistible stimulant.

En tout cas, le 3 janvier 1935, Eva Duarte prit le train pour Buenos Aires ; elle emportait une vieille valise en carton, cent pesos dans son sac à main et l'adresse d'un ami de la famille.

Ce trajet de quatre heures allait modifier son destin et celui de millions de ses compatriotes. Voyage sans retour, faste et fatidique à la fois : un singulier concours de circonstances la conduirait à la célébrité et à la mort, ouvrirait en même temps un chapitre dramatique de l'histoire argentine.

Ce jour-là, Eva Duarte — elle n'avait pas seize ans révolus — ignorait qu'elle avait déjà consumé la moitié de son existence.

CHAPITRE II
La traversée du désert

> « *Juger, c'est ne pas comprendre, car si on comprenait, on ne jugerait pas.* »
>
> André Malraux.

A partir de 1935, l'Argentine surmonta peu à peu la crise économique qui s'était abattue sur elle à la suite de la débâcle mondiale de 1929.

En obtenant un prix rémunérateur pour ses exportations de viandes et de céréales, elle fit apparaître un solde positif de sa balance commerciale ; la confiance renaissait, l'importance accrue des investissements créait de nouvelles sources de travail, principalement dans l'industrie légère : textiles, produits alimentaires, verre et métallurgie fine.

Buenos Aires bénéficia de cette conjoncture, retrouvant le rythme trépidant des années vingt. Chaque jour, sur les quais, des dizaines de bateaux déchargeaient des milliers de tonnes de produits industriels, et repartaient remplis de matières premières ; en même temps se produisait une intensification du trafic ferroviaire dont l'éventail convergeait vers la capitale fédérale.

Première ville hispanique du monde, deuxième cité latine après Paris qu'elle dépassait quant à sa superficie urbaine, multiforme et cosmopolite, mosaïque de races et de nationalités, Buenos Aires n'avait pas la noblesse de ces autres métropoles où l'Espagne impériale avait imprimé le sceau de sa présence historique. Les cités de vieille souche semblent distillées par les siècles : leur croissance est lente et organisée, elles cultivent des traditions ancestrales, elles accumulent les cicatrices des mésaventures collectives, impossibles à effacer comme cette patine recouvrant les murs de leurs vieilles cathédrales. Buenos Aires ne pouvait pas faire étalage de ces quartiers de noblesse : emportée par les torrents migratoires du XIXᵉ siècle et du premier tiers du XXᵉ, sa croissance avait été dépourvue d'harmonie.

Faute de lenteur, aucune véritable population — au sens sociologique et humain — ne s'était dégagée, autrement dit une collectivité solidaire inséparable de son passé et, par voie de conséquence, identifiée à elle-même ; au cours des années trente, Buenos Aires n'était rien d'autre qu'un conglomérat d'ethnies et de formes d'habitat disparates, privé jusqu'alors de l'alchimie du temps.

La structure de la ville révélait le fossé séparant ses habitants : les banlieues élégantes, répliques de Kensington ou Neuilly-sur-Seine, parcs ombragés, superbes demeures et nobles avenues, contrastaient avec les arrondissements ouvriers, un dédale de ruelles bordées de bâtisses délabrées et de sombres fabriques. Deux mondes sans aucune communication et s'ignorant mutuellement depuis la « Semaine tragique », cette sanglante confrontation classe contre classe qui restait à l'arrière-plan de leurs rancunes.

Pas le moindre conflit social pour perturber, en ce mois de janvier 1935, la routine de la capitale. Désireuse de s'embellir, Buenos Aires avait entrepris une série impressionnante de travaux publics ; par exemple l'élargissement des avenues Corrientes et 9 de Julio (« la plus large du monde ») en vue de faciliter la circulation automobile. La rue Florida gardait toute sa prestance et le grand commerce se déplaçait vers l'avenue Santa Fe, où se dressait le Kavanagh, le plus haut gratte-ciel de l'Amérique du Sud. Dans le quartier de Palermo se profilait encore la croix érigée pour le congrès eucharistique mondial de novembre 1934, célébré en présence du cardinal Eugenio Pacelli, le futur Pie XII. Pendant son séjour à Buenos Aires, le cardinal avait été logé dans le palais de Doña María Adela Harilaos de Olmos, présidente de la Société de Bienfaisance, le symbole de l'Argentine traditionnaliste, une organisation dont nous reparlerons par la suite.

Depuis le début du siècle, l'Argentine était sans conteste le pays latino-américain le plus important, et sa capitale était le centre culturel du continent ; les universités et les instituts scientifiques, les bibliothèques publiques et privées, les maisons d'édition, les librairies, les théâtres et les écoles, les clubs sportifs et culturels constituaient un patrimoine sans équivalent dans l'hémisphère sud.

Deux journaux conservateurs, *La Prensa* et *La Nación*, comptaient parmi les meilleurs du monde, le théâtre Colón, de renommée internationale, offrait son décor et ses moyens fabuleux à de prestigieux orchestres symphoniques ou de chambre, aux troupes d'opéra et aux ensembles de ballet, aux plus célèbres solistes et virtuoses. Il y avait vingt salles de théâtre et six stations radiophoniques ; quelque trente maisons d'édition publiaient plus de cent livres par mois, outre une quantité innombrable de revues scientifiques, littéraires, didactiques et sportives, largement diffusées dans le monde hispanique. Bruyante et dynamique, Buenos Aires était le but et la consécration, celle qui sacrait les idoles ou anéantissait les espérances. La province et le reste de l'Amérique latine vivaient fascinés par le magnétisme de la « Reina del Plata ».

Son charme désuet de gros bourg ne résista pas à l'assaut des bulldozers et des gratte-ciel. Au cours des années trente, le romantisme se réfugia dans des quartiers tel San Telmo, on y trouvait des charrettes tirées par des rosses nonchalantes et affublées d'un petit chapeau de paille, des tramways « Lacroze » grinçants, d'anachroniques tilburys et des boutiques incongrues.

L'avenue de Mayo résistait contre la marée du modernisme, sauvegardant son allure vieillotte de grand-mère distinguée : quelques cafés-concerts, ornés d'immenses glaces jaunies, patronnaient encore des orchestres de damoiselles aux visages amidonnés, interprètes approximatives de tangos ou de paso-dobles, pour la distraction des « compadritos » et des clients de la péninsule, les nostalgiques de la Gran Vía ou des Ramblas catalanes ; les marquises des théâtres et cinémas de Lavalle et Corrientes scintillaient, les noms des vedettes d'alors s'étalaient en lettres de feu : Libertad Lamarque, Eva Franco, Norma Shearer, Greta Garbo parmi tant d'autres. Les rues grouillaient d'une foule masculine en quête d'amusement, souvent quelque quolibet adressé aux femmes seules. Une grande ville bien nourrie qui fait sa cour comme si elle voulait prolonger un banquet : « Quel morceau ! quel bifteck !... »

Cette désinvolture était au fond révélatrice de la condition de la femme, de sa dépendance et de son rôle social subalterne ; elle montrait aussi l'atmosphère d'intolérance qui entourait les nouveaux arrivants et les vaincus, et surtout s'il s'agissait de femmes.

Comme Marseille, Gênes ou New York, Buenos Aires n'échappait pas à la corruption des grands ports : la traite des blanches et la contrebande y étaient florissantes, organisées par des mafias d'Italiens ou de Polonais ; les scandales se multipliaient dans la haute société, particulièrement spectaculaires pendant les années trente : l'affaire du millionnaire García et les magistrats accusés de prévarication ; la découverte d'un réseau de ballets bleus où étaient impliqués des politiciens, des militaires de haut grade et des cadets du Collège militaire ; les enfants qui truquaient les numéros gagnants à la loterie (les coupables avaient de douze à quatorze ans) ; le développement du journalisme « jaune », avec « *Crítica* » comme porte-drapeau... La somptuosité de Buenos Aires et l'éclat de sa vie intellectuelle ne parvenaient pas à cacher ces stigmates.

Européenne, dédaigneuse de la province, mégalocéphale, Buenos Aires n'était pas représentative de l'Argentine authentique. Ce n'était qu'un lieu attrayant pour les aventuriers cherchant la gloire ou la fortune. (Près du port, dans un modeste local, un obscur commerçant grec vendait du tabac d'importation ; il s'appelait Aristote Onassis.)

Telle est la ville qu'une collégienne de quinze ans, Eva Duarte, se propose de conquérir.

Elle arriva à la gare Retiro, de Buenos Aires, le 3 janvier 1935, à trois heures de l'après-midi. Personne ne l'attendait, les rues étaient à moitié désertes à cause de la chaleur de l'été.

Elle éprouva d'abord de la déception : « Dans ses quartiers, je remarquai tout de suite la misère, et dans ses rues et maisons je compris que la ville avait elle aussi des pauvres et des riches. » Encore que ce jour-là son esprit fût plus agité sans doute par les soucis personnels que par des cogitations sociales.

Les détails de son arrivée à Buenos Aires sont plutôt obscurs : ses hagiographes la décrivent accompagnée par sa mère et logée chez des amis, ses ennemis prétendent qu'elle s'était enfuie du foyer maternel avec le chanteur Agustín Magaldi ; deux versions également douteuses. Magaldi, un ami de la famille, s'était sans doute contenté de lui remettre quelques lettres de recommandation destinées à des théâtres de la capitale.

Son domicile pendant les premières semaines ? Les hypothèses sont multiples — chez l'actrice Maruja Gil Quezada, un petit hôtel de l'avenue Callao, une auberge tenue par un certain Giovanonne, etc. —, mais elle en changeait en tout cas fréquemment, à tel point qu'on perd alors sa trace.

Tout cela serait de peu d'importance si on ne soulignait pas ainsi l'extrême précarité des conditions de vie d'Eva dans les semaines qui suivirent son arrivée. C'est en se souvenant de ces difficultés qu'elle s'efforça ensuite de protéger les jeunes provinciales arrivant à Buenos Aires en un flot incessant.

Outre le logement, Eva devait aussi trouver un travail le plus vite possible, et pas n'importe lequel, dans un théâtre.

Et la voici déambulant solitaire, à la recherche d'un tout petit contrat, quel que soit l'endroit, le rôle ou le cachet ; pendant ces errances, ses yeux d'adolescentes s'arrêtent sur les vitrines regorgeant de merveilles interdites, dévorent les menus des restaurants où nul ne l'invite, observent à la dérobée les somptueuses demeures du quartier nord, tellement différentes des taudis qui l'abritent près du Congrès. Bien souvent, son seul repas quotidien se compose d'une pizza et d'une tasse de café au lait consommés debout, dans quelque bouge.

Cinq années de pauvreté et de frustrations l'attendaient, cinq années à endurer des refus brutaux, à s'habituer à l'agonie des attentes inutiles. « Je connais l'âpreté de la patience, l'angoisse des espoirs déçus », dira-t-elle plus tard.

Mais elle ne se décourage pas. A Juan Ramón, qui fait son service militaire à Buenos Aires et lui conseille de revenir à Junín, Eva répond : « Laisse-moi tranquille. La fillette sait ce qu'elle fait. »

Le 28 mars 1935, ses efforts répétés portent leur fruit : Eva obtient son premier rôle, une servante dans la comédie « Madame Pérez », mise en scène par Eva Franco dans un théâtre de l'avenue Corrientes. Personnage infime, et dont les seules interventions se limitent à des phrases telles que : « madame est servie », ou bien « on a apporté cette lettre ». Bien sûr, Eva passe totalement inaperçue, mais elle commet une erreur qui va l'humilier et déclencher les rires moqueurs des autres acteurs : elle garde pour elle un bouquet de fleurs destiné à la vedette dont le prénom est le même que le sien, elle s'obstine provoquant un incident tragi-comique dans les coulisses. Au bout d'une semaine elle est congédiée, affamée et en quête de travail.

Elle réapparaît sur scène le 19 juin, dans la comédie « Chaque maison est un monde », une œuvre tenue par certains journaux pour « moralement pernicieuse ».

Elle y incarne un personnage aux apparitions sporadiques.

En novembre de la même année, elle joue les lavandières dans « Madame Sans gêne », une comédie inspirée de la vie de l'amie d'enfance de Napoléon Bonaparte.

Eva alternait ces activités théâtrales avec de brèves interventions à *Radio Paris,* pour y annoncer les livrets de sa protectrice, Maruja Gil Quezada.

Le 2 janvier 1936, elle est une secrétaire dans la comédie « La dame, le monsieur et le voleur » ; elle touche trois pesos par représentation, le prix d'un modeste repas.

Et sa vie restera la même pendant les quatre années suivantes : petits rôles, apparitions espacées, insécurité, privations, espoirs et déceptions.

Elle acceptait n'importe quoi : une infirmière dans « Le baiser mortel », un mélodrame représenté à l'intérieur du pays par la compagnie José Franco, et dont le but était d'alerter le public sur le danger des maladies vénériennes, sous les auspices de la Ligue Argentine de Prophylaxie Sociale. A Rosario, un journal publia une note sur Eva, on la voyait pomponnée et souriante ; voulant fêter l'événement, elle se promena dans le port avec son amie Fina Bustamante et se fit photographier au bras d'un marin brésilien. Elle logeait dans un hôtel de troisième catégorie et tuait le temps en tissant un sac qu'elle ne finissait jamais, une Pénélope pour des raisons différentes.

Pianiste, elle figure au bas de l'affiche dans « Des péquenots et plus de péquenots », au titre révélateur de la qualité littéraire de l'œuvre. Collégienne candide dans « Les innocents », on ne la voit qu'au premier acte. La pièce décrit un internat de jeunes filles riches aux Etats-Unis et Eva suscite les moqueries de ses camarades lors des répétitions, à cause de ses pantoufles grossières et de ses bas de coton ; elle fait mine de n'en rien voir et apparaîtra impeccablement vêtue le jour de la première, à la grande surprise de tous.

Comment a-t-elle obtenu l'argent nécessaire ?

Dans « Dorita », elle n'est même pas citée puisqu'elle n'est qu'un élément décoratif, muette du début à la fin ; « Mal d'amours » échoue au bout de deux semaines ; Eva y participe à des scènes d'ensemble et se contente de dire : « Non ! non ! ça suffit, espèce de fou ! tu me fais tomber ! »

Dans « Si les vieux redressaient la tête », elle est une domestique provinciale, mère célibataire berçant son bébé avec des tangos. Enveloppée dans des voiles vaporeux et recouverte de colifichets, elle interprète l'odalisque d'un sérail dans « Marché d'amour en Algérie ». Son accoutrement suggestif plaît au public masculin et l'œuvre va jusqu'à la centième. Un record.

Secrétaire, lavandière, dactylo, pianiste, mère célibataire, odalisque, pensionnaire et le plus souvent simple « voisine », ou bien « les gens du village », perdue dans l'anonymat des figurants, Eva parcourt toutes les salles de seconde ou de troisième catégorie de l'avenue Corrientes, grossissant ce prolétariat théâtral constitué de chômeurs, de comiques démodés, de débutantes sans rôle, ouvreuses et revendeurs de billets...

Sans se laisser gagner par le découragement, à partir de 1937, elle travailla à la radio, de façon aussi irrégulière qu'au théâtre. Elle posa comme modèle pour des photos publicitaires de la société « Linter », exhibant de coûteux manteaux de fourrure et des coiffures sophistiquées. Quelle était sa réaction, quand elle comparait ses vêtements usés jusqu'à la corde avec ces toilettes de bourgeoises comblées ?

Ces activités multiples n'entraînaient aucune aisance : elle gagnait peu d'argent et s'endettait, devait trouver chaque fois un logement plus humble et ne réussissait même pas à payer son loyer. Pierina Dialessi se rappelle qu'Eva « était une fille triste, qui mangeait très peu », mais pourquoi mangeait-elle si peu ?

Furent ainsi mises en évidence les faibles dispositions d'Eva pour la scène ; des défauts phonétiques et une maîtrise rudimentaire du castillan venaient s'ajouter à son immaturité. La femme qui subjuguerait ensuite les multitudes était froide, statique, manquait totalement de présence ; le charme et la grâce de sa fraîcheur juvénile ne parvenaient pas à masquer ses déficiences. Trahie par sa nervosité elle butait sur les mots, les oubliait ou révélait par des barbarismes et des inversions une culture schématique. Comme elle n'avait aucun talent comique, ses fautes de langage la rendaient fade et incolore. D'après ses camarades acteurs, « le public ne la remarquait pas ».

Ses cachets étaient à l'unisson de ses qualités professionnelles ; trente pesos ici, vingt là, jamais une somme fixe et suffisante ; en outre les intervalles entre deux rôles étaient prolongés, les saisons théâtrales courtes et la concurrence intense ; la faim seule était permanente.

Des personnes qui l'ont fréquentée pendant ces quatre années soulignent la docilité d'Eva, « très soumise et paraissant timide », dit Pierina Dialessi ; « bonne, modeste et pauvre », selon un autre ; « timide, serviable et plutôt réservée », d'après Francisco López, un directeur de théâtre ; « n'embêtant personne », aux dires de l'acteur Pedro Quartucci.

Nul ne devinait les potentialités latentes de cette jeune provinciale, dont le manque de talent ne rognait pas les ambitions. En tout cas, la jeunesse et la beauté n'étaient pas des attributs suffisants pour se distinguer à Buenos Aires, ville où chaque année arrivaient des milliers de jeunes Argentines, jolies elles aussi, propulsées par de semblables illusions. Eva partait avec un handicap : elle n'était protégée par aucun personnage influent, elle connaissait peu de monde, manquait d'argent et de culture générale. Ce n'était pas non plus une bonne actrice. Et de plus elle était sage.

Dominée par ses complexes de provinciale et consciente de ses limites, la jeune fille de Los Toldos s'efforça de gagner la bienveillance des gens de la capitale. Aimable sans être consentante, et serviable sans servilité, recherchant une chaleur lui permettant d'assumer sa solitude, elle devint l'amie de quelques-uns à qui elle prodigua amitié et loyauté. Pierina Dialessi, l'actrice italienne, qui lui enseigna les ficelles du métier ; Fina Bustamante, la compagne des heures noires ; Maruja Gil Quezada, intelligente et expérimentée. Quant à l'aide des hommes, elle fut toujours intéressée.

Quand Eva devient la femme la plus puissante d'Argentine, nombreux sont ceux qui affirment l'avoir secourue à ces instants difficiles ; à vrai dire bien peu surent lui tendre la main, alors qu'on ne pouvait pas deviner ce que l'avenir réservait à cette gauche adolescente. La nature humaine est faite ainsi.

Jeune et jolie comme elle l'était, il lui aurait été facile, à l'évidence, de se laisser glisser vers une prostitution plus ou moins ostensible. Elle aurait pu échouer dans un cabaret sordide de l'avenue Alem ou du quartier de La Boca. Mais la lutte que mène alors Eva, et pendant un certain temps, pour la défense de son intégrité, au prix d'une pauvreté chronique, est pour le moins digne d'éloges ; elle ne veut être rien de plus ni rien de moins qu'une actrice. Se sachant médiocre et mal payée, elle conserve une pudeur insolite dans le milieu permissif où elle évoluait. « Elle passait inaperçue dans le monde agité des comédiens, mais elle savait se faire respecter. Elle ne tolérait pas les tripotages », affirme Francisco López, directeur du Théâtre municipal de Mendoza, où Eva travailla pendant une saison. Comme pour la pension de Junín, les preuves de l'innocence sont indirectes : les soucis financiers qui l'assaillent pendant les premières années de son séjour à Buenos Aires ; la modestie extrême de son niveau de vie ; la quête angoissée d'un travail ; tout cela pourrait démontrer qu'elle gardait intactes certaines valeurs morales.

Non pas qu'Eva fût une prude ; sans doute la liberté des mœurs, implicite dans la profession, et les assauts répétés des mâles parvinrent-ils à assouplir la stricte conduite qu'elle s'était imposée à elle-même en quittant Junín ; ce fut peut-être un glissement imperceptible vers une fange où la chute était inévitable, la victoire du désir de triompher sur des règles morales soumises à dure épreuve.

Peu encline aux confidences, et encore moins à l'auto-flagellation, Eva garda un silence obstiné sur les clairs-obscurs de sa vie intime quand elle était actrice. Et il convient d'aborder ce sujet avec prudence, si l'on veut respecter la vérité, d'autant plus que c'est précisément cet épisode qui a nourri la malveillance acharnée et les diffamations de ses ennemis politiques.

Pour ce qui est d'Eva Duarte, en face de sa réserve obstinée et pudique, toute affirmation et tout jugement reposent par la force des choses sur des conjectures subjectives, les versions incontrôlables de ceux qui — amis ou adversaires — ont vécu dans son intimité et soulignent quelque incident révélateur. Et bien sûr ces témoignages ne sont pas probants.

La vie sentimentale d'Eva commence à quatorze ans : collégienne, elle vit une amourette fugace et romantique avec un conscript de Cordoba, Ricardo Caturla, « beau garçon et désiré par toutes les filles ».

On a spéculé ensuite sur la nature de ses relations avec Augustín Magaldi, mais d'après des sources impartiales ce ne fut rien d'autre qu'une simple et bonne amitié. Eva et Magaldi collaborèrent ensemble à plusieurs émissions radiophoniques et s'en tinrent là.

Les exigences de sa profession et de la publicité lui attribuaient parfois des romances avec des séducteurs de théâtre ou, plus perfidement, avec des producteurs et des annonceurs.

Les ragots se multipliaient à mesure qu'Eva assurait sa position au théâtre et à la radio ; et chacun d'évoquer ses amitiés intimes avec l'acteur José Franco, Héctor Pedro Bromberg, un auteur de livrets, Jaime Kartulovitz, directeur de la revue « Sintonía », Rafael Firtuoso, directeur et acteur de théâtre, Jorge Lafrenz, éditeur de la revue « Guión », Olegario Ferrando, actionnaire de la société de productions de films « Pampa Films », Raimundo López, gérant de la firme industrielle « Guereño », qui patronnait ses programmes. La liste est longue, nourrie de mauvaises intentions, et d'une vraisemblance incertaine.

Tout au long de sa carrière artistique, de 1935 à 1945, Eva eut à supporter les assauts pressants de nombreux hommes. « Ils me traquent tous sexuellement », se plaint-elle à l'occasion, non par bravade mais par dégoût. Cet harcèlement grossier provoqua en elle un désintérêt croissant pour l'amour physique. Arturo Jauretche, journaliste et membre du parti radical, esquisse ce jugement : « Eva était une jeune fille fort peu sexuelle. Cela ne la travaillait pas beaucoup, comme on dit par ici. » Plus ambigu, Pablo Raccioppi, un acteur qui travailla avec elle, affirme : « Je ne peux pas assurer qu'Eva Duarte ait été une prostituée. Mais chez les femmes triomphatrices, il y a toujours une étape de leur vie restant dans l'obscurité. » Et quelle signification faut-il donner à ces paroles de Carmelo Santiago, un journaliste d'alors : « Eva était une fille déchaînée, elle a connu autant d'hommes que le pays en compte. »

Il conviendrait peut-être, si l'on veut démêler la vérité, de distinguer le comportement superficiel d'Eva Duarte, une actrice pauvre et obligée de se soumettre aux complaisances de sa profession, et l'intimité de son être spirituel, la femme qui rejette viscéralement la grossière lascivité masculine.

Elle exprimait tout simplement son refus impuissant de l'amour imposé et non consenti. C'est-à-dire du viol.

Engendré par l'absence de son père, son dégoût des hommes avait été exacerbé par leurs multiples et pressantes invites sexuelles.

La rancœur dédaigneuse d'Eva envers le mâle se manifesterait ensuite en réaction contre cet harcèlement. Connaissant leurs faiblesses, témoin et victime de leurs vices, elle mit au point des ruses machiavéliques, non pas tant pour se défendre que pour servir ses propres intérêts. Sans doute méprisait-elle les hommes parce qu'elle en savait trop sur eux. Il fallait cette « saison en enfer » pour que naquît l'idole des foules, habituée à faire plier ceux qui l'outrageaient quand elle n'était encore qu'une femme quelconque. Perón lui-même n'échapperait pas à cette revanche subtile.

En trois ou quatre ans, l'aspect physique d'Eva s'est transformé. L'adolescente malingre quittant Junín un jour de janvier 1935 est devenue une jeune fille svelte et élégante.

L'ovale de son visage est harmonieux, malgré une imperceptible protubérance de la pommette gauche qu'elle ne fera jamais supprimer.

Ses cheveux châtains et soyeux (plus tard elle les teindra en blond) s'érigent en de complexes structures, selon la mode de son époque. Les sourcils sont arqués et le nez court. Les yeux lumineux ont un regard éblouissant, paraissent s'enfoncer dans la pensée de son interlocuteur ; mais quand elle se retrouve seule, ou ne se croit pas observée, l'expression devient différente, taciturne, reflétant un abîme de mélancolie. L'éclat de son teint est remarquable, éburnéen, avec des nuances translucides révélant au fil des ans le mal insidieux qui la mine. La famille attribue cette pâleur à une anémie aiguë dont elle a souffert pendant son enfance, sans prendre garde à ce sinistre présage.

Le contour des épaules est délicat, le cou gracile ; par coquetterie, ou nécessité professionnelle, elle remédie à son buste menu en remplissant son corsage de bas ou de mouchoirs de soie, obéissant aux conseils de Pierina Dialessi, une experte pour ce qui est de ces artifices.

La taille bien prise, les jambes longues, les mollets et les chevilles, un peu épais, contrastent avec des mains fines dont elle prend grand soin. Dépourvue de la cambrure innée chez la femme latino-américaine, elle marche à grands pas, comme si elle était toujours en retard. De nature impatiente, elle sait toutefois attendre quand il le faut.

Elle n'est pas loquace mais ses répliques sont souvent acérées ou sardoniques ; des mots de « lunfardo », l'argot de Buenos Aires, agrémentent sa conversation, et il lui arrive même de s'exprimer comme un docker de La Boca sous l'emprise de la colère. Sa voix a acquis les nuances et l'accent de la capitale, son timbre grave peut se transformer en un hurlement menaçant, comme plus tard quand elle envoûtera les foules.

Intuitive, de réactions instantanées et incapable de dissimuler ses sentiments, elle peut s'avérer brutale, mais non hypocrite, agressive mais non intrigante, insolente et loyale.

Elle possède trois passions bien féminines : les fleurs, les bijoux et les vêtements, de préférence les roses, les émeraudes et la haute couture française, mais tout cela reste encore hors de portée, et elle doit se contenter de colifichets et d'habits de confection en attendant des jours meilleurs.

Ses robes sont quelque peu surchargées, plutôt des modèles qui la font encore plus jeune qu'elle n'est, presque une petite fille. Une revanche rétrospective pour toutes les parures interdites de son enfance misérable ?

La modestie de son trousseau, due à son manque de ressources, constitue un grave inconvénient dans sa vie d'actrice ; elle y remédie en faisant de fréquents emprunts à ses amies, une habitude conservée tout au long de son existence, même quand elle possèdera les tenues les plus somptueuses.

Elle ne boit pas, ne fume pas, mange frugalement, trois

qualités rares chez une Argentine. Ses couleurs favorites, le bleu et le rouge vifs, révèlent une absence de sensibilité visuelle pour les nuances ou les tons délicats. Sans être une grande lectrice, elle éprouve un goût prononcé pour les biographies des héroïnes célèbres, notamment Elisa Lynch, la « Dame du Paraguay », la maîtresse du maréchal Francisco Solano López. Est-elle séduite par son courage physique, son caractère romantique et aventureux, ou par son destin tragique ?

On ignore si Eva Duarte est mélomane ; elle adore Chopin et connaît évidemment la musique folklorique argentine, ainsi que le tango qu'elle danse sans grâce. A l'instar de toutes ses compatriotes, elle idolâtre Carlos Gardel.

Catholique sans superstition, pratiquante peu assidue, elle arbore sa foi pour divers saints et saintes du calendrier, les suppliant d'intercéder en sa faveur quand elle traverse des situations particulièrement difficiles.

Fille de la campagne, elle préfère la ville. Plutôt noctambule que matinale, elle se révèle désordonnée dans l'intimité, impeccablement soignée et très argentine pour ce qui est de la ponctualité : autant dire toujours en retard.

Dès les premiers temps, ses deux qualités principales sont une loyauté et une générosité impulsive envers ses amis. Un jour, un de ses camarades de théâtre tombe malade à Rosario, victime d'une hépatite ; Eva se précipite pour le soigner et tombe malade à son tour. Son premier salaire est envoyé à Juana bien qu'elle doive le loyer de trois semaines d'hôtel. Erminda écrira, longtemps après : « Ma mère, qui s'efforçait de contrôler ses réactions, ne put cacher son émotion. »

La « Basque » Eva Duarte parvint à élargir le cercle de ses relations professionnelles à force de ténacité. Les gazettes signalaient enfin ses apparitions sur scène. « Crítica », un journal du soir à grand tirage, qualifia de « bonne, expressive et efficace » son interprétation dans « Le Curé de sainte Catherine ». En avril 1939, elle fut promue vedette de l'ensemble radio-théâtral « Candilejas » de Radio Mitre.

Son ami Héctor Pedro Bromberg la fit participer à d'autres

émissions, parmi lesquelles « Les jasmins de quatre-vingts » et « Les roses de Caseros », inspirées de l'histoire argentine, et « L'étoile du pirate », une œuvre de fiction romanesque. Une autre de ses connaissances, Olegario Ferrando, lui offrit un rôle d'ingénue dans « La charge des braves », film joué pour la première fois le 30 mai 1940 au cinéma Astor de Buenos Aires. L'industriel Roberto LLauró finança la comédie « Les amours de Schubert », dont l'un des personnages était joué par Eva. Elle intervint aussi dans les films « Le plus malheureux du village », avec le comique Luis Sandrini, et « Dehors les seconds », sur le monde de la boxe, avec le journaliste Chas de Cruz. Eva accepte sans sourciller tout ce qu'on lui propose et adopte pendant quelques temps et pour quelque raison inexpliquée le nom d'Eva Durante.

Elle s'était spécialisée dans de truculents feuilletons radiophoniques, ceux qui mettent en scène des damoiselles languides confrontées à de mortels dangers, pourchassées par d'effroyables crapules et sauvées à la dernière minute par un héros téméraire. « Une fiancée dans l'embarras », « Infortune », « Une promesse d'amour », « La gueule du loup » et « L'amour naît en toi » appartenaient à ce genre naïf, populaire et destiné à une clientèle féminine peu exigeante. Les émissions étaient retransmises pendant la journée et cette voix introduisait un peu de rêve dans les tâches routinières des maîtresses de maison, une voix qui, plus tard, déclamerait des harangues politiques et dont l'accent serait familier à ces milliers de femmes crédules et déjà toutes disposées à en entendre l'appel.

Inscrite au « Conseil de Femmes » de Buenos Aires, elle suivit des mois durant un cours de diction et tenta d'acquérir les ficelles des acteurs consommés : comment utiliser les pauses, comment se déplacer, comment attirer l'attention des spectateurs. Sachant parfaitement qu'elle ne deviendrait jamais une étoile de première grandeur, elle voulait néanmoins atténuer ses défauts et recevait avec humilité les critiques. Elle surmonta sa timidité initiale, fit montre chaque jour davantage d'un talent énergique et combatif, aiguillonné par les obstacles. Désirant obtenir la parution de sa photographie dans une revue féminine, elle téléphona à la secrétaire de rédaction et lui expliqua qu'une photo en première page l'aiderait dans sa carrière.

— Vous n'avez qu'à le demander au directeur, c'est lui qui décide !

— Je m'adresse à vous, parce qu'une femme qui travaille comprend beaucoup mieux une autre femme dans la même situation.

Et son vœu fut exaucé.

Sa ténacité était dorénavant légendaire dans le petit monde du spectacle de Buenos Aires. « Elle était capable d'attendre une entrevue pendant douze heures, pelotonnée dans un fauteuil et se limant interminablement les ongles. »

Ce professionnalisme naissant mit aussi à nu certains traits âpres de son caractère.

Au cours des répétitions d'une œuvre radiophonique, l'une des artistes exigea de pouvoir arriver dix minutes en retard chaque jour afin d'allaiter son bébé, ce qui lui valut cette observation acide d'Eva : « Nous ne sommes pas dans un asile. Si elle ne vient pas à dix heures du matin comme tout le monde, qu'elle reste chez elle et fasse autre chose. » Ainsi parlait la future bienfaitrice des mères et des enfants déshérités.

Parfois, elle se laissait gagner par un comportement arriviste. Promue vedette de l'ensemble radiophonique « Candilejas » — grâce à un contrat qu'elle a obtenu personnellement de deux industriels, propriétaires d'une usine de savons —, elle décida soudain de ne plus fréquenter le bar modeste qui la recevait habituellement et proposa à l'acteur principal d'aller dans un endroit plus sophistiqué : « Nous ne pouvons plus faire maintenant comme tout un chacun ! » Une autre fois, elle se fit conduire par son ami Kartulovitz jusqu'à Junín, à bord d'une luxueuse automobile : elle voulait éblouir ses anciens voisins, ceux qui la méprisaient pendant son enfance. La jeune louve sait déjà comment on survit dans la steppe.

Elle s'aventurait à donner des conseils : « Pour triompher, où que tu sois, il te faut devenir l'ami du plus puissant ; après, le triomphe vient tout seul », disait-elle à Pablo Raccioppi, son fiancé radiophonique, se demandant quelque peu de quel triomphe il s'agissait.

Consciente du pouvoir de la presse, elle cultivait l'amitié des chroniqueurs de théâtre et faisait taire son amour-propre quand une revue, « Vida Argentina », publiait sa photographie en se trompant de métier : « Evita Duarte. Cette mélodieuse alouette connaît un grand succès à Radio Mitre. » Une alouette mélodieuse ! On en entendrait bientôt les trilles...

Dès que l'augmentation de son salaire le lui permit, elle abandonna les pensions de ses nuits blanches pour le Savoy, un hôtel de seconde catégorie de l'avenue Callao. Une semaine plus tard, à la suite d'une indélicatesse de son frère Juan Ramón (Juancito) à la Caisse Nationale d'Epargne Postale, elle remboursait la somme détournée et devait retourner dans un meublé.

Mais pas pour longtemps. En juin 1941, Eva Duarte désertait les quartiers populaires et s'installait au quatrième étage d'une maison de la rue Posadas, au numéro 1567, dans l'aristocratique zone Nord ; ayant compris que « les grandes villes sont habitées par des pauvres et des riches », sans doute préférait-elle la compagnie des riches.

On aurait grand-peine à détecter des signes d'inquiétudes sociales, si tant est qu'ils aient existé alors, pendant les premières années de son séjour à Buenos Aires ; pour le moment elle se laissait dominer par son ambition impatiente, sa volonté de triompher au théâtre. Elle cachait encore son anticonformisme latent, ce n'était qu'une actrice comme il s'en trouvait des dizaines dans la capitale : très jolie avec un brin de vulgarité, gracieuse et vive, juste un vernis de culture ; généreuse comme amie et dangereuse comme ennemie. D'un langage direct, franc et rude. Un être banal en somme, sans rien d'exceptionnel.

1940-1941-1942.

Trois années sans histoire pendant lesquelles Eva s'affirma lentement et progressivement dans le monde de la radio et du théâtre. Pas de consécration spectaculaire, mais des petits contrats lui assurant une relative aisance. Au cinéma, des rôles brefs ignorés par la critique. Un contrat avec les savons « Guereño » la mit à l'abri des soucis financiers pendant un certain temps.

Appartenant au cercle des gens du spectacle, ce monde composite d'artistes et d'acteurs, de journalistes et d'hommes d'affaires, annonceurs et autres personnages du même acabit, elle menait désormais une vie frivole et nocturne, jalonnée d'aventures faciles.

Les relations familiales étaient distantes et ponctuées de silences prolongés. Erminda vint un jour subir une opération chirurgicale payée par Eva. « Elle se plaignait toujours de ne pas avoir assez d'argent, sans doute parce qu'elle en envoyait à sa mère », se rappelle Pierina Dialessi. Elle aidait aussi son frère Juan Ramón, qui vivait à Buenos Aires, quelque peu à ses crochets. Sans profession, amateur de femmes et de plaisirs, Juancito était devenu dépensier et paresseux ; sous certains aspects, il connaîtrait un destin parallèle à celui de sa sœur, empreint d'une mutuelle loyauté. La solidarité inébranlable et même la complicité entre l'un et l'autre joueraient un grand rôle à l'avenir et exerceraient une influence non négligeable sur la conduite d'Eva.

Mariées bourgeoisement, ainsi que leur mère le désirait, Blanca et Elisa avaient abandonné la maison de la rue Winter, à Junín, laissant pour seules occupantes Juana et Erminda. La première continuait à coudre et en vivait à peine. Erminda se marierait ensuite avec Orlando Bertolini, un modeste fonctionnaire.

Eva était beaucoup trop négligente pour écrire à sa mère et à ses sœurs, et il ne reste presque pas trace d'une correspondance échangée au cours de ces années. Les très rares manuscrits récupérés laissent à penser qu'Eva était avare de confidences sur elle-même ; elle avait l'écriture lente et appliquée d'une fillette de l'école primaire, un style rudimentaire et une orthographe hésitante. Son tempérament nerveux et expéditif lui faisait préférer le téléphone, un moyen avec lequel elle gouvernerait plus tard l'Argentine. Le téléphone et le fouet.

On n'a pas retrouvé non plus les lettres qu'Eva aurait pu recevoir, des documents jetant la lumière sur cette période, la plus obscure et la plus controversée. Mais comment imaginer alors de conserver les missives privées d'une médiocre actrice de l'avenue Corrientes ?

Par la suite, les effets de cette absence de documents furent aggravés par une déformation systématique de la vérité, louanges des amis et dénigrement des ennemis. Eva elle-même ne se priva pas de détruire ce qui s'avérait confidentiel ou dangereux, occultant certains épisodes énigmatiques de sa vie, comme un livre dont on aurait arraché plusieurs pages.

Par exemple, pourquoi a-t-elle disparu de janvier à août 1943 ? La fortune paraît lui sourire et voici Eva qui abandonne la scène, ne respecte pas des contrats et laisse des projets en suspens. Ceux qui étaient peut-être dans le secret gardèrent un mutisme absolu et l'on ne découvrit jamais les raisons de cette absence : une longue maladie ? Un voyage ? Ou une simple décision de l'actrice ? Encore que cette dernière hypothèse fût hautement improbable, elle était trop assoiffée de succès.

Précédée d'une bruyante publicité, Eva réapparut sur scène à la fin d'août 1943. « Antena », un hebdomadaire spécialisé, la salua en ces termes : « La jeune, élégante et sympathique Evita Duarte, éloignée des micros depuis quelque temps, reprend ses activités quand la saison dorée des roses et des parfums atteint notre pays. » Trois quotidiens publièrent sa photographie et annoncèrent son adhésion à l' « Association radiophonique argentine », fondée le 3 août, en vue de défendre les droits syndicaux des artistes de la radio. C'était le premier contact d'Eva Duarte avec les organisations de travailleurs.

Il s'est produit quelque chose d'inexplicable dans sa vie. Les moyens d'information sont moins désagréables à son égard, elle obtient des engagements plus aisément et a surmonté ses soucis d'argent. Jouirait-elle d'une protection occulte ?

Fin 1943, Eva débuta à Radio Belgrano la série radiophonique qui ferait date dans sa carrière professionnelle et dans sa vie future.

Avec un vague arrière-plan de véracité historique, en inventant dialogues et anecdotes, Francisco Muñoz Azpiri, un étudiant en sciences politiques, écrivit les livrets des « Héroïnes de l'Histoire », des biographies romancées et mélodramatiques de femmes célèbres. La série était destinée à un public peu exigeant et avide d'émotions simples.

Pendant plusieurs saisons et deux heures par nuit, telle une moderne Cendrillon, Eva Duarte se dépouillait de sa modeste condition et devenait princesse, reine, impératrice, se livrait passionnément à ces rôles.

C'est une ambitieuse princesse européenne que l'exécution de son mari par les Mexicains rend folle dans « Une impératrice pleure », inspirée des vies de Maximilien et de Charlotte ; une autocrate froide et impitoyable, envoyant ses amants au tombeau, dans « Mon royaume pour un amour », une évocation d'Elizabeth I d'Angleterre, l'impératrice Catherine de Russie, dans « Une larme au vent », qui traite les hommes à coups de fouet et accepte dans sa couche de fougueux cosaques.

Joséphine de Beauharnais, dans « La jeune fille de la Martinique », Eugénie de Montijo — « Le sang de la reine a un parfum d'œillets » — ; la superstitieuse tsarine Alexandra Fedorovna dans « Il neige sur mes rêves ».

La série obtient un succès populaire retentissant, et Muñoz Azpiri est obligé de rédiger hâtivement des biographies nouvelles au titre romantique. Enthousiaste et fascinée, Eva incarne ensuite Emma Lyon, Lady Hamilton — « La colombe et l'aigle » —, Elizabeth d'Autriche, Sissi, dans « l'Echiquier de la gloire ». Un de ses personnages favoris est madame Chiang-Kai-Shek, dans « Une femme sur la barricade ».

Un autre registre lui fait interpréter Elénora Duse (« Feu sur la ville morte ») ; Lola Montes, la maîtresse de Louis I de Bavière (« Reine de rois »), trajectoire fulgurante d'une danseuse et courtisane d'origine modeste invitée par un roi dans ses châteaux de rêves, au milieu de sommets enneigés et de forêts magnifiques. Quand elle joue Sarah Bernhardt (« Un ange sur scène »), c'est elle-même qui est envahie par l'ivresse de l'actrice triomphante. Qui sait, un jour peut-être...

Eva se projetait ainsi dans ces personnages de légende, dont elle ignorait même l'existence quelques mois auparavant. Plongée dans un monde onirique, pendant quelques heures fugaces et devant un micro, elle séduit et trompe Napoléon ; caresse et encourage Nelson ; ordonne à Drake de couler les galions espagnols regorgeant de trésors ; vénère Raspoutine avant d'être fusillée par les bolcheviks ; harangue les coolies chinois et leur promet une vie meilleure ; meurt assassinée à la porte d'un hôtel de Genève... Elle aime, souffre... Elle est adulée, redoutée, omnipotente. Elle séduit et elle est séduite... Elle est reçue par de vieux rois et loge dans des palais de cristal... Elle est applaudie et idôlatrée par des foules innombrables... Elle incarne indistinctement des héroïnes candides pleines de bonté, et des femmes perverses, froides et destructrices.

Et le prodige s'opère à chaque fois. Transportée par la magie de son imagination, la voilà qui s'évade des studios et s'envole, s'envole vers ces régions de l'éther où naissent les arcs-en-ciel.

La série de Muñoz Azpiri lui ouvre des horizons insoupçonnés : les destins merveilleux ne sont pas interdits aux femmes. Et la fameuse supériorité masculine !

Il serait aventureux d'affirmer qu'Eva finit par s'imprégner complètement de la personnalité de ses héroïnes ; son ingénuité lui en cachait probablement la profondeur psychologique et les motivations, et elle entrevoyait à peine l'importance historique d'une Catherine de Russie ou d'une Elizabeth d'Angleterre ; mais cela est sans importance. En mémorisant des expressions particulières, en affrontant des situations dramatiques ou tragiques, en pénétrant dans l'intimité sentimentale de ces femmes exceptionnelles, malgré les textes fictifs de Muñoz Azpiri, elle faisait naître en elle et se développer un désir inconscient d'identification, son existence s'emplissait de ces chimères.

La lettre qu'elle envoya à une revue révèle jusqu'à quel point Eva fut influencée par ces personnages fantomatiques :

« Je dois vous dire que je vis et rêve, comme une enfant presque, chacun de mes rôles. Leurs destins étranges et hallucinants me font vraiment pleurer. Je suis sentimentale, je suis romantique, et une émotion quelconque me bouleverse. Je vis mes œuvres parce que je vis ma vie avec l'intensité d'une belle œuvre. C'est pourquoi mes héroïnes sont toujours des documents vivants de la réalité... »

La série se prolongea depuis septembre 1943 jusqu'au 9 novembre 1944.

Entre-temps il s'était produit, dans la vie d'Eva Duarte, une péripétie extraordinaire que l'imagination la plus débridée n'aurait pas pu inventer.

Elle avait rendez-vous avec son destin au stade Luna Park de Buenos Aires le 22 janvier 1944. Ce jour-là une actrice, Eva Duarte, fit la connaissance d'un souriant colonel de l'armée argentine, un certain Juan Domingo Perón.

CHAPITRE III

Le flûtiste d'Hamelin

« Et il avait une grâce singulière, quiconque lui parlait l'aimait aussitôt et désirait le servir. »

Hernando del PULGAR.

Personnage singulier, ce colonel Perón. Arrière-petit-fils d'un immigrant sarde arrivé en 1860 en Argentine, Juan Domingo Perón était né le 8 octobre 1895, pendant la nuit, dans une petite localité de la province de Buenos Aires, Lobos. Il avait 49 ans quand il connut Eva Duarte, elle n'en comptait elle-même que 25.

Son grand-père, le docteur Tomás L. Perón, avait été un médecin de grand renom et un politicien conservateur. La grand-mère paternelle s'appelait Duteil, était la fille d'immigrants basques français et venait de Paysandú (Uruguay).

Son père, Mario Tomás Perón, était un fermier à l'instar de Juan Duarte, un homme renfrogné et qui témoignait peu d'affection à ses enfants, Mario et Juan Domingo. Amateur de botanique, il avait noué des rapports étroits avec des immigrants allemands et fut invité à l'occasion en Allemagne pour les aider dans la classification des fougères. Ces sympathies paternelles pourraient expliquer la constante germanophilie de Juan Domingo.

Sa mère, Juana Sosa Toledo, avait un ancêtre araucan et la réputation d'une femme active et intelligente. « Ma mère était une remarquable cavalière. Elle partait chasser à cheval, avec mon père ou avec moi-même. C'était une créole de pure souche. »

Juan Domingo a peut-être été un enfant naturel, comme Eva Duarte, puisqu'il n'y a pas trace de l'acte de mariage de ses parents. D'ailleurs il ne conserva pas un souvenir particulièrement tendre de son foyer paternel qu'il mentionnait rarement.

A sept ans son père lui offrit un rifle, calibre 22, et il passa son temps à chasser les guanacos avec les Indiens de la propriété que la famille possédait dans le Chubut, une province désertique balayée par des vents polaires.

Cette vie au grand air s'acheva bientôt : à neuf ans Juan Domingo était envoyé à Buenos Aires pour entamer ses études primaires. Deux vieilles tantes, Vicenta et Baldomera Martiarena, maîtresses d'école, lui apprirent à lire le bréviaire dans les cloîtres de l'église de la Merced. Cinquante années plus tard la populace péroniste incendierait ce temple...

De 1906 à 1908, Perón fait ses humanités au Collège International Polytechnique d'Olivos, dont la clientèle était constituée de fils de familles aisées. Ce n'est pas un élève brillant. Il vit seul, dans une pension, tandis que ses parents parcourent la Patagonie. Il veut d'abord étudier la médecine, comme son grand-père, mais il opte finalement pour l'Académie militaire, cédant à l'insistance de ses camarades. Il y est accepté le 1er mars 1911. « Je me vois alors comme dans un film, beaucoup plus puéril que ne le supposait mon âge réel. C'est cette impression que me produisirent la coupe des cheveux à zéro, l'uniforme, les journées quadrillées par le règlement. Personne ne se permettait une gentillesse, un sourire, une larme. »

Ce strict régime militaire, appliqué à un adolescent de seize ans ayant des habitudes de liberté, aurait pu engendrer chez lui une attitude de rejet de la vie militaire ou au contraire endurcir son esprit et en faire un être insensible. Mais Perón eut assez de force morale et de rigueur pour échapper à ces deux extrêmes. Sans être exceptionnel, il sut préserver sa personnalité, sauvegarder certaines valeurs humaines qui le placèrent au-dessus de ses camarades de promotion.

Quand il fut promu sous-lieutenant, en 1914, il était classé vingt-septième. Il choisit l'infanterie et reçut pour affectation un an plus tard, avec le grade de lieutenant, le 12e Régiment en garnison à Paraná.

D'après son biographe officiel, Enrique Pavón Pereyra, le

lieutenant Perón révéla pour la première fois sa sensibilité sociale à Santa Fe. Cinq mille ouvriers de la société anglaise « La Forestal », qui exploitait les bois, se déclarèrent en grève et le lieutenant Perón fut chargé de briser leur mouvement. Allant au-devant des revendications des travailleurs il fit rouvrir les magasins d'alimentation et remettre en fonctionnement les pompes à eau potable fermées par l'entreprise. Il s'approcha ensuite des grévistes et le visage empreint de ce sourire cordial qui le caractériserait désormais il écouta attentivement leurs plaintes, obtint la reprise du travail grâce aux concessions arrachées à l'entreprise.

En contrepoint de cet épisode, d'autres sources assurent que le lieutenant Perón commandait l'un des bataillons envoyés à Buenos Aires en 1919 lors de la « Semaine tragique ».

Aucune de ces deux péripéties, Santa Fé ou la Semaine tragique, n'a été corroborée par des preuves irréfutables.

Capitaine en 1924, Perón entre deux années plus tard à l'Ecole Supérieure de la Guerre et en sort Officier d'Etat-major. Sa carrière est normale, sans particularités, semblable à celle de ses camarades de l'armée.

Son père meurt en 1928, à l'âge de soixante et un ans. Deux mois après le capitaine épousait une institutrice de 19 ans, Aurelia Tizón.

Romantique, mélomane et cultivée, Aurelia vécut une existence modeste et heureuse aux côtés de son mari. Elle l'aidait à traduire des textes militaires étrangers et à préparer le matériel didactique pour divers instituts de l'armée. Elle s'intéressait aux enfants orphelins et handicapés, recueillait des fonds en organisant des veillées musicales auxquelles elle participait. Certains croiront reconnaître dans les activités ultérieures de Perón l'influence lointaine de cette femme bonne et généreuse, qui sut éveiller en lui des inquiétudes humanitaires.

Aurelia Tizón fut une ombre légère dans la vie agitée de Perón, avant de mourir victime d'un sarcome en 1938, laissant un époux plongé dans la douleur. Ce fut sans doute la seule femme qu'il aima simplement, bien loin des motivations qui le rapproche-raient ensuite d'Eva Duarte et d'Isabel Martínez. Il éprouvait à son égard un sentiment tellement profond qu'il ne la mentionna plus jamais, pudeur d'un homme qui au-delà d'une apparence désinvolte et prolixe savait préserver le jardin secret de son intimité affective.

Quand il vivait avec Aurelia, Perón n'était qu'un simple militaire de carrière, complètement inconnu de la plupart des gens. Elle l'aimait pour lui-même, à la différence de ses deux futures épouses dont les intentions étaient tout autres ; Eva Duarte, l'actrice, était assoiffée de gloire et de pouvoir ; Isabel Martínez, la danseuse de cabaret, recherchait la sécurité matérielle et la promotion sociale. Avec Eva il connaîtrait la lutte, la tempête et l'extase du triomphe. Avec Isabel la décadence, le vieillissement et l'échec sans apothéose posthume. Aurelia fut sa jeunesse, Eva son épanouissement et Isabel sa mort. Trois femmes jeunes, aux tempéraments opposés, aux dimensions historiques dissemblables et aux destins étranges.

Par une ironie du sort, la première activité politique de Perón consista à se dresser contre un président qui d'une certaine façon fut son prédécesseur : Hipolito Yrigoyen.

Ex-commissaire de police, répugnant à s'exprimer (jamais un discours devant une foule, pas la moindre lettre), introverti, ni très cultivé, ni très intelligent, Yrigoyen fut une des figures de proue de l'histoire argentine par son honnêteté incorruptible, sa dévotion pour son pays et son charisme. Leader indiscutable de l'Union Civique Radicale, le parti des classes moyennes qui gouvernait depuis 1916, il entama la politique sociale menée à bien par Perón.

Il affronta l'hostilité du Parti Conservateur dont les parlementaires bloquaient, repoussaient ou dénaturaient la plupart de ses lois sociales sans prévoir qu'ils provoquaient ainsi à la longue l'avènement du péronisme, débordement d'impatience d'un peuple frustré.

Harcelé sans relâche par la droite, Yrigoyen commit à la fin des années vingt des erreurs tactiques qui provoquèrent sa chute : il avait osé s'attaquer aux monopoles pétroliers étrangers et aux privilèges de la caste militaire. Face à des adversaires aussi puissants Yrigoyen était perdu.

Le 6 septembre 1930 un coup d'Etat dirigé par le général José Félix Uriburu interrompt seize années de légalité constitutionnelle et ouvre une période d'intrusion militaire dans la vie politique argentine. Une date méritant d'être rappelée...

Originaire de Salta, âgé de 62 ans, la taille petite, lunettes de professeur et moustache de général mexicain, néophyte en politique bien que persuadé de son rôle messianique, Uriburu, le nouveau président, véritable marionnette entre les mains des conservateurs, toléra la fraude électorale et échoua dans sa tentative d'instaurer un système corporatiste.

Quand les troupes d'Uriburu se préparaient à prendre d'assaut la Casa Rosada, dans une « révolution qui sentait davantage le pétrole que la poudre », à en croire le commentaire sarcastique du Français André Tardieu, Perón occupait le dernier blindé de la colonne. Le combat n'eut pas lieu : Yrigoyen avait regagné la veille son domicile privé, abandonnant avec une élégance dédaigneuse un pouvoir qu'il ne convoitait pas.

« Je me souviens que le Président Yrigoyen fut le premier président argentin à défendre le peuple, le premier qui s'opposa aux forces étrangères et nationales de l'oligarchie afin de défendre le peuple. J'étais très jeune, alors, et contre Yrigoyen parce que j'avais eu vent de calomnies et de rumeurs que personne ne pouvait démentir. » Tel fut le tardif « mea culpa » de Perón, vingt-trois ans après.

Ce 6 septembre 1930, alors qu'il franchit l'une des entrées de la Casa Rosada, Perón remarque un individu qui s'en va, le drapeau argentin roulé sous le bras et criant son enthousiasme pour la révolution. « Oui, mon capitaine, j'apporte un drapeau à mes camarades ! » Sous le drapeau, une machine à écrire qu'il vient de voler.

Beaucoup de ceux qui avaient participé au renversement d'Yrigoyen étaient poussés par des mobiles de ce genre.

Perón se fait nommer secrétaire privé du ministre de la Guerre et titulaire de la chaire d'histoire militaire à l'Ecole Supérieure de Guerre. Ces fonctions, sans être spectaculaires, le rapprochent des sources de décision politique tout en gardant le contact avec ses compagnons d'armes. Rien ne presse, ce sont des projets à long terme.

En 1933, il écrit : *Notes sur l'histoire militaire. La guerre russo-japonaise,* en trois tomes. Attaché militaire au Chili en 1936, il provoque un incident diplomatique. Leopoldo Haniez, ex-officier de l'armée chilienne, rencontre un jour l'attaché militaire bolivien à Santiago, le major Rafael González Quint et lui propose, pour trente mille dollars, les plans de mobilisation générale du Chili contre l'Argentine, la Bolivie et le Pérou. González ne dispose pas de l'argent nécessaire et fournit le renseignement à son collègue Perón ; celui-ci s'empresse d'acquérir les documents. Ayant eu vent de l'opération la sûreté militaire chilienne somme Perón et son second, Eduardo Lonardi, de quitter immédiatement le pays. Ce qui n'empêchera pas Perón de déclarer, avec son très célèbre sourire : « A Santiago, je me sentais comme chez moi. »

Divers périples enrichissent sa compétence professionnelle et il affine son expérience des hommes par ses contacts avec la troupe. Strict sans despotisme, jovial sans familiarité, cultivé sans pédantisme et d'une ambition dévorante sous couvert de modestie, il devient l'un des officiers les plus distingués de l'armée argentine.

D'une taille respectable (1,78 m), solide (85 kg), d'allure sportive et respirant la santé, il marche en se dandinant un peu, tel un gaucho à peine descendu de cheval. Le front est rectangulaire, large et haut ; les cheveux noirs et raides sont peignés en arrière, plus tard il les teindra afin de conserver son aspect juvénile. Les yeux petits, malicieux, brillent d'intelligence et d'esprit d'observation ; un nez légèrement aquilin ; une grande bouche aux lèvres minces ; des dents régulières, remplacées par un dentier, indispensables à ses sourires stéréotypés. Rendue rugueuse par un eczéma rebelle à tous les traitements depuis l'enfance, la peau du visage est très sensible, toujours maquillée. Le lobe des oreilles bien dessinés ; le cou fort et courtaud, les épaules larges et le torse robuste. Un ensemble viril, plein de prestance.

Son mode de vie est relativement sobre : matinal, il se lève et se couche tôt, mais il obéit à la règle sacro-sainte de la sieste quotidienne, après le repas de midi, quel que soit le travail ou l'urgence des décisions à prendre. Amateur de sport, il pratique avec adresse l'escrime et l'équitation ; quant à la boxe, il laisse les coups pour les autres, préférant jouer les arbitres. Il en fera autant en politique.

Il sait choisir ses collaborateurs, les stimuler et leur faire partager ses responsabilités. Chef accessible, enjoué, cultivé, d'un esprit ouvert à toutes les initiatives de ses camarades ou subordonné, il est attiré par ce qui est clair, direct, immédiat ; il n'hésite pas à s'approprier les idées originales des autres, à les agrémenter et les présenter ensuite comme étant les siennes. Habile à cerner les problèmes il sombre parfois dans la superficialité ou le dilettantisme par excès de simplification.

Frugal dans sa nourriture, il boit et fume avec parsimonie. Sans être un coureur de jupons impénitent, il préfère les jeunes filles, toutes les femmes qui ont traversé sa vie auraient pu être ses enfants ; en 1943 il vit en concubinage avec une adolescente, « la Piranha » ; l'une d'entre elles, Nelly Rivas, avait treize ans alors que lui-même frisait les soixante. Laissant aux psychanalystes le soin d'analyser les causes de ce penchant, il déclarera en guise d'excuse : « Je n'ai jamais pensé que l'homme qui cherche une femme commette un délit. Moi j'aime les femmes et je suis très content de continuer à les aimer. Jamais je n'ai été hypocrite, je n'ai jamais pu vivre sans une femme. Ce qui serait immoral, ce serait que j'aime les hommes ! »

Avant d'assumer la charge de président, en 1946, Perón jouit d'une modeste fortune personnelle ; propriétaire d'une maison de campagne à San Vicente, près de Buenos Aires, il se contente de trois cents pesos par mois (quelque cent dollars d'alors) pour vivre, une somme inférieure au salaire d'un ouvrier spécialisé.

Il manque de culture musicale et ses goûts le portent au folklore argentin et au tango ; il déteste les rythmes syncopés : « Cette musique ne me plaît pas, elle est disloquée, elle me crispe les nerfs. » Il se considère comme un excellent danseur. « Tous ceux de ma génération dansaient, dansaient très bien, nous avions appris dans les cabarets avec des femmes vendues. »

Versé dans l'histoire universelle, il cite fréquemment les *Vies parallèles* de Plutarque, cadeau de son père et livre capital dans sa formation selon ses propres termes. Son rang d'officier d'Etat-major l'oblige à se mettre au courant des publications militaires et il passe bientôt pour l'un des plus brillants essayistes argentins en la matière : ses manuels sont diffusés dans différents pays latino-américains.

Sur une orbite éloignée et excentrique, une actrice obscure, totalement inconnue de lui, s'efforce au même moment d'obtenir la consécration. Rien ne rapproche encore ces deux comètes aux périgées différents.

En février 1939 Perón est envoyé en Europe pour une mission d'étude, sept mois avant que n'éclate la Seconde Guerre mondiale.

Par hasard ou à dessein Perón resta la plupart du temps en Italie, quelques visites sporadiques en Allemagne mises à part, un pays dont les spectaculaires victoires militaires constituaient un champ d'expérience fécond pour un officier d'Etat-major. Le phénomène politique du national-socialisme et du fascisme attirait Perón, il profita sans doute de ces voyages pour rencontrer des dignitaires nazis et envisager d'instaurer un système totalitaire en Argentine. Faute de documents écrits, il reste des indices probants de cette collusion éventuelle.

Ce fut pour le Duce que Perón éprouva le plus grand intérêt, par affinités raciales et linguistiques. Mussolini était son achétype de chef de gouvernement, il en étudia à fond la doctrine et les méthodes, l'art de la propagande, les techniques oratoires, les effets de style et la truculence. Il en retint le renforcement du pouvoir de l'Etat par le biais du parti unique ; le harcèlement constant des opposants. Il admira le césarisme de l'Italien, la coloration populiste de son action de masses, son talent pour nouer des relations directes avec le peuple. Il jugea à leur juste valeur les différences entre le nazisme et le fascisme : l'absence de discrimination raciale du second et sa politique de rapprochement à l'égard de l'Eglise catholique.

Ce fut sans doute alors que Perón sentit sourdre au-dedans de lui ses ambitions latentes, imaginant que le schéma italien pouvait être appliqué *mutatis mutandis* à l'Argentine, à ceci près : Mussolini, spadassin de l'Histoire, avait entraîné son pays dans une guerre dévastatrice, Perón saurait l'en préserver.

Il avait d'autres points communs avec Mussolini (« Je l'imiterai en tout, hormis ses erreurs. »). Séducteurs des foules, ils savaient tous deux déceler les ressorts secrets qui opéraient sur leur âme versatile. Acteurs incomparables sur la scène politique, tribuns vociférant au balcon ou subtils manipulateurs de comités, Mussolini et Perón partageaient plus d'un trait de caractère, dévoilaient leur souche italienne commune (« Je parle mieux l'italien que l'espagnol. »). Ils ne parvinrent jamais à se connaître mais leur parenté spirituelle est frappante.

Parti pour l'Europe en tant que militaire, Perón en revint conspirateur. A partir de janvier 1941, date de son retour, fasciné par l'efficacité de la machine de guerre allemande et les audaces mussoliniennes, il tint des conférences restreintes et établit des contacts discrets avec des amis officiers. Sans doute laissa-t-il échapper quelque indiscrétion puisque le gouvernement, soupçonneux, l'assigna à Mendoza, comme directeur du Centre d'Instruction de Montagne, une spécialité qu'il avait dû, supposait-on, étudier en Italie.

Huit mois à parcourir les Andes avant d'être nommé inspecteur de troupes de l'armée, ce qui lui permit de reprendre ses contacts avec les officiers : ainsi naquit le GOU.

La loge militaire argentine « Groupe d'Officiers Unis » fut fondée le 10 mars 1943, à l'hôtel Conte de Buenos Aires. Bon nombre de ses adhérents avaient participé au soulèvement contre Yrigoyen mais ils étaient réunis maintenant par un anticommunisme intransigeant, leur sympathie pour le national-socialisme allemand et la volonté de sauvegarder la liberté d'action argentine vis-à-vis des pressions diplomatique et économique des Etats-Unis. Perón invoqua le devoir d'empêcher une éventuelle subversion communiste et invita ses compagnons à ne pas céder aux objurgations des Américains, désireux qu'étaient ces derniers de leur faire déclarer la guerre aux puissances de l'Axe. Il souligna son désintéressement personnel, son seul objectif étant « le bien-être de l'armée et de la Patrie ».

Pas un mot sur les travailleurs.

En abordant ces sujets, Perón touchait une corde sensible chez les soldats argentins, la plupart germanophiles et tous nationalistes. Ses propos recueillirent une approbation unanime et le GOU s'apprêta à jouer un rôle politique décisif dans un proche avenir.

La stratégie de développement du nazisme, en Amérique latine, comportait la prolifération de loges militaires semblables au GOU et reliées entre elles. Le « Front de Guerre » fut créé au Paraguay. Des officiers brésiliens de tendance totalitaire établirent des contacts avec le GOU. On s'efforça aussi, le moment venu, de constituer l' « Union des Militaires d'Amérique », sorte de confédération des loges existantes en Argentine et au Chili, en Bolivie, Paraguay, Equateur, Pérou et Venezuela. Le Brésil fut exclu en raison de la politique ouvertement et activement proaméricaine menée par le gouvernement de ce pays, avec l'agrément de l'Etat-major de l'armée, et qui s'achèverait par l'envoi de troupes brésiliennes sur le front européen. Curieusement, la neutralité obstinée de l'Argentine était encouragée en sous-main par l'Angleterre, désireuse avant tout de conserver les routes maritimes nécessaires à ses approvisionnements en viandes et céréales argentines. En outre, au beau milieu des combats contre les puissances de l'Axe, les grands consortiums industriels et commerciaux (les futures sociétés multinationales) d'origine britannique ou américaine se livraient déjà à des manœuvres tactiques visant à capturer les marchés de l'après-guerre, l'Argentine entre autres.

En Bolivie, le GOU fomenta, par ses activités subversives, le coup d'Etat qui permit à la loge « Radepa » (RAison DE la PAtrie) de renverser le président Enrique Peñaranda, le 20 décembre 1943.

A partir de 1941, la date du retour de Perón, l'Argentine était devenue la base d'opérations du nazisme en Amérique latine.

Si l'Allemagne remportait la victoire, le Reich opérerait en Amérique du sud par le biais de l'Argentine. En cas de défaite — hypothèse peu plausible en 1941, mais de plus en plus pertinente par la suite —, l'Argentine servirait de refuge pour tout ce qui pourrait être sauvé. L'obtention de ces résultats exigeait un gouvernement — militaire de préférence — favorable au régime allemand, et rebelle si possible aux Etats-Unis. C'était à l'intérieur de ce schéma qu'apparaissait le rôle de Perón, homme de contact et futur « gauleiter ».

La presse argentine évoqua avec insistance de mystérieux sous-marins longeant les côtes du sud. La rumeur publique fit d'un Allemand énigmatique, Fritz Mandl, le mentor de Perón. Le *New York Times* écrivait : « Mandl a joué un rôle important comme conseiller technique du gouvernement militaire argentin dans sa propagande belliciste et il doit être tenu pour responsable, en partie, de ce rêve né dans les esprits de quelques militaires argentins, faire ressusciter l'ancienne Vice-royauté du Rio de la Plata qui comprenait l'Argentine, la Bolivie, l'Uruguay et le Paraguay. »

Dans son livre *Technique d'une trahison,* le député Silvano Santander, ennemi acharné d'Eva, soutient que cette dernière fut enrôlée à cette époque dans les services secrets allemands. D'après Santander Eva remplit une mission liée à la visite furtive effectuée en 1943 par un haut dignitaire nazi, Wilhelm von Faupel.

Le mystère reste entier.

Perón se tient discrètement à l'écart de ces manipulations dont il est le maître-d'œuvre. Il conçoit et dirige en coulisses la conspiration du GOU, l'étape préliminaire consistant à placer ses membres aux postes clefs du gouvernement et de l'armée ; une conspiration visant à renverser le président Ramón S. Castillo.

Originaire de Catamarca, juriste récalcitrant et têtu, Castillo avait déjà 67 ans quand, le 4 juillet 1940, il assuma la direction de l'Etat, en sa qualité de vice-président, à la suite de la maladie du président Roberto M. Ortiz.

Ce fut le dernier président conservateur de la période ouverte en 1930 par la révolution d'Uriburu contre Yrigoyen. Certains chroniqueurs argentins désignent les années 1933-1943 sous le nom de « Décennie infâme », mais à vrai dire elles ne le furent pas davantage que les années suivantes.

Après avoir exercé un pouvoir absolu le Parti Conservateur était totalement corrompu. L'influence de l'opposition s'était effritée, même celle de l'autrefois prestigieux Parti Radical, les masses attendaient de nouveaux dirigeants. La révolution du GOU trouvait donc une ambiance propice et un peuple en quête d'autres voies, deux facteurs qui aident aussi à une meilleure compréhension de la future ascension de Perón et de l'extraordinaire popularité d'Eva. Mais nous n'en sommes pas encore là.

Le 4 juin 1943 le GOU dépose le président Castillo, comme on cueille un fruit mûr.

Ce fut un coup d'Etat purement militaire, sans aucune participation du peuple ni des partis politiques, né du mécontentement et de la lassitude après de plus de dix années d'un gouvernement conservateur, atrabilaire et frauduleux.

Membre actif de la conspiration, Perón disparut la veille du soulèvement militaire. « Cette nuit-là, il fut impossible de trouver nulle part Perón, et pendant la plus grande partie du lendemain, jusqu'à ce que le triomphe de la révolution fût devenu évident », se plaignait un des conjurés.

Se souvenant peut-être que Benito Mussolini avait été absent de la « Marche sur Rome » mais s'en était approprié les fruits, Perón ne voulut pas risquer un échec ; il avança prudemment ses pions et réapparut seulement quand la victoire de ses collègues fut certaine, pour les aider à rédiger le célèbre « Manifeste à la Nation ».

Il préféra ne pas figurer au premier rang, il connaissait les ambitions personnelles qui séparaient les chefs révolutionnaires : son heure n'avait pas encore sonné.

Sa prudence s'avéra très vite fondée. Le général Arturo Rawson, désigné président par le GOU, fut remplacé au bout de quarante-huit heures par le général Pedro Pablo Ramírez, et ce fut le commencement de la ronde des généraux et colonels adroitement manipulés dans l'ombre par Perón. Ramírez, ancien ministre de la Guerre de Castillo, ne s'était rangé aux côtés des putschistes que la veille du coup d'Etat, ce qui lui valut l'épithète de « traître » de la part du président déchu. (Des bruits couraient alors selon lesquels Eva Duarte était une des relations féminines de Ramírez.)

Perón aimait citer des proverbes du folklore argentin et il se souvint qu' « à la nuit tombée, il faut mettre pied à terre jusqu'à l'aube » ; il se tint donc pour satisfait avec la charge de chef du secrétariat du ministère de la Guerre, sous les ordres d'un vieil ami, le général Edelmiro Farrell, un homme sans façon et peu au fait des tâches de gouvernement. Perón savait à qui il avait affaire ; soucieux d'apparaître comme un simple exécutant des décisions de Farrell, c'était lui qui les inspirait et veillait à leur exécution. Il établit en premier lieu des contacts avec des soldats influents et non affiliés au GOU, tissa avec eux, ensuite, un véritable réseau de renseignements ; il éloigna dans de lointaines garnisons ou à l'étranger les officiers jugés « irrécupérables » ; enfin, il plaça au sein même de la présidence de la République des hommes à lui.

Perón, optimiste, serviable et toujours souriant (d'où son surnom de colonel « Kolynos »), cachait sous l'apparence d'un simple militaire de carrière des ambitions politiques et une volonté de pouvoir dont l'intensité échappait à ses compagnons d'armes. Bien au contraire, et de façon significative, il proclamait : « Je suis un humble soldat accomplissant un devoir imposé par les circonstances ; et vous pouvez être sûrs que ce qu'il y a de meilleur en moi, c'est la bonne volonté : à aucun moment je ne me suis cru supérieur à ce que j'étais réellement. »

Tel un joueur d'échecs expérimenté, Perón déconcertait ses rivaux par des coups inattendus, les prenant au dépourvu. Alors qu'on craignait qu'il exigeât un haut commandement ou un ministère, le rusé colonel se fit nommer directeur du Département national du Travail, une charge bureaucratique, subalterne, dépourvue de pouvoir politique ; ensuite, grâce à quelque formalité administrative, il obtint que ce département fût transformé en secrétariat d'Etat au Travail et à la Prévision en novembre 1943. Il s'arrangea aussi pour le rattacher discrètement à la présidence de la République. Ainsi, sous couvert d'innocence, le colonel Perón s'érigeait en collaborateur direct du président pour les affaires sociales, et du ministre de la Guerre pour les affaires militaires ; avec l'agrément de Ramírez et de Farrell séduits par la bonhomie et l'activité de ce fidèle auxiliaire, un homme qui ne revendiquait rien pour lui-même et les déchargeait d'assommantes tâches administratives. Perón était « un chat à qui l'on avait demandé de surveiller des sardines », selon une autre de ses expressions favorites.

A partir du second semestre 1943, l'Allemagne est condamnée à perdre la guerre. Les vestiges de l'Afrika Korps de Rommel livrés à l'ennemi, l'Italie envahie par les alliés, la chute de Mussolini, le fiasco de l'offensive d'été en Russie, autant de catastrophes pour les espoirs politiques et militaires du Reich et ses rêves d'hégémonie mondiale. L'Allemagne aurait à lutter bientôt pour sa propre survie et le schéma marginal ébauché pour l'Amérique latine apparaissait désormais sans importance.

Le cours des opérations de guerre en Europe jeta à bas le jeu diplomatique de l'Argentine et du Chili qui, par un excès de souveraineté ou une erreur de stratégie politique, avaient refusé de rompre leurs relations avec les puissances de l'Axe et proclamé leur neutralité dans le conflit.

En guise d'argument dissuasif, les Etats-Unis avaient favorisé l'armement du Brésil et de l'Uruguay tandis que ses agents faisaient courir des rumeurs sur un débarquement imminent de la flotte de guerre américaine à Comodoro Rivadavia, centre pétrolier vital pour l'Argentine.

Des mois de laborieuses négociations, de promesses et de menaces, de pratiques dilatoires et d'exigences immédiates s'achevèrent, le 26 janvier 1944, par la rupture des relations diplomatiques de l'Argentine avec l'Allemagne et le Japon. « Parfaitement en accord avec les Allemands eux-mêmes, le gouvernement de Farrell, dont je faisais partie en tant que ministre de la Guerre, déclara les hostilités. Nous avions l'assentiment des généraux et des colonels réfugiés en Argentine », écrivit Perón.

Cette décision marqua le déclin du GOU. Il reviendrait à Perón de s'en débarrasser complètement et de le supprimer au bout d'un certain temps. Entre-temps, une autre révolution de palais avait remplacé le président Ramírez par le général Farrell, et cette fois-ci l'ascension de Perón fut vertigineuse : d'abord ministre de la Guerre, il est promu vice-président de la République le 7 juillet 1944, titulaire des portefeuilles de la Guerre, du Travail et de la Prévision. Il détenait entre ses mains tous les atouts du triomphe.

La victoire des alliés avait rendu inopérants ses schémas politiques primitifs ; Perón, opportuniste, avec la souplesse d'un contorsionniste, eut tôt fait de chercher un nouvel appui auprès des travailleurs, se proposant de les séduire par le biais du secrétariat au Travail ; non sans raffermir d'abord son assise militaire : il manipula les affectations, les promotions et les mises à la retraite, isola ses adversaires et récompensa ses amis.

Ensuite, il se découvrit une soudaine vocation sociale et se consacra aux travailleurs, imprima au secrétariat un style inédit. « Nous voyions nos pauvres gens rejetés de chaque endroit ; quand ils obtenaient quelque chose, ils en repartaient amers bien qu'ils l'aient obtenu ; nous voyions le malheureux qui ne savait où s'adresser ; depuis l'agent de police qui lui interdisait de s'asseoir jusqu'à celui qui le recevait pour lui donner à manger ou l'aider ; il était souvent vilipendé par une société responsable de cet état de fait. J'ai fondé l'organisme mère, j'ai appelé les ordonnances et je leur ai dit : " Nous allons créer une maison où le plus malheureux pourra venir et ordonner, car il doit exister un endroit où il puisse donner des ordres. '' »

Pour se gagner l'adhésion des travailleurs argentins, Perón devait au préalable susciter un esprit nouveau, capable de dissiper une longue tradition de frustrations du mouvement ouvrier qui recherchait encore une voie et une identité.

Jusqu'à la fin du XIXe siècle, les courants migratoires espagnol, italien, grec, polonais, levantin et russe, parmi les principaux, acquérirent une conscience de classe ténue, se regroupant en sociétés mutualistes puis en corporations ; en simplifiant, on pouvait distinguer deux tendances, anarchiste et réformiste.

Le mouvement anarchiste apparaît dans les années 1880 et dure plus ou moins jusqu'en 1920 : la « Semaine Tragique » fut son holocauste. Les premières cellules — pas tout à fait des syndicats — comprennent des typographes, des maçons, des employés des chemins de fer, des charpentiers et autres travailleurs manuels, avec pour objectif principal celui d'obtenir la semaine de quarante-huit heures. En 1904 est créée la Fédération Ouvrière Argentine (FORA) de tendance nettement anarchiste.

L'anarchisme argentin était au fond l'expression d'une réaction viscérale des classes artisanales contre la grande entreprise industrielle qui tendait inévitablement à les transformer en prolétaires. Les dirigeants, incorruptibles et utopiques, nageant à contre-courant des circonstances historiques qui allaient dans le sens des intérêts de la bourgeoisie, ne parvinrent pas à s'enraciner dans la conscience collective des travailleurs ennemis de la violence et dont la mentalité était, et est encore, d'essence bourgeoise. C'est cet héritage anarchiste qui sera revendiqué, ensuite, par des forces iconoclastes de souches sociales différentes mais beaucoup plus adeptes de la violence : la guérilla urbaine et rurale des années 1970. La FORA annonçait l'ERP (Armée de la Révolution populaire) et les « Montoneros », deux groupements extrémistes issus du péronisme qui feront irruption sur la scène politique argentine un demi-siècle plus tard.

Le courant réformiste s'était affirmé en 1922 par la création de l'Union Syndicale Argentine (USA) et de l'Union Ferroviaire, association mutualiste pesant d'un grand poids sur l'évolution ultérieure du mouvement ouvrier.

Affranchi de l'agressivité du mouvement anarchiste, le syndicalisme réformiste se scinda en plusieurs groupes avant de constituer la « Confédération Générale du Travail » (CGT) existant encore de nos jours.

Le réformisme s'opposait au nihilisme anarchisant, niait la lutte des classes et respectait le schéma bourgeois : il prétendait le modifier « de l'intérieur », au moyen d'une législation sociale progressiste mais non révolutionnaire.

Tel serait le comportement global du syndicalisme réformiste par la suite : au prix de sa complicité avec la répression, il obtint des concessions pour la classe ouvrière grâce à une collaboration sournoise avec les autorités, l'armée et le grand patronat.

Les réflexes militants atrophiés, l'intégrité morale moribonde, bon nombre de responsables transigèrent avec le gouvernement en place sous prétexte de défendre les intérêts de la base, excusèrent leur mollesse par la volonté de dialoguer et l'habileté tactique. Etre un leader syndicaliste n'impliquait plus un sacrifice mais devenait une activité lucrative ; l'appétit substituait l'apostolat. Ainsi naquit la « bureaucratie syndicale », phénomène social caractéristique en Argentine de la première moitié du vingtième siècle, et dont Perón tirerait un profit immédiat.

On ne peut rien comprendre à l'évolution du syndicalisme argentin si on oublie la faiblesse morale d'un grand nombre de ses dirigeants.

Après le déclin des anarchistes, ce fut aux socialistes d'occuper la première place dans la hiérarchie syndicale ; quant aux communistes, ils tenaient quelques syndicats importants et Perón, à l'instar des gouvernements conservateurs qui l'avaient précédé, eut pour objectif prioritaire d'éliminer l'influence communiste dans ces organisations. Il s'efforçait, dans le même temps, de privilégier les « réformistes », utiles et accommodants, prompts à la louange et sensibles aux gratifications.

Il était dans la nature des choses que Perón accordât son aide à ce genre de syndicalisme, à l'unisson de ses idées et tactiques politiques. En aucun cas il n'aurait pu procéder autrement, pas plus par tempérament que par convenance personnelle.

Avant de mettre en œuvre sa propre politique, Perón fut obligé de corriger les maladresses du président Ramírez : ce dernier gouvernait depuis dix jours quand il ordonna l'interdiction de l'Union Ferroviaire et de la Fraternité et édicta une réglementation sévère pour les associations professionnelles, des dispositions jugées à juste titre attentatoires à leurs libertés par les travailleurs.

Le leader communiste ouvrier José Peter est arrêté en août 1943, à la suite d'une grève des entreprises frigorifiques Berisso. Le conflit excédait ses compétences mais Perón obtint du général Farrell le soin de le régler. Après de longues tractations, la libération de Peter fit cesser la grève ; c'était un premier succès personnel pour Perón, dans un domaine où il excellerait bientôt.

Perón augmenta de dix centimes le salaire horaire des ouvriers de l'industrie de la viande, puis décida de visiter personnellement les abattoirs et entrepôts frigorifiques de la société Berisso, à quelque dix kilomètres au sud de Buenos Aires.

Trente mille personnes l'attendaient dans les rues, sa voiture découverte s'ouvrait à grand-peine un passage au milieu de cette foule réjouie d'hommes et de femmes qui l'acclamaient et lui lançaient des fleurs. Il avait parcouru quelques centaines de mètres quand un jeune ouvrier se plaça à la tête du cortège portant une énorme grosse caisse dont les coups de tonnerre rythmaient les cris des travailleurs. Aucun militaire argentin n'avait reçu auparavant hommage aussi singulier, et nul ne pouvait deviner, pas plus Perón que les manifestants, que la grosse caisse serait dorénavant et pour longtemps l'un des fétiches du péronisme.

Perón découvrit à Berisso le pouvoir charismatique qu'il exerçait sur les masses, même parmi les sauvages bouchers de ce centre industriel, les plus turbulents et rebelles du pays.

En arrivant enfin à la tribune dressée sur la place du district, Perón se sentit transporté, s'échauffa gagné par la liesse populaire et prononça un discours démagogique, attaquant avec violence les grands monopoles étrangers, coupables selon lui de l'oppression et de l'exploitation que subissait le peuple argentin. « Et non seulement ils ont traité les travailleurs comme des esclaves, leur payant des salaires de famine, mais encore ils n'ont jamais respecté les lois du pays », vociféra-t-il. Il promit ensuite que le gouvernement allait créer des lois sociales afin de garantir aux travailleurs une existence digne et une vieillesse sans soucis d'argent.

En obtenant l'interruption de la grève et la liberté pour Peter,

Perón exécutait une manœuvre tactique délibérée destinée à tromper les communistes ; nous avons déjà vu que ces derniers étaient retranchés dans le combatif syndicat de la viande.

« Certains dirent, quand je prononçai mes premiers discours au secrétariat au Travail : — Voici un communiste. Et moi je leur parlais un peu de communisme. Pourquoi ? Parce que c'étaient des hommes dont les dirigeants étaient communistes et qui avaient quarante années de marxisme derrière eux. Mon propos était de leur faire plaisir, mais c'étaient les autres qui m'intéressaient, ceux qui étaient à leur tête et que je voulais leur arracher. Les dirigeants communistes m'amenaient des gens pour me démontrer qu'ils étaient soutenus par les masses. Je les recevais et leur faisais croire que j'étais dupe. Mais moi je voulais leur arracher les masses et les laisser sans masses. Il en venait dix et je leur parlais ; s'ils étaient dix mille je parlais à dix mille ; s'il n'y en avait qu'un, je lui parlais aussi... »

Perón s'avéra être un maître consommé dans l'art de parler à l'ouvrier, avec des effets oratoires savamment dosés : le sourire large, accueillant, cordial ; le ton de la voix confidentiel, comme si l'on révélait un secret ; la petite tape sur l'épaule, le clin d'œil malicieux donnant l'illusion de la complicité, le bon mot, l'anecdote savoureuse. Il récoltait les applaudissements avec modestie, presque embarrassé, en baissant les yeux tel un ecclésiastique, puis il regardait ses interlocuteurs ou auditeurs, un par un si possible, jamais comme une masse anonyme. Il savait se souvenir des noms et se montrer patient devant des questions indiscrètes ou provocantes. Il ne contredisait jamais, les réponses se diluaient en généralités anodines et il évitait de s'engager en se moquant discrètement de lui-même. En public il ne perdait ni son calme, ni sa bonne humeur ; il était persuasif : les gens croyaient, à l'entendre, que Perón trouvait une solution à tout.

Il utilisait rarement le « je » dans ses discours, préférait le « nous » surtout s'il fallait avancer une idée controversée ; il se plaçait au niveau de son auditoire, usait habituellement de concepts clinquants et rebattus et simplifiait les problèmes jusqu'à la superficialité ou le sophisme. Quand il conversait, sa tactique était de ne pas s'opposer au commencement et de donner, bien au contraire, une impression trompeuse de conformité ; ensuite, peu à peu, il imposait son point de vue aux interlocuteurs déjà mystifiés.

Il savait persuader plutôt que convaincre, séduire plutôt que démontrer. Pas de menaces, des promesses, et rares étaient ceux qui échappaient à ces artifices verbaux. « Quand je m'adressais aux hommes, je leur indiquais d'abord " en noyant le poisson " ce qu'ils avaient à faire, ce que je croyais moi-même et qu'ils ne croyaient peut-être pas. Mais quand j'abordais la seconde partie, ce qu'ils attendaient, alors ils gobaient tout et repartaient avec leurs idées et les miennes. »

Il avait ses expressions toutes faites, pittoresques ou sarcastiques : « Celui qui me trompe une fois, je lui pardonne ; celui qui me trompe deux fois, je le maudis ; mais si on me trompe trois fois, je me maudis moi-même. » « Les hommes sont bons, mais si on les surveille, ils sont meilleurs. » Autant de maximes qui dégageaient une rhétorique facile à comprendre, à l'inverse des redondances professorales des politiciens, et de la sécheresse vide des militaires de son époque. Son style était nouveau, diaphane comme l'air de la pampa, à la lisière de la vulgarité ; il réjouissait les travailleurs tout en provoquant des spasmes d'indignation chez les intellectuels européanisants tels Jorge Luis Borges et Victoria Ocampo, défenseurs du bien parler. « Je pardonne tout au péronisme, sauf son mauvais goût », s'écria Borges à l'occasion.

Cette éloquence se révélerait à la longue désastreuse pour l'Argentine : victime de son propre jeu, Perón finirait par traiter les questions les plus complexes avec cette même désinvolture simpliste qui charmait les foules médusées.

Acteur par antonomase (ce n'est pas le fait du hasard s'il organisait des représentations théâtrales dans les casernes, pendant sa jeunesse), et d'origine italienne, il utilise si nécessaire un art oratoire emphatique et gesticulant parmi les foules de Buenos Aires constituées par un nombre appréciable de descendants d'Italiens. Il sait adapter son discours aux circonstances : libéral et libre-échangiste devant un auditoire de chefs d'entreprises il se transforme en un socialiste convaincu quand il s'adresse aux étudiants ou aux ouvriers ; catholique fervent devant les prêtres, il a des accents d'un nationalisme enflammé pour les militaires.

L'analyse des discours prononcés par Perón au cours de ces années-là révèle qu'il esquissait des attaques fréquentes contre l'oligarchie, mais évitait de l'agresser. Bien loin de prêcher la lutte des classes, ce n'était pas un révolutionnaire, encore moins un nihiliste, tout au plus un bourgeois réformiste et surtout un illusionniste subjuguant le public grâce à ses trucs.

Cette tactique d'apaisement et de compromis avec la droite est caractéristique du Perón d'alors : « Nous aspirons à supprimer et à clore à jamais ce cycle fatidique de luttes stériles entre le capital et le travail, afin de créer un autre cycle où seront partagés harmonieusement les biens que Dieu a voulu semer sur cette terre », parce que « les patrons, les ouvriers et l'Etat constituent les éléments de tout problème social ».

En prévision des résistances qui s'y faisaient jour, Perón jugea le moment venu de renforcer et d'institutionnaliser le mouvement ouvrier argentin et de s'appuyer sur lui.

« Les corporations étaient détachées de la politique pour une raison très simple : dans le monde entier les gouvernements bourgeois avaient décidé que les corporations se mêlent de leurs propres affaires, et non de politique. Mon opinion était contraire, je croyais que les corporations ne devaient pas s'occuper seulement de leurs intérêts professionnels, mais qu'elles devaient avoir aussi leur politique. Et c'est ainsi que j'ai commencé à introduire la politique dans les corporations. »

Mais pour avoir accès à la politique le syndicalisme serait obligé de se soumettre à Perón, deviendrait dépendant de sa participation aux mécanismes de l'Etat, une participation qui, sous l'effet de facteurs divers, dépouillerait le mouvement ouvrier du rôle prééminent que les promesses de Perón lui laissaient espérer. On exigeait par exemple des dirigeants syndicaux une docilité totale vis-à-vis du leader, une docilité à laquelle ils se prêtaient avec la plus grande facilité.

Faisant montre d'une diligence inédite dans les annales de la bureaucratie administrative argentine, les fonctionnaires du secrétariat au Travail s'empressaient de fournir les imprimés et d'accélérer les formalités d'affiliation pour les nouveaux syndicats. On observa bientôt un fait significatif : les dirigeants soumis à Perón étaient reçus le plus vite ; quant aux autres, tièdes ou remuants, ils voyaient leurs démarches s'embourber ou étaient — s'ils n'avaient pas compris l'avertissement — soudainement et inexplicablement remplacés par leurs lieutenants. Si quelque syndicat, jaloux de son autonomie, refusait d'adhérer à la ligne officielle, les magistrats réexaminaient le dossier et décelaient des vices de procédure assez graves pour faire annuler la personnalité juridique de l'organisation. Le secrétariat au Travail encouragea la création de syndicats parallèles et reconnut immédiatement leur existence. Les syndicalistes réticents furent poursuivis ou privés de travail sous des prétextes fallacieux. Perón faisait mine d'ignorer ces bavures et souriait béatement, promettant d'y remédier quand les plaintes atteignaient le grand public.

Et ce fut ainsi que Perón s'empara progressivement du syndicalisme argentin. Mais ce n'était que le commencement, d'autres surprises attendaient le pays.

CHAPITRE IV

Galatée

« Gouverner, c'est faire croire. »

MACHIAVEL.

San Juan, capitale de la province qui porte le même nom, se dresse sur l'un des contreforts des Andes, près de la frontière du Chili. A l'aube des années quarante, la population de la ville atteignait quelque cent mille habitants, occupés pour la plupart à des travaux viticoles. La cité n'était pas extraordinaire mais possédait un charme indéfinissable, la vie s'y déroulait simple et paisible, dans la monotonie des journées sans histoire.

Et pourtant ce samedi 15 janvier 1944, à la tombée du soir, il s'y produisit un étrange phénomène : les chiens commencèrent à pousser des hurlements lugubres ; le bleu de l'azur fut traversé par le vol des oiseaux abandonnant nids et refuges pour s'enfuir à tire-d'aile, sans jamais plus se poser ; l'épouvante régnait dans les étables et les écuries, les bêtes s'efforçaient de rompre leurs attaches et de gagner les champs dans une fuite précipitée.

On entendit ensuite un grondement sourd, de plus en plus fort jusqu'à en devenir fracassant.

A 20 heures, 51 minutes et 20 secondes, la ville entière se convulsa en un spasme gigantesque, sorte de grand corps blessé à mort par une décharge électrique.

Des crevasses s'ouvrirent dans les rues, les maisons s'écroulè-rent par centaines soulevant un nuage de poussière dense qui obscurcit la lumière telle une éclipse. Avant même que la panique ne se fût répandue, huit mille morts et un nombre indéterminé de blessés gisaient parmi les décombres de la ville pulvérisée par le tremblement de terre.

Ce fut toute la nation qui se porta au secours des victimes en raison de l'ampleur de la catastrophe. Outre les collectes organisées sur la totalité du territoire, on voyait affluer à San Juan les équipes médicales et sanitaires, les camions chargés de médicaments, les vêtements, la nourriture, les tentes et tout le matériel nécessaire pour affronter le désastre. Jamais le pays n'avait déployé un élan aussi spontané de générosité, jamais les dons ne furent aussi généreux.

Le secrétariat au Travail et à la Prévision sociale, dirigé par le colonel Perón, fut chargé de centraliser l'aide et de coordonner les initiatives des volontaires. Avec sa diligence coutumière Perón convoqua les artistes de cinéma, théâtre et radio, et leur demanda d'effectuer une collecte publique dans les rues de Buenos Aires. A son tour, l'Association Radiophonique Argentine donna rendez-vous à ses membres pour une soirée de bienfaisance, le 22 janvier 1944, au Luna Park de Buenos Aires.

Ecoutons Homero Manzi, l'un des organisateurs : « Ce soir-là, je retrouve Eva et une de ses amies, appuyées contre les grilles ; tout le monde les poussait. " Manzi, fais-nous entrer ! " Je les fais passer et elles grimpent sur la scène et là sont présentées à Perón qui s'y trouvait avec Imbert. A la fin de la soirée les artistes voulaient rendre hommage à Perón mais il me fit appeler et me dit : " Excuse-nous auprès de tes camarades, nous allons dîner avec ces deux jeunes filles. " Eva était plus intéressée par Perón que par Imbert et les couples s'interchangèrent quand ils n'en étaient encore qu'aux préliminaires. »

Le colonel Juan Domingo Perón, secrétaire au Travail et à la Prévision sociale, et l'actrice Eva Duarte se montraient en public ensemble pour la première fois. Ce fut le « rendez-vous avec le destin ».

A cette époque Eva fréquentait assidûment les cercles militai-res, et la rumeur publique en faisait l'amie intime du colonel Aníbal Imbert, directeur général des Postes et du Télégraphe. D'après Fermín Arenas Luque, ex-fonctionnaire de la direction des Postes, « c'était la reine du quatrième étage. Comment pouvait-il en être autrement puisqu'elle était la maîtresse du directeur général. Elle allait et venait avec une voiture officielle. Dès lors elle eut sa place dans toutes les émissions de théâtre radiophonique ». Mais cette nuit-là Eva quitta Imbert et partit avec Perón.

Imbert n'était pas le seul ami militaire d'Eva si l'on en croit l'étonnante anecdote rapportée par Carmelo Santiago : « Un jour, Eva saisit le téléphone et appela un ministre (lequel ?) pour lui demander une faveur ; comme le ministre refusait, et sans se démonter, elle répondit : " Arrête de m'embêter, selon la loi numéro X tu es compétent en la matière. " Une autre fois, en présence de camarades du théâtre, elle s'adressa par l'interphone au président Ramírez : " Mon général, vous dînez avec moi ce soir ? " »

La rencontre au Luna Park s'avérait donc tout à fait normale, à tel point que ni Eva ni Perón ne l'évoquèrent jamais.

Cédons la parole aux deux protagonistes. Voici la version de Perón :

« J'ai connu Eva à la suite du tremblement de terre de San Juan, en janvier 1944. En qualité de secrétaire au Travail et à la Prévision, je me suis efforcé de mobiliser beaucoup de gens pour secourir cette ville où il y avait eu huit mille morts... Les artistes firent preuve d'un grand enthousiasme, mais il n'en resta qu'un groupe réduit pour organiser le travail, et dans ce groupe la plus fervente était Eva. Elle a retenu aussitôt mon attention, par son intelligence et sa sensibilité... Quand l'affaire du tremblement de terre se fut terminée, je lui demandai : Que faites-vous ? Et elle me répondit : Je travaille à la radio de Yankelevitch. C'est là que je suis, dans une compagnie d'ivrognes. Elle me répétait toujours : Nous ne sommes pas des artistes, nous sommes des ivrognes. Je lui trouvai une telle utilité que je lui offris du travail ; elle accepta, sans rien exiger en retour, ni salaire, ni avantages. Dans son petit bureau, elle se révéla être dès le début un être exceptionnel, y compris parmi les hommes qui collaboraient avec moi. Nous commençâmes à devenir intimes et très unis. »

Le récit d'Eva est plus lyrique, et moins précis :

« Presque tous, nous avons dans la vie un jour merveilleux. Pour moi, ce fut le jour où ma vie coïncida avec celle de Perón... Je m'étais résignée à une vie banale, monotone, qui me semblait stérile mais inéluctable. Et je ne voyais aucune possibilité d'en sortir. Par ailleurs ma vie, agitée dans sa monotonie, ne me laissait aucun loisir. Au fond de mon cœur cependant je ne pouvais pas me résigner à ce que tout cela fût définitif. Et mon jour merveilleux arriva enfin... Je vis Perón apparaître depuis le mirador de ma vieille inquiétude. Il était bien sûr différent de tous les autres... Je me rangeai à son côté. Il me remarqua peut-être et, quand il put m'entendre, je lui dis du mieux que je pus : Si comme vous l'affirmez la cause du peuple est votre cause, je resterai à vos côtés quelle que soit l'ampleur du sacrifice exigé, jusqu'à en perdre mes forces. Il accepta mon offre. »

Ces deux versions furent écrites longtemps après la rencontre au Luna Park. Sans remettre en cause leur sincérité, il semblerait que cette nuit-là, entourés d'une foule qui les observait d'un regard malicieux, pas plus Eva que Perón n'avaient deviné que leurs vies seraient désormais et à jamais réunies. Leurs motivations respectives n'allaient pas au-delà d'un banal rendez-vous galant, sans lendemain. Ils n'en étaient pas à leur première aventure érotique.

« Quand j'ai connu Eva, ce n'est pas la femme belle qui m'a attiré, mais la femme bonne — se souviendra Perón vingt ans plus tard. Et c'est vrai qu'elle avait à la fois la beauté et la bonté. Instinctivement j'ai compris que pour l'œuvre sociale projetée la collaboration d'une femme de cette trempe serait inappréciable. Dès le premier instant j'ai su que j'avais devant moi une femme extraordinaire. Il me fallait préparer la femme qui deviendrait le leader féminin de mon mouvement politique : une femme ayant des capacités, une culture de base suffisante, des dons naturels d'intuition, de dévouement, et les sentiments nécessaires pour faire face à une tâche de cette nature. »

Pour Eva Duarte, Perón créa un secrétariat féminin chargé de l'organisation du travail et de la prévision sociale au bénéfice de la femme. « Ainsi, nous restions en contact toute la journée, étant donné que je m'occupais de l'ensemble du travail moi-même, avec quatre secrétaires. Le contact permanent et les sentiments identiques nous unirent peu à peu dans le travail et dans les idéaux, fondant nos deux personnalités en une seule. Elle voyait en moi le leader. Et j'aspirais à en faire la tête du mouvement péroniste féminin. Et je ne m'étais pas trompé : avec le temps la section féminine du péronisme devint l'égale de la masculine, ou peut-être plus importante. »

A en croire Perón Evita n'avait pas, au début, des idées très affirmées en matière sociale. En outre elle mit en évidence son intransigeance le jour où elle jeta hors de son bureau un dirigeant syndicaliste communiste qui osait la contredire.

Pendant les trois mois qui suivirent l'épisode du Luna Park, Eva travailla avec Pérón au secrétariat à la Prévision, abandonnant temporairement ses activités radiophoniques et théâtrales.

Leurs relations deviennent publiques et notoires ; l'actrice occupe un petit bureau le jour, et Perón loue un appartement contigu à celui d'Eva dans la rue Posadas. Par mesure de prudence, Eva éloigne « La Piranha », cette adolescente originaire de Mendoza qui partageait avec Perón un appartement de la rue Arenales.

Bénéficiant d'un soutien aussi puissant, Eva reprend ses activités professionnelles à la radio et au cinéma ; comme par enchantement elle perçoit maintenant des salaires élevés et on lui fait choisir ses rôles. Ses émissions radiophoniques sont retransmises aux heures de grande écoute et sur les chaînes de radio. Elle poursuit pendant un certain temps la série « Héroïnes de l'Histoire » avant de participer au film « La Cavalcade du cirque » avec deux grandes vedettes, Libertad Lamarque et Hugo del Carril. Libertad étant une actrice consacrée et arrogante, son conflit avec Eva était prévisible. Eva, dont l'intimité avec Perón n'est plus un secret, peut se permettre des irrégularités répétées : elle arrive en retard pour les prises, interrompt le tournage chaque fois que le colonel l'appelle au téléphone, et elles sont nombreuses, et — exigence inadmissible — veut absolument apparaître au premier plan malgré son rôle secondaire. L'altercation éclate, Libertad, femme pleine de tempérament, gifle Eva. Le film s'achève dans la confusion la plus totale, une confusion perceptible dans la version qui parvient finalement au public.

On raconte que Hugo del Carril s'approcha ensuite d'Eva pour la consoler et lui offrit une tasse de café qui lui coûta dix centimes. Longtemps après il aimait à dire que ça avait été le meilleur placement de sa vie : Eva appartenait à ces femmes qui n'oublient pas et l'acteur fut promu à de hautes situations ; elle se souvint aussi de la gifle, Libertad Lamarque la paya de longues années d'exil.

A part de brèves absences dues à sa santé fragile, Eva
poursuivit sa carrière artistique tout au long de 1944 et des trois
premiers trimestres de 1945. Maîtresse en titre de l'un des hommes
les plus influents d'Argentine, elle avait acquis une valeur plus
commerciale que professionnelle, valeur que les Yankelevitch et
autres responsables ne sous-estimaient plus. Il lui arrivait de
travailler quinze heures par jour : l'après-midi, des romans policiers ; le soir, elle alternait le cycle des héroïnes fameuses avec le
tournage de la « Cavalcade du cirque » ; ensuite, « La Prodigue »,
d'Alejandro Casona, un drame dont elle obtint le rôle principal à la
place d'une actrice qui lui était supérieure par le talent, Mecha
Ortiz.

Quand la troupe de « La Prodigue » gagna Córdoba pour y
filmer les extérieurs, les appels de Perón se multiplièrent, le colonel
— déjà ministre de la Guerre — se déplaçait parfois personnellement sur les lieux du tournage avec sous le bras des rouleaux de
pellicule vierge, un matériel rationné et rare à cette époque. « Sans
lui, il n'y aurait pas eu de film », rappelait l'acteur Juan José
Míguez.

Réalisateur, photographes, artistes, figurants, techniciens,
tous stupéfaits, ils assistèrent à la soudaine transformation d'Eva
Duarte en une femme impatiente et autoritaire dont les producteurs s'empressaient de satisfaire les caprices et les décisions
souvent arbitraires. Elle exigea un salaire de cinquante mille pesos
(quelque quinze mille dollars) pour sa participation, somme alors
considérable dans les milieux du cinéma argentin.

Que restait-il donc de la provinciale jeune et timide qui, en
1936, frappait aux portes des studios et implorait un emploi
quelconque ?

Malgré l'argent dépensé « La Prodigue » ne fut jamais mon-
trée au public, et ses négatifs furent détruits à la suite d'une
décision personnelle d'Eva Duarte, sans doute sous l'emprise de
Perón ; elle y incarnait un personnage qui aurait pu nuire à sa
nouvelle image ; « La Prodigue », ainsi que son nom le suggère,
était une femme de petite vertu. « J'y apparaissais trop grosse »,
fut la seule explication d'Eva.

En décelant chez Eva un potentiel très important pour ses
projets politiques, son talent oratoire, Perón imagina de l'employer
dans une campagne radiophonique en accord avec la mentalité

populaire. Ce fut la naissance de la série « Vers un avenir meilleur », que Radio Belgramo commença à diffuser le 1er juin 1944. Quelques jours avant le secrétariat au Travail avait reconnu officiellement l'Association présidée par Eva Duarte comme seule organisation représentative des artistes de radio du pays.

« Vers un avenir meilleur », propagande effrénée en faveur de Perón, annonçait les émissions similaires qui harcèleraient les Argentins pendant les dix années suivantes. Voici, à titre d'exemple, un passage du livret écrit par Muñoz Azpiri :

« Une femme argentine est dans la rue de la ville, elle y surveille la marche du temps... Une femme porte en elle, dans sa voix et dans son attitude, la force magnifique du temps nouveau dont l'heure a sonné pour le pays... Dans cette rue, il y a des gens... Et dans cette femme il y a l'espoir, et la volonté d'avancer. Cette femme et cette rue sont ici même ! »

Sur fond de « grande cité », on entend la voix d'Eva :

« Je suis une femme comme vous toutes, mères, épouses, fiancées ou sœurs... J'ai enfanté un fils qui est dans la caserne (clairons) ou l'ouvrier qui forge une Argentine nouvelle sur terre, sur mer ou dans les airs (bruit de travail). Je vois les gens qui s'agitent, et cette grande ville de chair et de sang, un peuple, se lancer sur un chemin, dirigée par les nouveaux et vigoureux leaders de la révolution, un chemin qui va au plus profond de l'âme... Ils avancent déjà ! Ils avancent vers un avenir meilleur ! »

A l'évidence il s'agit d'unir les travailleurs et les soldats.

Le présentateur cite aussitôt des fragments d'un discours de Perón et l'audition s'achève par quelques accords d'une musique tonitruante.

La série va très rapidement se centrer sur Perón. Eva vocifère devant le microphone, toujours précédée d'une musique martiale :

« Perón est un de nos soldats ! Oui, c'est un homme du peuple, simple, affable, souriant et adroit... Le voici ! Tous l'aperçoivent ! Tous l'applaudissent ! » A nouveau les clairons, les marches militaires et la musique folklorique entrecoupée de discours de Perón, sous un tonnerre d'ovations dont Radio Belgramo a conservé la bande enregistrée à l'occasion. Les astuces du métier.

L'émission était diffusée chaque matin pendant quinze minutes. Eloge enthousiaste de Perón sans rien cacher de sa technique élémentaire, « Vers un avenir meilleur » jouissait d'un impact formidable auprès de son public particulier, les maîtresses de maison, les camionneurs, les chauffeurs de taxi, les petits commerçants...

Comme l'heure, le style avait été soigneusement dosé : un langage simple, direct, presque vulgaire, pas le moindre chiffre ou mot savant ; les phrases sont concises, déclamatoires, creuses, elles tirent leur force d'une incessante répétition.

La voix d'Eva était en outre familière à des milliers d'auditeurs, grâce aux « Héroïnes de l'Histoire » et autres séries antérieures. Cette « femme du peuple » anonyme, aux accents si vigoureux, cristallise les espoirs secrets, les illusions vagues des ménagères qui l'écoutent, s'évadant ainsi de leurs tâches pénibles ou serviles. Le soir, quand les hommes s'en retournent du bureau ou de l'usine, elles retransmettent le message de « Vers un avenir meilleur » et vantent ce sympathique colonel et ses jolies phrases semblables au texte d'un tango.

Et elles parlent aussi avec enthousiasme de la « Duarte », belle actrice et présentatrice en vogue.

Malgré son apparence de métropole cosmopolite, Buenos Aires revêtait encore certains aspects d'un « grand village » ; et chacun de répandre des commérages sur la relation Perón-Duarte : on condamne l'audace de « cette femme » qui ose proclamer avec insolence les qualités de son amant ; on — les jeunes surtout — approuve secrètement son mépris des préjugés sociaux ; on observe d'un œil curieux cette romance entre un quinquagénaire et une jeune fille de vingt-cinq ans. Il règne un léger et excitant parfum de scandale.

Eva Duarte met tant de passion et d'emphase dans ses émissions qu'elle s'imprègne, sans y prendre garde, de la propagande destinée aux autres ; les slogans publicitaires deviennent des dogmes et elle fait siens les désirs du colonel. C'est elle-même, la « femme du peuple » évoquée, et ses postulats sociaux éveillent dans son âme des résonances longtemps tues ; chacune de ses tirades enflammées trouve un écho dans sa personnalité ; tel un hypnotiseur absorbant devant un miroir son fluide magnétique, elle se laisse fanatiser par la nouvelle foi avant les masses qu'elle veut catéchiser. Elle devient la destinataire de son message : « Il suffit de voir Perón pour croire en lui, à sa sincérité, à sa loyauté et à sa franchise. Bethléem se répète ainsi, deux mille ans après ; les premiers à croire furent les humbles, non les riches, les savants ou les puissants. »

Les Argentins sont quelque peu déconcertés par ces explosions verbales mais remarquent les accents convaincus qui en émanent. Eva Duarte, une actrice de second plan, acquiert une stature étonnante, révélant des inquiétudes sociales peu fréquentes chez son sexe et sa profession.

« Vers un avenir meilleur » avait également retenu l'attention de certains dirigeants syndicaux, dont les esprits agiles saisirent tout le parti qu'ils pouvaient tirer de cette idylle entre Eva Duarte et le secrétaire d'Etat au Travail. Comme la présentatrice était plus abordable que le colonel ils multipliaient les visites auprès d'Eva, dans son petit bureau, la chargeaient de transmettre leurs messages, la couvraient de louanges et de cadeaux qu'elle acceptait sans sourciller ; elle serait désormais la « camarade Evita ».

Avec une semblable avidité, les producteurs de radio, théâtre et cinéma exploitaient l'influence grandissante de l'actrice. Auparavant inaccessibles (« je connais la cruauté des attentes »), ils arrivaient maintenant, obséquieux, la suppliant d'intervenir pour des licences d'importation de pellicule, des réductions d'impôts et autres passe-droits. Jaime Yankelevitch, le grand ponte de la radio argentine, décelait des talents cachés chez Eva et la pressait de renouveler des contrats fructueux. Tous voulaient travailler avec elle : on lui soumettait des scénarios « correspondant à sa personnalité artistique » ; les annonceurs se la disputaient, les gazettes se l'arrachaient.

Pour *Sintonía,* Eva descend de Basques français, parle trois langues — le castillan, le français et l'anglais —, aime les livres des grands écrivains, apprécie la grande musique, déteste les bijoux et adore les fourrures et les parfums. Elle possède le titre de professeur d'art scénique et de déclamation délivré par le Conseil National des Femmes et elle est de plus « bachelière ». N'importe quoi !

Antena publie une note selon laquelle Eva Duarte se « prépare à faire le tour du monde à bord de son luxueux yacht ». Eva déclare : « Je veux réaliser un voyage autour du monde, mais mon esprit aventureux se refuse à chercher un moyen, pour cette traversée, qui n'offre pas à chaque instant l'attrait du danger. »

De peur de se laisser dépasser dans ce concert de flatteries

Antena la sacre attraction lumineuse de la radio, en raison de « sa qualité personnelle et de l'envergure de ses interprétations ». Quant à l'actrice, elle déclare froidement : « L'heure de ma consécration définitive approche. J'en veux pour preuve les contrats forts intéressants signés avec les studios San Miguel et Pampa Films. Il s'agit de trois films qui me seront payés chacun 50 000 pesos, avec possibilité de choisir le sujet et le réalisateur. »

Maintenant Eva touche à tout ; à la demande de Yankelevitch elle joue le rôle d'une astronaute intrépide débarquant sur Mars dans « Cinq cents années pour rien », série radiophonique sur la désintégration de l'atome. Il ne lui manque plus que le prix Nobel de physique...

Elle ne fut pas longue à mesurer son pouvoir naissant et son importance comme médiatrice auprès de Perón. Elle apparaissait fréquemment en sa compagnie, dans les lieux publics, les réunions ou entrevues privées, le simple personnage décoratif et silencieux commençait à participer aux réunions de travail.

Outre son audace, ces interventions mirent en évidence ses connaissances rudimentaires sur les problèmes politiques et sociaux qui préoccupaient Perón.

« La première fois que je l'ai vue, je m'étais rendu à l'appartement de la rue Posadas pour que Perón me signât quelques documents du secrétariat au Travail et à la Prévision. J'étais chauffeur et je militais au sein du syndicat. Ce matin-là, Eva lui préparait son maté. Elle portait une robe de chambre dont le bleu faisait ressortir ses longs cheveux blonds. A un moment donné quelqu'un indiqua à Perón que les pompiers allaient se mettre en grève. Eva s'exclama alors : " Diable ! Pourquoi faire tant d'histoires avec ces grèves ? Pourquoi ne créent-ils pas un syndicat afin d'exposer leurs revendications par son intermédiaire ? Pourquoi ne s'organisent-ils pas ? " Le rire fut général parce que nous savions tous que les pompiers appartenaient à la police fédérale et n'avaient donc pas le droit de se syndiquer », rapporte Hernán Salovicz, fondateur du syndicat des chauffeurs de Buenos Aires.

Eva sut retenir la leçon.

Avec cette même ténacité qu'elle avait déployée pour s'imposer comme actrice, elle tirait parti de chaque exemple et s'efforçait de ne pas répéter les erreurs. Tel un magicien, Perón modelait en elle une présentatrice de radio passionnée, une fanatique transportée par ses soliloques à propos de la justice sociale, des déshérités, de l'oligarchie et des privilèges. « Chacune de mes conversations avec lui constitue une merveilleuse leçon. Il sait parler simplement des choses les plus simples et les plus compliquées. Personne ne s'ennuie ni ne se lasse avec lui, personne ne se sent mal à l'aise. » Galatée dixit.

Habituée à la banalité des hommes fréquentés jusqu'alors — voire à leurs intentions salaces —, Eva Duarte recueillait avec gratitude et ravissement les propos de Perón, des propos qui lui rendaient sa dignité et enrichissaient son esprit de connaissances insoupçonnées. Quelle importance si le raisonnement lui échappait souvent, ou même la signification des paroles prononcées par son mentor. Il lui suffisait d'en deviner le sens pour en faire des professions de foi. A cette époque, son union avec Perón était totale, comme le soc accroché à la charrue. « Je me souviens, par exemple, comment il m'enseigna sa doctrine, me révélant ses projets, me faisant connaître les grands problèmes de la vie nationale. »

Le choix d'Eva par Perón en disait long sur son goût pour le rôle de Pygmalion. Jaloux de son ombre même, Perón refuserait systématiquement d'accorder son patronage à des hommes jeunes qui pourraient lui succéder un jour, réservant sa confiance à Eva Duarte et plus tard à sa troisième femme, Isabel Martínez.

Eblouie par le discours de Perón et le tour que prenaient leurs relations intimes, de plus en plus publiques, Eva Duarte se plongea dans les délices d'une idylle qui flattait sa vanité, la consolait de son passé et assurait son avenir.

La malicieuse curiosité de Buenos Aires était aiguillonnée par les spectaculaires démonstrations de tendresse entre le colonel et l'actrice ; saisi d'une obsession morbide, chacun voulait découvrir la vie passée et présente de la fille de Juana Ibarguren. Eva et Perón, conscients de la curiosité qu'ils suscitaient, multipliaient leurs apparitions ensemble et ne faisaient pas mystère de leur concubinage.

Cet étalage était toléré pour autant qu'il ne dépassait pas la chronique mondaine, mais il commença à provoquer des commentaires hostiles quand le ministre de la Guerre se montra en compagnie d'Eva lors des cérémonies militaires. Les critiques redoublèrent quand on apprit qu'elle avait passé la nuit à « Campo de Mayo », saint des saints de tous les soldats ; elles devinrent plus acerbes à la suite de la manifestation ouvrière de mai 1944, à laquelle participa Eva ; elles atteignirent leur paroxysme le 9 juillet, jour de la Patrie : Perón et Eva firent une entrée spectaculaire dans la loge officielle du théâtre Colón, au cours d'une soirée qui réunissait de hautes autorités et le corps diplomatique. Perón portait un uniforme blanc, de gala, constellé de décorations, et Eva une robe éblouissante, confectionnée (à crédit) par Paco Jamandreu, le couturier des dames de la grande société. Ce soir-là l'affront fut insupportable.

Les militaires et leurs épouses, les riches propriétaires terriens et les industriels étaient irrités par la transgression d'un code social implicite, exigeant malgré son caractère assez permissif une bonne dose d'hypocrisie, le « tribut que le vice paye à la vertu ». Ils ne se privaient pas d'avoir des maîtresses et des amants mais ils ne les montraient pas. C'était là toute la différence pour cette classe conservatrice et dévorée par les préjugés.

Perón n'était pas issu de la haute société ; c'était un grand chef militaire courtisé par l'aristocratie qui espérait lui faire oublier ses extravagances sociales rapportées d'Italie et le transformer en un autre domestique, tel Uriburu, Justo ou Ramírez.

Si encore Perón avait choisi une jeune fille de la bonne société !... A vivre avec une femme d'origine modeste et au passé agité, il désertait sa classe ; celle-ci voulut apaiser sa déception en rabaissant Eva Duarte et à travers elle Perón. Les sujets ne manquaient pas : la bâtardise des Duarte, les amants vrais ou faux de Juana et de ses filles, les aventures galantes d'Eva à Buenos Aires ; tout cela alimentait des histoires obscènes, des anecdotes cruelles et des rumeurs infamantes racontées avec une délectation salace. Eva était celle par qui le scandale arrivait.

Les cercles militaires où Perón comptait autant d'amis que d'adversaires n'en furent pas exempts. Certains déploraient en privé les imprudences du collègue et d'autres s'efforçaient de l'affaiblir, mortifiés qu'ils étaient par la popularité croissante et les succès politiques de ce colonel.

La présence constante d'Eva les indisposait aussi : « C'était quelque chose qui me gênait beaucoup. » (Général Eduardo J. Avalos, commandant du Campo de Mayo.) « L'insolence de cette femme atteignait parfois des degrés inimaginables, déclare à son tour le colonel Gerardo Demetro, chef du dixième régiment de cavalerie. Par exemple le jour où elle se plaça à côté de Perón tandis qu'un ministre prêtait serment, le bras reposant sur le dossier du fauteuil présidentiel. Nous étions convaincus que notre principal devoir était d'empêcher que la nation tombât entre les mains de cette femme. »

En 1944 la désinvolture d'Eva Duarte et la tolérance de Perón constituaient de graves sujets d'irritation pour une oligarchie confite dans ses préjugés et une caste militaire jalouse de ses prérogatives. Au fond de la scène le chœur, le peuple, commentait avec une jouissance ironique les espiègleries de l'adroit colonel et de sa belle maîtresse.

Quant à Eva et à Perón, la situation ne les préoccupait pas le moins du monde. Perón répondit un jour sans se démonter à ses compagnons d'arme : « Vous me reprochez de sortir avec une actrice... Eh quoi ? Vous préférez que ce soit un acteur ? »

Eva était fière de sa romance avec Perón : un chroniqueur de la presse lui demanda :

— Perón est-il galant ?

— Pas du tout, vous ne comprenez pas ; il ne m'a pas conquise avec des paroles jolies ou élégantes. Tout au contraire.

— Qu'a représenté pour vous le 22 janvier 1944 ?

— Ce fut un jour merveilleux. Le jour où je sus que j'appartenais complètement à un homme qui, d'une certaine façon, a fait de moi son esclave, et me sentir plus libre que jamais.

C'était trop de provocations pour les militaires ! Le général Fortunato Giovannoni, directeur de la gendarmerie, se précipita dans le bureau du colonel et exigea au nom de ses camarades officiers une rupture immédiate avec Eva. Sans se départir de son sourire Perón temporisa, promit de réfléchir à la question. Eva réagit par la colère : elle convoqua le journaliste Oscar Lomuto : « Rendez-moi un service. Dites au général Avalos qu'il laisse le colonel tranquille, ou bien je ferai quelque chose que Perón désire et que moi je ne désire pas : nous marier. »

Ceux qui tenaient Eva pour une simple actrice tirant profit des circonstances allaient bientôt déchanter ; sous les apparences se profilait une femme passionnée et combative comme une lionne.

D'après Mario Soffici, réalisateur de cinéma, un soir qu'Eva se rendait à Radio Belgramo, le fils de Yankelevitch la prévint par téléphone d'une embuscade : un groupe d'étudiants l'y attendaient pour l'agresser. « J'irai quand même », réagit Eva se munissant d'un revolver ; personne n'osa l'attaquer (Perón serait resté probablement chez lui dans une situation identique, « pour tirer ça au clair ».)

Des épisodes de cette nature annonçaient les comportements futurs de Juan Domingo Perón et d'Eva Duarte, souvent différents.

Elle est issue d'une famille provinciale pauvre ; obligée de gagner sa vie dès quinze ans sans être protégée par aucun parent ou ami ; livrée à elle-même.

Il est né dans un foyer bourgeois et a connu une enfance aisée. Boursier depuis l'âge de treize ans, vêtu, logé et nourri par l'Etat, il bénéficie d'une bonne éducation, voyage en Europe avec de généreux subsides et mène une vie facile et intéressante, dépourvue de soucis matériels. Son ascension dans l'échelle sociale est régulière.

Elle n'a pas eu de père et son enfance porte les stigmates injustes de la bâtardise ; une éducation insuffisante, pas même la totalité du premier cycle ; une vie faite de luttes constantes : à Junín d'abord puis à Buenos Aires ; une profession douteuse enfin, où la concurrence est féroce, où rien n'est acquis, où les chèques ne tombent pas automatiquement à la fin du mois. Et combien de sursauts de révolte impuissante devant ces mâles réclamant le prix de leur protection !

Pour ce qui est de Perón, la vie sans nuages avait modelé en lui un être jovial, au discours nuancé, truffé d'anecdotes amusantes ou savoureuses, avait affiné son sens esthétique, enrichi son savoir et développé son humour. Eva avait manqué de temps pour cultiver ces qualités de l'esprit : avare de ses mots et ignorant l'art de la parole, elle est dotée d'un humour amer, comme ce maté qu'elle utilisait souvent pour distraire sa faim.

Perón sourit avec ses lèvres, Eva avec ses yeux ; il cache ses intentions elle les vocifère. Cette dissemblance en fait un acteur roublard et un ami aléatoire, et d'elle une artiste médiocre mais une amie sans failles ni arrière-pensées.

Opportuniste à tout crin, Perón est incapable de faire la différence entre les amis et les laquais, se débarrassant des uns et des autres quand ils cessent de lui être utiles ; il emploie avec un art inégalé la séduction, les promesses et la tromperie, sans jamais laisser apparaître le fond de sa pensée. Eva est frontale et catégorique, elle offre et exige une loyauté absolue (« Je ne connais pas de défauts à mes amis ; pour mes ennemis, pas même la justice. »). Réfractaire aux subtilités sémantiques et à l'ambiguïté, elle voit tout en blanc ou en noir, en ombres ou en lumière, pas en clair-obscur. Elle est manichéenne et ses sentiments transparents comme de l'eau de roche. Perón est un politicien, Eva se transformera en une possédée.

Perón décèle la supercherie dans toutes les propositions car il sait mieux que quiconque qu'il s'agit de sa propre tactique : feindre d'être grugé pour gruger, céder pour attaquer ; temporiser, gagner du temps, localiser le point faible de l'adversaire et l'anéantir. Il choisit rarement la voie directe, une force qui deviendra à la longue sa faiblesse.

Orgueilleux sous le masque de la modestie, émotif et versatile, s'efforçant de plaire à tous, il irradie un rayonnement charismatique, quasi hypnotique, auquel peu d'interlocuteurs arrivent à se soustraire. Improvisateur brillant plutôt que perfectionniste, c'est un homme d'action qui va au fond des problèmes en négligeant les détails et les subtilités, ce qui lui fera commettre plus d'une erreur par excès de simplification.

C'était un acteur consommé, si l'on en croit Hipolito Paz, son ministre des Relations extérieures : « Quelqu'un vint une fois l'importuner et il se mit en colère. Il raccompagna le visiteur à la porte puis éclata de rire. Vous savez, me dit-il, il faut parfois faire semblant de se fâcher. Faire semblant, mais ne pas se fâcher. C'est là toute la différence. »

Les emportements d'Eva apparaissaient par contraste incontrôlables, même alors, quand elle ne disposait pas encore du pouvoir omnipotent qui lui serait confié par la suite.

Perón devait son septicisme souriant à une connaissance innée du cœur humain et de la fragilité de ses loyautés. Il désirait le pouvoir et luttait pour s'y installer, sans trop se faire d'illusions sur le sort réservé aux gouvernants : « L'histoire se passe dans un cirque. Voici l'artiste avec son chien dressé. Il monte un escalier avec le chien se tenant sur sa tête et sur une seule patte. Ensuite il remet un violon au chien qui exécute une œuvre de Paganini, toujours en équilibre sur une patte. Le concert prend fin dans un tonnerre d'applaudissements, à part un homme qui proteste au premier rang : " pourquoi cet enthousiasme, il a fait une fausse note à la fin du morceau ! " Tel est le destin des présidents. »

Ce genre d'idées fournirait à Perón de nombreux collaborateurs et serviteurs, mais peu d'amis, la méfiance jouant dans les deux sens comme la lumière se reflétant dans un miroir.

Eva est son contraire. Confiante et généreuse, crédule, protégée par un sixième sens intuitif qui l'aide à démêler le vrai du faux, la calomnie de la confidence, l'éloge de la flatterie. Elle se livre tout entière mais malheur à celui qui la trahit ! Eva aime ou hait ; Perón ni l'un ni l'autre.

Perón est sensuel, attaché aux jouissances de la vie y compris celles d'ordre spirituel. Etre matinal, il recherche les grands espaces dégagés de la pampa, il aime monter à cheval et s'enivrer du vent de la course ; peu cultivé pour ce qui concerne la musique et la poésie, incorrigible dilettante, ses lectures préférées sont les traités militaires.

Eva est nocturne, envahie par un fatalisme létal, sans doute devine-t-elle qu'il lui reste peu de temps pour consumer son destin. Condamnée à mourir jeune elle ne transigera jamais, elle exigera ; elle ne pactisera pas, elle imposera. Elle préférera asservir plutôt que convaincre. Elle provoquera le danger sans le redouter. Femme transparente malgré le trouble de son passé, elle vivra dans une tension dramatique perpétuelle jusqu'à être dévorée par sa propre flamme, tel un météore errant dans les espaces intersidéraux.

Elle opposera ses impulsions viscérales à la lucidité méthodique de Perón. Dans les moments critiques, c'est elle qui prendra goût à la lutte tandis que Perón — trop cérébral pour être téméraire —, hésitant et indécis, sera enclin au découragement et à la capitulation.

Et leur attachement mutuel naîtra précisément de ces disparités, tels deux pôles magnétiques opposés ; elles feront surgir en eux une complémentarité mystérieuse que rien ne pourra dissoudre, pas même la mort.

Mais quel était le rôle de l'amour dans une relation aussi singulière ?

Tous, biographes et intimes, sont d'accord pour accorder une importance très relative au facteur sexuel. Eva était certes d'une beauté troublante mais plusieurs indices démontrent que la sexualité ne fut pas à l'origine de son hymen avec Perón ; était-elle frigide comme on le suppose ? En tout cas, le colonel quinquagénaire, quoique audacieux, était sans doute incapable de la captiver sur ce terrain-là.

Eva ne savait pas aimer, si l'on donne à ce mot son sens habituel. « Pour trouver de l'amour dans la vie d'Eva Perón — écrit Jorge Capsitsk, un de ses biographes —, il ne faut pas chercher auprès de ses amis, anciens ou nouveaux. Pas même dans son ménage, sorte d'union étrange et féroce où les manifestations de tendresse sont fort rares, en public du moins. Pour trouver de l'amour dans la vie d'Eva Perón, il faut prendre de la distance et regarder en perspective ; et c'est alors qu'on pourra apprécier une vague énorme d'affection, d'adoration, de vénération, venant tumultueusement de son peuple. »

Peut-être pourrait-on imaginer qu'Eva identifia Perón avec ce père qui lui avait été refusé, ce Juan Duarte disparu quand elle avait sept ans. Un père indifférent ne lui offrant jamais l'occasion d'exprimer sa soif d'amour. Ce vide d'un quart de siècle fut comblé le jour de sa rencontre avec Perón ; elle y déversa, en le sublimant, le torrent d'affection destiné à Juan Duarte.

Plus tard, le sentiment envers Perón — le symbole plutôt que l'homme — se reporterait sur une abstraction, le peuple argentin ; un jour Eva se livrerait à son peuple — par l'intermédiaire de Perón — dans un spasme d'agonie.

L'éblouissement d'Eva est davantage compréhensible que celui de Perón. Le colonel occupait en raison de sa profession un rang plus élevé dans l'échelle sociale, il aurait pu faire un autre choix. Que décela-t-il en Eva qui le retint, défiant les conventions sociales et allant à l'encontre de ses propres intérêts. La différence d'âge ? Une intuition étonnante des qualités latentes chez cette jeune femme d'apparence anodine ? Le simple hasard des circonstances ?

Peut-être une réaction d'orgueil. Si personne n'avait élevé des objections à son aventure sentimentale, Perón ne se serait pas employé à la rendre spectaculaire, lui donnant les allures d'un défi contre la société et ses compagnons d'armes. Le tempérament hypersensible du colonel rendait prévisible ce genre de réaction.

Qu'un homme aussi sagace et rusé ait eu une conduite tellement provocante, voilà qui désigne un esprit rebelle et désireux d'une rupture. S'il s'agissait d'un calcul politique à long terme, la manœuvre était subtile et risquée : Eva ne symbolisait pas encore la prolétaire, et pas même la petite bourgeoise qui lui servirait de tremplin ; simple actrice, dans cette terre n'appartenant à personne, ambiguë et nébuleuse de la profession théâtrale, elle ne pouvait pas offrir grand-chose à l'ambition de Perón. Quant à son intelligence et à son énergie — Perón prétend les avoir détectées dès sa première entrevue avec Eva —, elles constituaient deux qualités un peu insuffisantes pour subjuguer un sceptique de son espèce.

L'attraction des contraires ? Perón devina-t-il en Eva cette complémentarité nécessaire à ses projets ? Ce qui est vrai, c'est que contrariant une logique qui devait le conduire à d'autres alliances Perón ne se contenta pas de garder Eva, il l'exhiba tel un trophée ; il préféra une maîtresse à une épouse pour accentuer le caractère insolite de la situation.

Eva passa le reste de sa vie à remercier publiquement Perón de lui avoir accordé le privilège de partager son œuvre. Il la comblera d'honneurs et de richesses, et l'utilisera comme confidente, conseillère, coryphée et complice ; après sa mort, quand elle sera devenue un mythe, elle le servira encore, comme un astre éteint dont la lumière continuerait à éclairer la route.

Eva Duarte aura sa place dans l'Histoire grâce à Perón ; il lui soufflera ses balbutiements sociaux, révélant à son esprit abasourdi des horizons insoupçonnés. Elle s'imprégnera de ses affirmations et les adoptera, avec une foi d'autant plus chaleureuse que son ignorance est candide. L'engagement et la loyauté seront sans limites, mais Eva payera sa dette au centuple. Elle fera connaître les désirs et aspirations de son peuple, jouera le rôle d'un intermédiaire étroit entre Perón et de vastes secteurs de la nation argentine. Elle fournira au péronisme le label d'authenticité dont il avait besoin, et un jour elle sera la voix de sa conscience réprobatrice.

Bien sûr, ni Juan Domingo Perón ni Eva Duarte ne se doutaient de tout cela en cette année 1944, alors qu'ils entreprenaient ensemble ce périple spectaculaire et dramatique qui ferait vaciller l'Argentine sur ses fondements.

Malgré ses facultés extraordinaires et son machiavélisme politique, Perón n'aurait pas obtenu l'adhésion des travailleurs s'il n'avait pas mis en œuvre une politique sociale inédite.

Pendant ses dix premiers mois d'activités, le secrétariat au Travail assujettit deux millions de personnes au régime de retraite de l'Etat, en même temps qu'il créait les tribunaux du Travail, garants de l'égalité des droits entre patrons et salariés dans les conflits professionnels. Il eut le mérite de faire fonctionner les commissions paritaires : pour la première fois les litiges ne seraient plus discutés entre les travailleurs et le patron d'une seule entreprise (en marge du syndicat et de l'Etat, comme c'était l'habitude) mais par l'ensemble de la branche professionnelle, sous le contrôle et l'autorité du secrétariat au Travail. Il s'agissait là d'un véritable saut qualitatif que les ouvriers apprécièrent rapidement.

D'autres décrets réglementèrent la prévention des accidents du travail et des maladies professionnelles, la prime de fin d'année, la durée de la journée de travail, les congés payés, les licenciements et mises à pied. Perón fut aidé dans cette tâche par une équipe de brillants spécialistes : José Miguel Figuerola, Carlos Raúl Desmarás, Eduardo Stafforini et d'autres donnèrent une structure juridique aux idées et promesses de l'actif et désinvolte secrétaire d'Etat. Tandis qu'ils se plongeaient dans les détails techniques, Perón résumait le tout par un définitif : « allez-y carrément » ; l'Argentine n'avait jamais présenté le spectacle d'un tel fouillis, ni d'une telle efficacité.

Perón eut tôt fait de remarquer que presque la moitié des employés et ouvriers n'appartenaient à aucun syndicat ; il instaura donc, avec cette instantanéité qui était le propre de ses décisions, un régime préférentiel pour les syndiqués, encourageant ainsi de rapides affiliations.

Le décret du 2 octobre 1945 joua à cet égard un rôle décisif ; en accordant une existence légale aux syndicats il facilita l'adhésion massive des ouvriers qui hésitaient autrefois à admettre leur appartenance à une organisation, à payer leurs cotisations ou à faire valoir leurs droits. Jusqu'alors ces associations étaient régies par le Code Civil et entraînaient d'interminables formalités.

Les travailleurs jugèrent positives ces nouvelles dispositions qui transformaient le syndicalisme argentin en un phénomène de masse : 500 000 adhérents de la C.G.T. en 1945, 1 500 000 en 1947, plus de deux millions en 1955.

Toutes les conventions collectives stipulaient qu'un pourcentage donné des augmentations de salaires devait aller dans les caisses du syndicat, outre la cotisation mensuelle directement perçue de chaque salarié. Les syndicats disposèrent ainsi d'une grande puissance financière et les responsabilités en furent très recherchées puisqu'il leur fut accordée une large autonomie dans la gestion de ces ressources. « Les dirigeants syndicaux découvrirent que le colonel Perón était fort généreux avec l'argent d'autrui », écrivit H. S. Ferns, un historien anglais. Ils découvrirent aussi que cette générosité avait un prix, et que ce prix était la dignité.

Quand on eut satisfait pour une bonne part les revendications des travailleurs de l'industrie on s'attaqua au monde de la campagne ; le « Statut de l'ouvrier agricole » du 7 octobre 1944 définissait les normes du travail rural.

Ce statut voulait combler, ne serait-ce que partiellement, des insuffisances scabreuses de la législation sociale argentine ; il constitua un progrès, mais se garda bien d'évoquer le problème de la propriété de la terre. Le climat social de l'époque interdisait sans doute de plus grandes audaces et Perón évita de lui conférer un caractère révolutionnaire qui ne correspondait pas, de toute façon, à sa prudente ligne politique.

Les travailleurs ruraux, vivant repliés sur eux-mêmes dans la torpeur et le conformisme, n'étaient pas mûrs pour des réformes radicales.

Cette aliénation empêcha les débordements d'enthousiasme que l'on pouvait espérer du décret, on était bien loin de la révolution mexicaine, des troupes sauvages et indomptées d'Emiliano Zapata.

Le 4 juin 1945, plusieurs sociétés industrielles et commerciales firent paraître un communiqué acerbe contre la politique de Perón dans les journaux de Buenos Aires.

Voici quelle fut sa réponse : « Je sais parfaitement que le statut déplaira à certains patrons dépourvus de conscience... Nous savons que sous de nombreux aspects la situation des ouvriers agricoles était devenue semblable à celle des esclaves. On ne peut pas considérer autrement des hommes qui ne gagnent que vingt ou trente pesos par mois. »

Cette simple donnée statistique — que personne ne nia — suffit à anéantir les arguments de ses ennemis.

Par contre, les subtilités sémantiques de Perón n'évitèrent pas les inquiétudes croissantes des capitalistes et des grands propriétaires terriens, à voir souffler ces vents nouveaux sur une organisation sociale figée jusqu'alors ; à cette opposition vint s'ajouter celle des officiers, ex-membres du G.O.U., trompés par la volte-face de Perón quand il avait fait table rase des objectifs politiques de l'organisation avant de la dissoudre. Une rancœur et un malaise militaires encore accrus par l'ascension vertigineuse de Perón, on découvrait maintenant l'ampleur de ses ambitions.

Attaqué de divers côtés il dut mettre l'accent sur sa politique populiste afin de se gagner l'appui des travailleurs. Ce qui au début n'était qu'une manœuvre tactique devint un mouvement en profondeur engendré par la conjoncture sociale de l'Argentine, une vague de fond qui allait projeter Perón plus haut et plus loin qu'il ne l'escomptait lui-même.

Pas plus l'oligarchie que l'armée ou Perón n'avaient évalué la portée des transformations sociales, l'apparition de forces nouvelles appelées à en finir avec le statu quo traditionnel dans le monde du travail, l'importance croissante du prolétariat industriel regroupé dans les quartiers périphériques de Buenos Aires et impatient de conquérir une identité.

L'irruption de Juan Domingo Perón sur la scène politique n'amorça pas ce processus mais il lui donna une réalité et lui fournit des objectifs. Perón serait le détonateur d'une explosion pacifique aux conséquences incalculables pour la vie du peuple argentin.

Et quand le décor fut planté, l'actrice Eva Duarte apparut, simple comparse d'abord, vedette ensuite, avec l'Argentine tout entière pour théâtre.

CHAPITRE V

Son heure de gloire

> « *Les problèmes des hommes n'en restent
> jamais au même point, favorable ou
> contraire.* »
>
> HÉRODOTE.

1945 fut une année déterminante pour l'Argentine.

La défaite des puissances de l'Axe devenant imminente, le gouvernement présidé par le général Edelmiro Farrell (avec Perón pour vice-président) s'efforça tardivement de rectifier sa politique internationale : son ambiguïté et ses contradictions s'avéraient insoutenables à mesure que le triomphe des alliés se concrétisait.

L'Argentine avait dû céder à la pression américaine : elle déclara la guerre au Japon et à l'Allemagne le 27 mars 1945. Elle brisait ainsi son isolement dans le continent et gagnait le droit d'intervenir à la future Conférence de San Francisco.

Perón s'empressa de déclarer : « Notre pays n'est pas un point suspendu dans l'espace, mais il fait partie intégrante d'un monde qui subit des transformations. Il nous faut avancer avec la marée si nous ne voulons pas faire naufrage. »

Pour maintenir à flot le navire, il jeta le GOU par-dessus bord ; ç'avait été un précieux marchepied pour arriver au pouvoir, avant de se transformer en poids mort dans cette nouvelle conjoncture. Perón déclara le GOU dissout, s'opposant à bon nombre de ses collègues militaires restés fidèles à leurs velléités nationalistes, désertion qui ne l'empêcha nullement de cultiver encore de discrètes relations avec des membres influents de la colonie allemande, ni de leur accorder son appui. Ses sympathies proallemandes étaient intactes bien qu'il se gardât de les exprimer ; il devait faire preuve de réalisme, sa conduite était dictée par des impératifs externes qu'il ne pouvait contrôler.

Cependant les milieux conservateurs et démocrates ne se laissaient pas abuser par les ruses de Perón et dénonçaient ses récentes prises de position pronazies ; la situation s'aggrava lorsque les services secrets américains découvrirent, dans les archives de la Chancellerie du Reich, les preuves de la collusion du GOU avec Hitler.

Les Etats-Unis victorieux n'avaient pas oublié leurs différends avec l'Argentine, et la protection que cette dernière accordait aux réfugiés nazis n'avait pas échappé à leur vigilance.

Ce fut dans cette atmosphère tendue qu'arriva, le 19 mai 1945, le nouvel ambassadeur américain, Spruille Braden. Au même moment, le Département d'Etat annula une livraison d'armes destinées à l'armée argentine : l'embargo serait maintenu jusqu'à ce que le gouvernement militaire tînt les engagements souscrits à la conférence de Mexico et tendant à éliminer toute influence totalitaire dans le continent.

Corpulent, sanguin et d'humeur belliqueuse, Braden était un spécialiste des affaires latino-américaines ; il parlait l'espagnol avec aisance, à la suite d'un long séjour chilien en qualité de directeur de la société « Braden Cooper », une entreprise minière léguée par son père. Ingénieur des mines, Braden avait participé à la conférence de la paix du Chaco qui mit fin à la guerre entre la Bolivie et le Paraguay, en 1938. C'était un diplomate de choc, fort éloigné des subtilités de sa profession, discourtois à force de franchise, direct voire indiscret, brutal même à l'occasion. Son pays l'avait nommé à ce poste pour toutes ces qualités, afin de sanctionner la plus rebelle des républiques latinoaméricaines, l'Argentine. Braden, la lance en arrêt, venait en découdre contre ce colonel diabolique qu'il tenait pour responsable et bénéficiaire de tous les égarements internationaux de son pays.

Accueilli par une droite enthousiaste, Braden outrepassa les limites de sa fonction, devint un militant politique se mêlant des affaires intérieures argentines. C'était l'indispensable orateur des cénacles conservateurs et des réunions publiques organisées par

l'opposition. Le 17 août il tenait ces propos dans le théâtre
« Opera » de Buenos Aires :

« Toute atteinte aux droits de l'homme, aussi réduite soit-elle,
doit être rejetée immédiatement... Quel que soit le lieu ou
l'époque, si ces droits et libertés sont menacés, nous devons les
défendre... Un monde qui respecte et défend ces droits ne peut
continuer à tolérer des gouvernements qui ont la violence pour
règle de conduite et qui humilient l'homme sous la dictature. » A
l'évidence, on devinait le destinataire de ces allusions.

Encouragé par son succès, Braden multiplia les conférences de
presse, les visites à l'intérieur du pays et les entrevues avec les
leaders des partis politiques opposés au gouvernement, socialistes,
radicaux et conservateurs. Il exerçait un tel ascendant que la
corporation des travailleurs de la viande lui demanda d'intervenir
auprès des entreprises frigorifiques en qualité de médiateur. Quand
il se pavanait dans les rues des quartiers bourgeois, les foules
l'applaudissaient, nouveau démiurge venu les libérer du dragon.

L'ambassadeur américain et Perón se rencontrèrent le 5 juillet.

Outre sa mission politique, Braden était chargé de contrôler
l'utilisation des avoirs allemands et japonais mis sous séquestre par
le gouvernement argentin quand il leur eut déclaré la guerre.

D'après Perón, Braden déclara brutalement que les Etats-Unis
accepteraient la candidature de celui-ci à la présidence de la
république si l'on réglait tous ces problèmes.

Perón l'écouta attentivement, puis répondit, l'air goguenard,
que l'on pouvait marier ainsi le politique et l'économique, mais
qu'il y avait un obstacle. « Quel obstacle ? » demanda Braden.

« Eh bien, dans mon pays, celui qui fait cela, on l'appelle
enfant de putain, et moi je ne veux pas passer pour un enfant de
putain », répondit Perón, le regardant d'un œil insolent.

Cette rupture envenima les divergences politiques qui
régnaient en Argentine. Au cours du mois d'août, des manifestations de l'un et de l'autre camp se succédèrent dans les rues : d'un
côté les conservateurs et une partie de l'armée, de l'autre la basse
classe moyenne et de nombreux secteurs du syndicalisme péroniste.

La scandaleuse ingérence d'un diplomate étranger dans la
politique intérieure fut aussitôt dénoncée par Perón, tandis qu'il
profitait de cette gaffe de Braden pour réaffirmer son nationalisme.
Lors d'un banquet des officiers de l'aéronautique militaire, il

répéta : « Nous ne demandons rien d'extraordinaire au destin, simplement que les problèmes argentins trouvent une solution en Argentine, par les Argentins eux-mêmes. » Son machiavélisme ne se limitait d'ailleurs pas à ces déclarations mesurées et il ne se fit pas faute d'exécuter quelques coups bas contre Braden. Des tracts injurieux circulaient dans les rues de Buenos Aires, discrètement rédigés et imprimés par le secrétariat au Travail. Le 18 juillet, un mystérieux Comité Syndical Américain appela le peuple à une manifestation dans les locaux du théâtre « Casino », afin de protester contre la « tragédie » des ouvriers de la Braden Cooper. En effet, quelques jours auparavant, un effondrement des galeries avait enseveli trois cents travailleurs chiliens, et la propagande péroniste rendait Braden responsable de la catastrophe. L'accusation était absurde mais elle eut l'effet escompté.

Le différend Braden-Perón dégénéra en querelle personnelle. Le choc était inévitable entre deux tempéraments aussi opposés : l'impétuosité américaine ne pouvait que se heurter à la roublardise sournoise du créole.

Dans ses *Mémoires,* Braden raconte comment il fut convoqué à la Casa Rosada par Perón :

« Il me reçut froidement ; pas un sourire, pas d'accolade ni même de poignée de main. Rien que ces mots : — Asseyez-vous. La conversation se poursuivit ainsi :

— Il y a plusieurs mouvements, et je ne les tolérerai pas.

— Monsieur le Vice-Président, je ne comprends pas ce que vous voulez dire.

— Il y a des mouvements visant à me renverser. Et ce gouvernement ne les tolérera pas.

— Qu'est-ce que cela a à voir avec les relations américano-argentines ?

— Beaucoup de choses, car vos journalistes participent à ces mouvements.

— Vous vous trompez, ils ne participent pas à de tels mouvements.

— Ils y participent.

— Ils n'y participent pas.

— Si.

— Non.

Et nous continuâmes de la sorte, à l'instar de deux gosses. »

Selon Perón, Braden fut l'instigateur de l'Union Démocratique. « Les Etats-Unis étaient alors les alliés de la Russie. A Buenos Aires, Braden réalisa l'alliance de nos principaux ennemis, les communistes, avec les conservateurs, les radicaux, les démocrates. Son attitude nous convenait : en associant l'oligarchie et les communistes — le peuple les tenait les uns et les autres pour ses adversaires — Braden nous rendit un grand service en vue de notre propagande électorale. »

A cette époque, « l'esprit de Yalta » déterminait encore la politique extérieure américaine, la « guerre froide » n'avait pas éclaté.

Comprenant, un peu tard, son erreur — l'agressivité contre Perón avait renforcé le sentiment nationaliste dans le pays —, le Département d'Etat mit fin à la mission de Braden et le rappela à Washington pour diriger les services chargés des affaires latino-américaines. « Je vous préviens que ma politique ne variera pas le moins du monde quand je me trouverai à Washington, et je l'accentuerai même puisque j'y aurai de plus grands moyens », se vanta Braden en se séparant de ses sympatisants désespérés, mais c'étaient des paroles creuses, Perón avait gagné la partie.

Le conflit politique continuait, réservé aux seuls Argentins.

Le pays se divisa en deux camps. Le premier — il voulait chasser l'armée du pouvoir et s'opposait par conséquent à Perón — était constitué par les partis Radical et Conservateur, les universitaires, et divers milieux civils d'inspiration démocratique œuvrant pour un retour à la légalité constitutionnelle. Une Junte de Coordination Démocratique fut créée, avec les partis cités auparavant, le minoritaire Parti communiste et la participation — discrète mais active — d'officiers adversaires de Perón.

Face à cette coalition disparate se dressait un deuxième camp qui l'était tout autant : des syndicalistes, des forces de la police civile, des nationalistes et quelques autres. Avec, bien sûr, l'appui total et non dissimulé du gouvernement militaire.

Les forces regroupées autour de la Junte de Coordination Démocratique regroupaient sans doute la majorité de l'électorat argentin. Le 19 septembre 1945, quelque deux cent cinquante mille personnes envahissaient les rues de Buenos Aires et y exprimaient leur hostilité au régime, exigeant que le pouvoir fût remis entre les mains de la Cour Suprême de Justice.

Derrière une fenêtre du ministère de la Guerre, Perón écoute, impassible, les slogans de la foule injurieux à son égard. Il se retire à deux heures de l'après-midi : « Moi, je vais faire la sieste, dit-il à ses subordonnés. Continuez à regarder et vous me ferez part de vos impressions. » Chaque chose en son temps.

L'indifférence est feinte : au même instant Perón mobilise secrètement ses troupes et fait bastonner les étudiants par la police. Pour effrayer les conservateurs il déclare, lors d'une réunion des travailleurs du syndicat de l'Alimentation :

« Le secrétariat au Travail et à la Prévision passera à la postérité comme le pont magnifique permettant le passage de la bourgeoisie à la domination des masses. »

Cette surprenante terminologie marxiste engendre la haine, à droite, et inquiète le haut commandement militaire ; l'armée, traditionnel réduit conservateur, conspire contre le colonel renégat et parvient à adopter une décision : il faut éliminer Perón de la scène politique ; les avis sont partagés quant à la procédure employée, de l'assassinat à la démission. L'ironie du sort voudra qu'Eva Duarte provoque la chute de Perón en le poussant à une erreur tactique qui servira de prétexte à ses ennemis. Pendant ces mois de tension Eva a exacerbé les attaques contre son amant ; son attitude provocante, à la droite du vice-président lors des cérémonies publiques, sa campagne tonitruante, dans « Vers un avenir meilleur », la désinvolture de ses fréquents reportages journalistiques exaspèrent les militaires, peu habitués à ces ingérences féminines dans des domaines réservés aux politiciens ou aux officiers. Sa présence ne leur nuisait pas tellement mais elle les gênait.

A cette époque les forces armées argentines avaient une conception très stricte du rôle de la femme dans les affaires de l'Etat : elle ne devait en aucun cas s'en mêler.

De toute évidence l'actrice est beaucoup plus qu'une simple favorite, son importance va croissant auprès de son protecteur. Sans renoncer pour autant à ses activités radiophoniques — surtout destinées maintenant à promouvoir l'image de Perón —, Eva se plonge peu à peu dans le monde syndical, y remplit des fonctions encore subalternes et confidentielles. Et chacun de l'approcher pour obtenir son intercession : celui-ci veut un poste de fonctionnaire ou une faveur, celui-là une dérogation ou une autorisation, d'autres ourdissent des intrigues, suscitent des rumeurs. Qu'il est facile de la convaincre ou de la tromper… mais elle n'est pas aussi naïve qu'ils l'imaginent !

Eva s'efforce de satisfaire les solliciteurs et d'écouter les racontars, son instinct lui permet de mesurer le degré de sincérité de ses interlocuteurs. Elle sympathise immédiatement avec le colonel Domingo Mercante, un ami de Perón, et se méfie de Cipriano Reyes, dirigeant des travailleurs de la viande, en qui elle devine un rival possible. Au cours de ces mois beaucoup de gens passent par l'appartement de la rue Posadas, lui fournissant ainsi l'occasion d'observer de près ces militaires, politiciens et syndicalistes qui disent adhérer à la cause du controversé colonel.

Perón l'utilise pour des missions confidentielles dont il est resté peu de traces.

On affirmera qu'Eva avait été un agent de liaison avec des nazis de la colonie allemande, les Freude, père et fils, Brossens, gérant de la CADE (Compagnie Argentine d'Electricité), une société impliquée dans des négoces frauduleux avec l'Etat. La CADE aurait contribué pour un million de pesos à la campagne présidentielle de Perón. On évoquera aussi de mystérieux débarquements d'or allemand, transporté en sous-marin jusqu'en Patagonie, et de faux passeports délivrés à des dignitaires nazis échappant au désastre.

Une coterie d'intérêts — entre autres son frère Juan Ramón — se réunit autour d'Eva Duarte. La famille de Junín — Juana, ses deux sœurs et beaux-frères — est l'objet de requêtes diverses, rapidement transmises à Eva.

« Tous la craignaient alors, et voulaient l'utiliser comme médiatrice pour tirer des avantages du gouvernement, des profits et ce genre de choses », se souvient Pierina Dialessi. Eva gagne maintenant de grosses quantités d'argent, assez pour acheter une maison dans la rue Teodoro García. Le vendeur ? Ludwig Freude, résident allemand et pronazi notoire. Simple coïncidence ?

Un vieil ami de la famille Duarte, Oscar Lorenzo Nicolini, modeste employé des postes, croit le moment venu de mettre en œuvre ses relations avec Elisa qu'il a connue à Junín : il demande le poste de directeur général des Postes et Télécommunications. Maman Juana ne sait rien refuser à Nicolini et intervient auprès d'Eva, puis celle-ci à son tour auprès de Perón ; incident banal qui précipitera la chute du vice-président. Perón commet une erreur peu fréquente chez lui et nomme Nicolini directeur, de préférence à un second candidat, le lieutenant-colonel Francisco Rocco. C'est plus que le clan militaire ne peut en supporter. Le 8 octobre 1945 le général Eduardo Avalos, commandant de Campo de Mayo, rencontre Perón et exige la révocation de Nicolini. Perón maintient sa décision sous l'influence d'Eva. Quelques heures plus tard les officiers de Campo de Mayo se préparent à marcher avec leurs troupes sur Buenos Aires afin d'arrêter le souriant colonel et de défenestrer son actrice favorite. On dirait le livret d'une opérette viennoise.

Mis au courant de la rébellion, le président Farrell décide de gagner Campo de Mayo pour tenter de dissuader les insurgés qui, malgré leurs rugissements belliqueux, n'ont pas encore donné l'ordre de départ, fidèles à la vocation négociatrice des militaires argentins. La guerre de Troie n'aura pas lieu. Farrell se rend à l'ultimatum de l'armée et dépouille Perón de ses trois titres de vice-président, ministre de la Guerre et secrétaire d'Etat au Travail.

Perón a perdu pour la première fois le contrôle de la situation. Depuis son bureau du ministère de la Guerre, indécis, il hésite sur la marche à suivre. Certains de ses collaborateurs lui conseillent la résistance : pourquoi ne pas faire appel aux syndicats et aux officiers qui lui sont favorables ? Avec son impétuosité coutumière, Eva partage cet avis : il faut se battre et ne pas craindre de prendre des risques. Mais que sait-elle de la politique ?

Le tempérament de Perón le pousse plutôt aux manœuvres de diversion qu'aux attaques frontales. Quand arrive la commission militaire chargée d'exiger sa démission Perón murmure doucement :

— Vous avez l'accord du président ?

— Oui.

Cela suffit ; l'air morne, Perón se dirige vers sa table et y rédige, de sa main, ce message laconique : « A son Excellence, le Président de la Nation : Je renonce aux charges de Vice-président, Ministre de la Guerre et Secrétaire d'Etat au Travail et à la Prévision que vous avez bien voulu me confier. »

Ensuite, et sans manifester la moindre émotion, il prend congé de ses collaborateurs et se rend à son appartement de la rue Posadas où l'interrogent les yeux réprobateurs d'Eva.

— Ce sont des lâches. Ils ont menacé de me tuer et j'ai dû céder.

Ce 8 octobre 1945 Perón fête ses cinquante ans. Eva avait commandé un frugal repas froid chez un traiteur de la rue Ayacucho et invité le colonel Mercante et deux ou trois officiers de ses amis.

Vêtu d'une robe de chambre rouge et en pantoufles, Perón soliloque, analysant les causes de sa chute devant une Eva taciturne qui l'écoute en silence.

Les militaires présents se taisent eux aussi ; tous pensent la même chose : c'est une défaite sans panache, indigne de l'homme qui prétendait mobiliser le peuple argentin.

Un ensemble de facteurs se sont conjugués pour précipiter la chute de Perón pendant ces mois de tension politique.

Contre lui se dressaient la plupart des institutions traditionnelles : les partis politiques ; les universités ; la Société Rurale, regroupant les grands propriétaires agricoles et les éleveurs ; le Jockey Club, bastion de l'aristocratie conservatrice ; les chefs d'entreprises industrielles ; « La Prensa » et « La Nación », deux quotidiens de renommée internationale ; la marine de guerre, l'école supérieure de Guerre et les officiers supérieurs de Campo de Mayo. Il fallait y ajouter des opposants intellectuels qui n'adhéraient à aucune de ces organisations mais se méfiaient, en raison de leurs convictions démocratiques, d'un militaire suspecté de sympathies pro-nazies. Quant au clergé, il restait bien sûr dans une prudente expectative, attendant de voir de quel côté soufflait le vent.

Perón était soutenu par quelques dizaines d'officiers disséminés dans les garnisons de l'intérieur ; les forces de police dirigées par son ami intime, le colonel Filomeno Velazco ; le fidèle colonel Mercante ; peut-être le président Farrell, indécis et un peu indifférent.

Et les travailleurs ? Ces multitudes qui l'ovationnaient follement à Berisso allaient-elles se mobiliser cette fois-ci pour le défendre ?

Perón n'était pas certain que les dirigeants syndicaux feraient preuve d'une grande combativité à un moment critique, et il avait trop de bonnes raisons pour redouter leur opportunisme. Il ne restait donc que la base, mais comment la mobiliser et l'organiser ?

Perón savait pouvoir compter sur Cipriano Reyes, homme intègre et serein ; et sur d'autres peut-être, mais en nombre insuffisant pour mettre en branle des ouvriers désorientés et dispersés.

En somme, le voici désemparé et sans amis. La puissante coalition de ses adversaires lui a infligé une défaite et il est trop cérébral pour des réactions risquées, voire héroïques.

Quand un de ses amis lui demande des instructions, il répond : « Nous ne pouvons rien faire ; je ne veux pas de sang. » Le lion était herbivore.

Amères journées pour Eva, frappée de stupeur par le désastre et incapable de comprendre la passivité de Perón ; c'est une longue dépression physiologique entrecoupée de crises nerveuses.

Au début de leurs relations, Eva n'avait sans doute pas assez confiance en elle-même, ni l'aplomb nécessaire pour critiquer ouvertement la pusillanimité de Perón. Si elle fut traversée par l'ombre d'un doute quant au courage physique ou aux décisions du colonel, elle s'empressa de la dissiper ; sa voie était toute tracée : quelles qu'en fussent les conséquences, elle continuerait à prodiguer sa loyauté à cet homme. Tel était son caractère, et son destin. Abattu et sans esprit combatif Perón demanda le 10 octobre à être démis de ses fonctions militaires, annonçant en même temps ses intentions de renoncer à la vie publique. Allait-il voyager en Uruguay ou se terrer en Patagonie ? Sans projet défini, il était anxieux de fuir momentanément et redoutait un assassinat ; il connaissait aussi les injures et les menaces proférées contre lui lors des manifestations de rue qui parcouraient alors Buenos Aires, derrière des agitateurs de la droite démocratique ou non.

On ne pourrait certifier la sincérité de cette renonciation. L'ultimatum militaire le prit certes par surprise mais sa roublardise le poussait à faire semblant de se plier aux circonstances, à feindre la résignation en attendant que quelque bouleversement prévisible vienne le tirer de ce mauvais pas. A feindre de céder voulait-il manœuvrer avec plus d'aisance ?

S'efforçait-il d'endormir ses adversaires ? On peut tout imaginer, y compris que ni Perón, ni Eva, ni personne, n'avaient à ce moment-là la moindre idée sur les étranges événements qui allaient se dérouler la semaine suivante... Comme très souvent au cours de la vie de Perón, d'autres travaillaient en sa faveur tandis qu'il se réfugiait dans l'immobilisme. Le 10 octobre, quelque soixante-dix syndicalistes, réunis au club des ouvriers de la bière, dans l'avenue Costanera, décident d'envoyer une délégation auprès de Perón pour lui exprimer leur solidarité. L'entrevue se déroule le jour même dans l'appartement de la rue Posadas, en présence d'Eva, avec toute l'insolence provocante de sa jeunesse.

« Vous avez fait votre devoir vis-à-vis de l'armée. Maintenant vous êtes notre leader. »

Le colonel retrouve le sourire. La discussion fait surgir ce projet : Perón va prendre congé des travailleurs en prononçant un discours depuis un balcon du secrétariat au Travail, dans la rue Perú, à trois cents mètres de la Casa Rosada. Ingénu ou complice, le président Farrell autorise la réunion et en accepte la retransmission radiodiffusée. Pendant les heures suivantes la station officielle annonce que Perón fera ses adieux à 19 heures et appelle le peuple à se rassembler dans la rue Perú.

Ils sont environ soixante mille, à l'heure dite, devant le secrétariat au Travail, des ouvriers pour la plupart, et des centaines de milliers devant leurs postes radio, quand Perón fait une arrivée spectaculaire à l'un des balcons, les bras levés, le sourire aux lèvres. Il est accueilli par des cris enthousiastes.

« Perón ! Perón ! Perón ! »

C'est comme un bruit de tam-tam, et la foule est en délire.

Sans arrogance, et avec cette attitude modeste qui lui est coutumière quand il veut enflammer un auditoire, Perón commence à parler d'une voix calme : « ... L'œuvre sociale accomplie est d'une consistance tellement ferme qu'elle ne cédera devant rien, et sont capables de l'apprécier, non ceux qui la dénigrent, mais les ouvriers qui en éprouvent les bienfaits. Cette œuvre sociale, que seuls les travailleurs apprécient à sa juste valeur, doit aussi être défendue sur tous les terrains... »

Ensuite, sans formuler aucun reproche à l'encontre de ses adversaires, ni la moindre critique à l'égard du gouvernement, il cite ses décrets en faveur de la classe ouvrière puis en annonce d'autres, en passant, presque en leur ôtant de l'importance, pris avant son retour à la vie privée : un sur les associations profession-nelles, un autre accordant une augmentation générale des salaires, l'échelle mobile et une rémunération minimum ; enfin la participa-tion des travailleurs aux bénéfices des entreprises. Il a décidé également que le 12 octobre, jour férié, sera payé.

Perón connaît son peuple à la perfection !

Souvent interrompu par les clameurs, Perón clôt son discours par quelques formules efficaces : « Nous vaincrons dans un an ou dans dix, mais nous vaincrons ! » « Dès aujourd'hui, je me mets au service du peuple ! » « S'il le faut, je ferai partie d'un syndicat et je lutterai à la base ! »

Il sourit à nouveau, tend les bras en signe d'adieu et disparaît l'air triomphant derrière le balcon tandis que des milliers de personnes scandent son nom frénétiquement.

Perón vient de distiller le venin qui fera succomber le gouvernement en sept jours. Il sait que la participation des ouvriers aux bénéfices instaure un mode complexe de rétribution que l'Argentine est incapable de mettre en place. Les autres disposi-tions concernant le salaire de base sont presque aussi compliquées mais tant mieux : Perón a déjà signé les décrets et le gouvernement aura bien du mal à les annuler sans déchaîner le mécontentement et les protestations des travailleurs.

« Il faut lancer les gens dans la rue », demande Eva, et plusieurs syndicalistes sont du même avis : profitons immédiate-ment du climat suscité par le discours et la manifestation du 10.

Mais Perón réfléchit et hésite ; peut-être mûrit-il un plan différent, ou plutôt manque-t-il d'assurance. A l'aube du 11 il décide de s'éclipser en automobile et de gagner San Nicolás, un petit port du fleuve Paraná, en face de la côte uruguayenne et à quelque deux cents kilomètres au nord de Buenos Aires. Sa suite est composée d'Eva Duarte, du colonel Domingo Mercante, de Juan Ramón Duarte et de... Rudy Freude, le fils de Ludwig Freude, leader de la colonie allemande et — selon des rumeurs — chef des services secrets de son pays en Argentine.

Arrivé à mi-chemin Perón modifie son itinéraire et se réfugie dans une propriété agricole que Freude possédait à El Tigre, à trente kilomètres au nord de Buenos Aires.

« Vous n'allez pas vous en aller, n'est-ce pas, nous continuerons », s'inquiète Mercante.

« Bien sûr », répond Perón sans grande conviction.

Depuis El Tigre Perón pouvait aisément s'enfuir en Uruguay, ou attendre que le gouvernement lui restituât ses fonctions sous la pression populaire. L'imprévisible se produisit. La police découvrit son refuge et le général Aristóbulo Mittelbach le somma de se rendre, afin de « préserver sa vie ». Perón et Eva retournèrent à Buenos Aires sans opposer de résistance, escortés par des agents des services de sécurité. Eva était exaltée et incapable de se contrôler, elle sanglotait sur l'épaule de Perón et suppliait les gardiens de leur laisser passer quelques heures dans leur appartement de la rue Posadas. Le chef de la police, Héctor de Andrea, interrompit l'idylle à minuit, ayant reçu l'ordre de conduire immédiatement Perón à bord de la canonnière « Independencia », dans le port de Buenos Aires. Perón bougonna un peu et prépara sa valise mais Eva protesta sur un autre ton : envahie par une fureur irrépressible, elle abreuva d'injures de Andrea et ses policiers, avec des allusions peu délicates à leurs mères respectives. Perón et Mercante s'efforcèrent de la calmer tandis que les agents supportaient stoïquement la cataracte d'insultes. Perón quitta la maison quand la bourrasque se fut apaisée, flanqué de ses ravisseurs et de Mercante qui avait décidé de l'accompagner jusqu'au port ; il était nerveux, se plaignait d'avoir été abandonné par ses amis Farrell et Avalos. Jouait-il la comédie ou se sentait-il vraiment grugé ? En tout cas, il semblait craindre pour son intégrité physique.

Arrivé au bassin il se sépara de Mercante, « je vous confie Evita », monta rapidement sur la canonnière, salua le capitaine et se fit conduire à sa cabine. C'était un peu après minuit ; on voyait scintiller au loin les lumières de Buenos Aires et les eaux du fleuve Paraná berçaient doucement le navire.

Mercante resta quelques instants sur le quai, à regarder le bateau ; il remarqua alors qu'un jeune marin, de garde sur le pont, pleurait silencieusement... « Je sus à ce moment-là que nous avions gagné la partie. »

Ragaillardi par cette scène il retourna à l'appartement de la rue Posadas pour y réconforter Eva. Celle-ci raconta plus tard :

« Le colonel Mercante arriva et me dit : je n'ai qu'une dernière
carte à jouer, lutter pour le colonel et pour sauver les masses
laborieuses et le peuple argentin. Et cela va signifier mon arrestation. Je lui répondis alors : Mercante, ma seule faute est d'avoir
accompagné un homme qui n'a fait que le bien. Je me sens
tranquille et orgueilleuse, et bien que je sois une pauvre femme je
saurai me défendre ; mais je vous demande une chose, allez et tirez
vos dernières cartouches pour le colonel. » Mercante fut arrêté par
les autorités militaires le jour suivant.

Fils d'un ex-syndicaliste de la Fraternité Ferroviaire, Mercante
était un vieux camarade de Perón. Dépourvu de son talent il le
surpassait par la fermeté de son caractère et sa ténacité. Ses
antécédents familiaux le rapprochaient de la classe ouvrière et sa
sensibilité sociale était plus authentique que celle de Perón bien
qu'il fût militaire par vocation. Devenu un de ses fidèles collaborateurs, il remplirait par la suite les fonctions de gouverneur de
Buenos Aires avant de perdre la faveur de Perón — on l'avait cité
comme un successeur possible — et de se retrancher dans une
relative obscurité. Pour Eva la capture de Perón signifiait une
véritable catastrophe. Les visiteurs de la rue Posadas disparurent
comme par miracle et dès le lendemain elle eut un avant-goût de ce
qui l'attendait : une note discourtoise de Yankelevitch, le propriétaire de radio Belgrano, lui annonçait la résiliation ipso facto de ses
contrats. Yankelevitch ! Ce Polonais qui lui doit tant ! Des appels
téléphoniques anonymes viennent s'ajouter à l'affront, on l'insulte
grossièrement et la menace de mort. Le réveil est brutal, il rappelle
à Eva que les louanges hypocrites et les salaires confortables
n'étaient pas dus à son talent artistique mais seulement à son
concubinage avec le colonel maintenant en disgrâce. Que faire ?
Recommencer à zéro ? Regagner les quartiers misérables ? Vendre
la maison ? Se dépouiller de ses luxueuses parures et endurer à
nouveau la faim et les humiliations ? Reprendre le siège interminable et vexatoire des studios ? S'enfuir à Junín ?

La prudence et la sagesse voudraient qu'elle quittât Buenos
Aires pendant quelques temps en attendant un apaisement ; Eva
Duarte décida de se lancer à la rue et de s'y battre aussitôt.

Elle connaissait des cycles dépressifs intenses mais fugaces.
Quand elle eut séché ses larmes et fait taire ses craintes, avec cette
obstination irrationnelle peut-être héritée de son aïeul basque, elle

résolut de sauver son homme, sans tenir compte de la formidable disproportion des forces et du caractère extravagant de son entreprise. Que pourrait-elle contre les partis politiques et le clan militaire opposés à Perón ? C'était sans importance. Oubliant qu'elle était une femme désarmée, dépourvue de prestige et d'appuis, elle lutta telle une somnambule, ne se posant pas la moindre question quant à ses chances de succès, ne sachant même pas ce qu'il convenait de faire.

Le 13, après avoir abandonné son appartement de la rue Posadas, Eva se réfugie chez son amie Pierina Dialessi : « Je continue à voir le visage et l'expression angoissée d'Evita. Elle tremblait. Elle ignorait si on avait tué Perón ou s'il était encore prisonnier. Elle se sentait elle aussi menacée. Elle venait dormir tous les jours. Les nuits, elle disparaissait. »

Mercante en prison, Eva ne comptait plus que sur l'aide de son frère, Juan Ramón, et de l'avocat Román A. Subiza, un des rares amis qui restaient à Perón. Où étaient les autres ? Les travailleurs, dans leurs usines. Et les flatteurs qui se bousculaient dans les couloirs du secrétariat au Travail ? Accomplissaient-ils une dernière consigne de Perón ? Eva se rend chez l'avocat Juan Atilio Bramuglia et lui demande d'introduire un recours en habeas corpus ; il refuse, reproche à Eva de n'agir que par égoïsme, parce qu'elle veut cohabiter avec Perón. Elle n'obtiendra pas satisfaction malgré sa colère et ses larmes amères.

Elle apprend qu'une audience sollicitée auprès du président Farrell lui sera accordée dans un mois, autant dire jamais.

Ayant mesuré l'inanité de ses efforts Eva s'adresse maintenant à ceux qu'elle aurait dû convoquer d'abord : les travailleurs.

« Je partis chercher dans les rues les amis qui pouvaient encore faire quelque chose pour lui... J'allai ainsi, de porte en porte... Je ne m'étais jamais sentie si petite, si dérisoire que pendant ces huit journées mémorables. Je parcourus tous les quartiers de la grande ville... A mesure que je descendais, des quartiers orgueilleux et riches aux pauvres et humbles, les portes s'ouvraient plus généreusement, plus cordialement. »

Mariano Tedesco, syndicaliste de l'Association Ouvrière Textile, raconte : « Quand ils arrêtèrent Perón, Eva se conduisit bien. Elle voyait tout le monde et leur criait : — Il faut convaincre les gars et leur dire de sauver le colonel. Nous avions de nombreuses réunions avec elle, à des heures et dans des endroits insolites. Le 13 octobre, par exemple, nous nous retrouvâmes à la brasserie Adam, à Plaza Retiro. Il était fort tard ; elle refusa toutes les cigarettes et ne voulut rien manger. »

Elle avait peu d'accompagnateurs. La plupart des dirigeants syndicaux, loyaux à Perón au temps de sa splendeur, s'étaient évanouis en fumée.

Au cours de ces va-et-vient Eva eut tout loisir d'évaluer l'abîme séparant la direction des syndicats de la base. Les adulateurs du secrétariat au Travail, ceux qui lui envoyaient des fleurs rue Posadas s'étaient esquivés. (« Où se trouvaient ses collaborateurs ? Tous malades, personne n'était là. ») A l'inverse, elle était réconfortée, dans ses angoisses, par les humbles, des hommes aux mains calleuses qui jadis ne demandaient aucune faveur et à qui elle n'en avait jamais accordé.

« Il ne faut pas compter seulement sur les dirigeants », répète-t-elle jusqu'à l'obsession, haranguant de maigres groupes d'ouvriers réunis au hasard, dans quelque ruelle ou à la porte de l'usine. « Eva insistait pour rendre visite aux travailleurs, mais elle se déprimait parfois, doutait de tout. Souvent, c'étaient nous qui étions déprimés et elle nous redonnait du courage », se souvient l'un d'entre eux.

Eva se heurte à l'apathie des pusillanimes, à la peur des lâches et au sarcasme des cyniques. La nuit du 15 octobre, alors qu'elle se dirige vers Berisso, elle est reconnue par un chauffeur de taxi et livrée à un groupe d'activistes ennemis de Perón. On l'agonit d'insultes et l'agresse physiquement, elle est obligée de retourner à son appartement le visage couvert d'hématomes, mais les blessures ne sont pas graves ainsi que le diagnostique un médecin et elle reprend ses errances.

Eva Duarte fit montre, pendant cette semaine féroce, de deux qualités essentielles : la loyauté et le courage. Surmontant des défaillances passagères elle s'imposa une tâche : sauver Perón. Elle savait que beaucoup de travailleurs ne voyaient en elle que la maîtresse du colonel et elle n'essaya pas de cacher cette relation ; bien au contraire elle s'en vanta. Elle ne céda pas devant les policiers, elle les insulta. Les coups reçus exacerbèrent son esprit de lutte qui jaillissait d'elle comme un torrent. Plutôt que de les nier, sans honneur, elle préférait courir le risque de claironner ses liens avec Perón. Décisive quant à ses effets, ce fut son heure de gloire.

CHAPITRE VI

Ce dix-sept octobre...

> « *L'Histoire est écrite par les multitudes.* »
> LÉNINE.

« Mon trésor adoré,

Ce n'est qu'en nous éloignant des personnes aimées que nous pouvons mesurer notre tendresse. Depuis ce jour où je t'ai laissée là-bas, avec la douleur la plus grande que tu puisses imaginer, je n'ai pas pu apaiser mon triste cœur. Je sais aujourd'hui combien je t'aime et que je ne peux vivre sans toi. Cette immense solitude n'est remplie que de ton souvenir.

J'ai écrit aujourd'hui à Farrell pour lui demander d'accélérer mon départ à la retraite ; dès que je sortirai, nous nous marierons et nous partirons vivre tranquillement, n'importe où.

Depuis la maison, on m'a conduit à Martín García et je suis ici, sans savoir pourquoi et sans qu'on m'ait dit quoi que ce soit. Que me dis-tu sur Farrell et Avalos ? Deux canailles. Ainsi va la vie... Demande à Mercante de parler avec Farrell ; qu'on nous laisse tranquilles et que nous puissions partir à Chubut tous les deux.

L'ami Brosen (sic) pourrait t'être utile en ce moment, il fait partie des hommes pleins de ressources.

Tu ne dois pas t'inquiéter, et prendre soin de ta santé pendant mon absence, dans l'attente de mon retour. Tout irait bien si je te savais hors de tout danger et en bonne santé... Ne t'inquiète pas. Je tâcherai d'aller à Buenos Aires d'une façon ou d'une autre, tu peux donc rester tranquille et t'occuper de ta santé. Si j'obtiens mon départ à la retraite, nous nous marierons le lendemain ; dans le cas contraire, j'arrangerai les choses d'une manière différente, mais nous liquiderons cette situation d'insécurité que tu connais maintenant. Petite vieille de mon âme, j'ai tes jolis petits portraits dans ma chambre et chaque jour je les contemple avec des larmes dans les yeux. Qu'il ne t'arrive rien, parce qu'alors ma vie serait terminée. Fais bien attention à toi et ne t'inquiète pas pour moi, mais aime-moi beaucoup, aujourd'hui, j'en ai plus besoin que jamais.

Mon trésor, sois calme et apprends à attendre. Cela finira et la vie nous appartiendra. Ce que j'ai fait me justifie devant l'histoire et le temps me donnera raison ; je commencerai à écrire un livre sur cette question et je le publierai le plus vite possible, nous verrons alors qui avait raison.

Le fléau de cette époque, et particulièrement de ce pays, ce sont les imbéciles, et tu sais que les imbéciles sont pires que les méchants... Je veux que mes dernières paroles, dans cette lettre, te recommandent le calme et la tranquillité. Beaucoup, vraiment beaucoup de baisers et de souvenirs pour ma petite chérie adorée. »

Juan.

A Mercante :

« Je suis maintenant installé ici, au secret, malgré la promesse qui m'avait été faite devant vous. J'ai été conduit ici à bord de l'Independencia, et en arrivant j'ai découvert ce que valait la parole d'honneur d'un homme. J'ai cependant ce qu'ils n'ont pas : un ami fidèle et une femme qui m'aime et que j'adore. J'ai plus d'autorité qu'eux, puisque j'agis sur de nombreux cœurs humbles... J'ai écrit au général Farrell pour lui demander d'accélérer mon départ à la retraite de l'armée, et je vous prie d'avoir la générosité de vous en occuper, afin d'en finir une bonne fois pour toutes... Ce qui m'épuise, c'est l'impossibilité de dormir. Après deux années de sensations aussi intenses mes nerfs se sont fatigués, et ils commencent aujourd'hui à lâcher à cause de la tension permanente. Cependant, je me tranquillise peu à peu. Je vous recommande beaucoup Evita, la pauvre petite a les nerfs brisés et l'état de sa santé m'inquiète. Dès que j'aurai obtenu ma retraite je me marie et je m'en vais au diable. »

Une impulsion irrésistible pousse le prisonnier saisi d'angoisse à écrire. Perón est à cet instant un homme désespéré ; enclin au découragement, il croit venue la fin de sa carrière professionnelle et politique et ne désire plus rien d'autre que la liberté. Il avait espéré l'appui du président Farrell et du colonel Avalos, il s'attendait à une réaction populaire immédiate : rien ne se produit. Barbu, émacié, fébrile, redoutant d'être assassiné, il exige la présence d'un officier dans sa chambre pendant la nuit et garde les lumières allumées jusqu'à l'aube. Il répète à qui veut l'entendre que son seul but dans la vie est de partir en Uruguay, ou au Chubut… avec sa petite chérie. Martín García est une île aride, au milieu du Río de la Plata ; avant Perón elle a hébergé d'autres détenus, tel Hipólito Yrigoyen. Perón bénéficie d'un traitement privilégié mais il lui est pénible de supporter l'inconfort matériel et en particulier la solitude. Bavard, il n'a pas d'interlocuteur ; sybarite, il vit dans la gêne ; il aimait la flatterie, le voilà en prison ; habitué au pouvoir et au commandement, il se trouve dépourvu de l'un et de l'autre et doit obéir à un règlement. Son avenir est plein d'incertitudes loin de la protection quasi maternelle d'Eva Duarte : au fait de ses faiblesses elle savait l'encourager, le soutenir dans les moments critiques. Au cours de ces journées d'octobre, le fringant colonel ressemble à un enfant désemparé ainsi que le démontre la lettre à Eva.

Incapable d'endurer cet isolement, Perón feint la maladie. Le prétexte d'une pleurésie lui permet de recevoir son médecin personnel, Miguel Angel Mazza, le dimanche 14 octobre. Mazza ne diagnostique aucune affection mais comprend les mobiles de cet appel : il recommande donc le transfert de Perón jusqu'à un hôpital de Buenos Aires, en obtenant l'autorisation à la suite de difficiles tractations avec Farrell. Le 17 octobre, à deux heures du matin, Perón et son escorte débarquent sur le quai Nord, puis gagnent l'hôpital militaire qui se trouve dans l'avenue Luis María Campos, en plein centre.

Malgré l'heure matinale, Perón remarque au cours du trajet le lent cheminement de groupes épars d'ouvriers se dirigeant vers Plaza de Mayo, comme dans une sorte de célébration rituelle. Il se passe quelque chose d'étrange dans la capitale, elle s'agite et semble s'éveiller d'un long sommeil.

Buenos Aires vivait des journées tumultueuses, annonciatrices d'événements graves.

Avec à leur tête l'Union Civique Radicale, le parti Socialiste et des éléments communistes, les groupements politiques soi-disant démocratiques, heureux de la mise à l'écart de Perón et ragaillardis par les signes de faiblesse et d'hésitation que laissait entrevoir le gouvernement, avaient durci leur offensive, exigeant que Farrell remît le pouvoir entre les mains de la Cour Suprême de Justice. Le 13 octobre, une autre manifestation puissante avait exprimé bruyamment son désaveu de Perón et de la classe militaire. Plaza San Martín, une fusillade confuse avait blessé plusieurs civils, victimes des forces de police disséminées au milieu de la foule. Cette situation — critique par instants, elle réclamait des décisions énergiques — révélait surtout l'incapacité des partis politiques, la profondeur de leur incertitude et les différences énormes qui les séparaient et les paralysaient. On perdit quelques précieuses journées à confectionner la liste hypothétique des membres d'un cabinet éventuel de notables civils appelés à remplacer les militaires. C'était un exercice dérisoire : le dénouement allait être différent, passait curieusement inaperçu de politiciens expérimentés, tel Amadeo Sabatini, le leader radical, convaincu de ce que « l'on viendrait le chercher en carosse pour l'emmener à la Casa Rosada ». Alfredo Palacios, homme probe et orateur fameux, lançait à son tour de violentes diatribes contre le gouvernement, depuis le perron de l'Université. Vaines palabres, l'histoire surgissait en d'autres lieux.

Le manque de discernement des chefs d'entreprise venait s'ajouter à la myopie des hommes politiques : Perón écarté, ils crurent le moment venu de mettre un terme aux revendications ouvrières. Dans son discours d'adieu, Perón avait annoncé aux travailleurs le paiement d'une journée fériée, le 12 octobre, « Jour de la Race », mais ces derniers furent accueillis par des sarcasmes quand ils essayèrent de se faire payer :

« Déposez une réclamation auprès de Perón ! »

Ce qu'ils firent, se rendant sur la grand-place pour le malheur des auteurs de la suggestion.

L'unanimité ne régnait pas non plus parmi les chefs syndicaux. Certains — les dirigeants de la corporation de la viande, par exemple, avec Cipriano Reyes à leur tête — poussaient à la grève, d'autres se montraient plus réticents. Le 16, la Fraternité Ferroviaire délivra un communiqué anti-péroniste condamnant toute tentative aventuriste. Le comité confédéral de la CGT, réuni en session permanente depuis le mardi 16 octobre, exprima les mêmes doutes et hésitations. Malgré tout ce que le syndicalisme devait à Perón, « cela ne valait pas la peine de courir des risques pour lui ». Et de conclure : « Nous ne manquerons pas de colonels. Il suffira d'aller à Campo de Mayo et il s'en présentera une douzaine. » Entre-temps, les délibérations confédérales traînaient en longueur et les responsables syndicaux, de peur de se compromettre, ressemblaient en cela aux solennels patriciens de la Junte de Coordination Démocratique quelles que fussent leurs divergences quant aux motivations. Aux déclarations patronales répondaient les appels des travailleurs mais ceux-ci étaient divisés : des organisations à la légitimité douteuse — une Fédération Ouvrière Argentine, un syndicat des camionneurs, une Union Ouvrière Textile, etc. — se déclaraient contre la grève dans une campagne visant à noyauter et à paralyser la base.

La CGT pécha par excès de prudence — et c'est un euphémisme. Redoutant de s'engager pour Perón, ses dirigeants discouraient interminablement sur les actions à mener, s'efforçaient de gagner du temps et se gardaient bien de prendre des décisions susceptibles de déplaire au gouvernement militaire. Des leaders étaient disposés à faire le jeu de la droite : lors d'une réunion de la Fédération des Employés et Ouvriers du Commerce, le secrétaire général, Miguel Angel Borlenghi, affirma que « puisque la situation due à la crise politique et sociale n'affecte pas seulement les travailleurs, mais le pays tout entier, nous devons demander que le gouvernement soit remis à la Cour Suprême de Justice ». Borlenghi avait été un des hommes mis en place par Perón et il redeviendrait plus tard l'un de ses plus proches collaborateurs. A l'instar d'Atilio Bramuglia, cet avocat qui refusait à Eva Duarte la procédure d'habeas corpus pour libérer le colonel et dont celui-ci ferait ensuite son ministre des Affaires étrangères.

Obnubilés par leurs calculs alambiqués, et victimes de leur propre roublardise, les dirigeants de la CGT avaient laissé se desserrer les liens qui les unissaient aux travailleurs ; moins bavards et tortueux, lassés d'attendre vainement des directives qui n'arrivaient jamais, les ouvriers décidèrent de se lancer dans les rues à leurs risques et périls.

Négligeant les querelles byzantines, les masses choisirent l'action directe pour obtenir la libération de Perón, une fois de plus les travailleurs anonymes révélaient un instinct politique plus sûr que la hiérarchie syndicale ou les juristes chevronnés. Ces groupes d'ouvriers rencontrés par Perón, à l'aube du 17 octobre, constituaient l'avant-garde d'une gigantesque convulsion populaire qui, depuis les quartiers prolétaires de Buenos Aires, convergeaient vers la Plaza de Mayo, le centre des grandes manifestations civiques argentines.

Ils furent d'abord quelques-uns, en groupes isolés et épars. Ils arrivaient de La Boca, de Barracas, Avellaneda, Caballito, Flores, Parque Patricios... A mesure que passaient les heures, les colonnes se grossissaient du flux des habitants les plus éloignés, ceux des districts périphériques de Quilmes, Berisso, Mataderos, Villa Lugano, Nueva Pompeya...

Les gens utilisaient tous les moyens de transport disponibles : automobiles, camions, autobus ; sans violences ni menaces ils faisaient rebrousser chemin aux conducteurs des tramways vers le centre de la ville. On releva le pont de Riachuelo pour empêcher le passage des manifestants — certains n'en furent pas découragés et traversèrent par d'autres moyens — puis on le remit en service, sans que personne s'interrogeât sur les motifs de l'une et de l'autre décision.

Ni hostiles ni agressifs, plutôt rieurs et turbulents, comme effarés de leur espièglerie, des milliers d'hommes déambulaient sous le soleil d'octobre, semblaient se rendre à une fête foraine en brandissant des drapeaux, des portraits de Perón et des banderoles :

« Libérez Perón ! », « nous voulons Perón ! », ou simplement : « Perón. » La grosse caisse de Berisso résonnait à nouveau.

Non pas une, mais cent. On pouvait entendre au loin — le trafic automobile avait été interrompu — ce son grave et rythmé qui soulignait le caractère exceptionnel de la journée.

Vers midi, quelques cinquante mille personnes se trouvaient maintenant réunies devant la Casa Rosada tandis qu'une foule dense continuait à affluer, en longues colonnes : hommes ruisselants de sueur et fatigués, parfois vêtus de pyjamas, souvent le torse et les pieds nus, qui se rafraîchissaient dans les fontaines monumentales de la Plaza de Mayo. Chansons, rengaines et slogans se succédaient inlassablement avec un seul mot d'ordre, Perón : « Je vais te donner — je vais te donner — Patrie magnifique — je vais te donner une chose — une chose qui commence par P. Perón ! » « Nous voulons Perón ! » « Liberté ! Liberté ! Liberté ! » « Perón ! Perón ! Perón ! »... Et le grondement des tambours marquait la cadence.

La classe dominante, retranchée dans ses appartements, spectatrice de son propre drame, observait stupéfaite ces flots humains inondant les artères de la cité. On n'avait jamais assisté à pareil déferlement. Des dizaines de milliers d'êtres, relégués jusqu'alors dans les banlieues, se pavanaient à cet instant au cœur de la ville, piétinaient ses élégantes pelouses, buvaient l'eau bruissante et cristalline de ses fontaines sculptées en France. C'était une invasion braillarde et pacifique qui s'emparait de Buenos Aires par surprise, sans assauts ni déprédations. Les boutiques avaient fermé par mesure de précaution mais nul ne songeait à les mettre à sac ou à briser les vitrines. La chaleur de l'après-midi était tellement étouffante que de nombreux manifestants commencèrent à ôter leurs chemises ; déshabillage en public — formellement interdit par les règlements municipaux — qui inspira le lendemain à *La Prensa* un qualificatif injurieux, les *descamisados*[1] ; les péronistes allaient en faire leur signe de ralliement, parodiant les sans-culotte de la Révolution française et, avec une similitude plus frappante, les « chemises noires » de Mussolini.

Cette appellation — dans la bouche des péronistes l'intention démagogique était évidente — fut intégrée au folklore politique, et si l'on pouvait à juste titre l'appliquer aux couches inférieures, elle

---

1. Les « sans-chemise » (*N.d.T.*).

devenait carrément incongrue dans le cas des dirigeants syndicaux, toujours bien habillés sauf... lors des réunions publiques.

Ce fut à Eva qu'il revint de populariser ce terme : « Ce nom, qui se voulait infamant, enveloppa tel un drapeau l'œuvre du général Perón et de ses fidèles compagnons. » « Mes chers descamisados » allait ouvrir immanquablement chacune de ses harangues.

Mais retournons à la Plaza de Mayo :

Au milieu de l'après-midi, plus de deux cent mille personnes ont envahi la place et débordent dans les rues adjacentes. Les premiers arrivants attendent depuis de longues heures sous un soleil de plomb. Qu'attendent-ils ? La foule fixe son attention sur les fenêtres de la Casa Rosada comme si elle guettait une apparition surnaturelle. Entre-temps, en un va-et-vient frénétique, civils et militaires entrent et ressortent du palais, le visage solennel et fermé masquant leur impuissance. Le gouvernement s'est bien gardé d'interdire la manifestation et quand le commandant du 10e régiment de cavalerie, le colonel Gerardo Demetro, demande des instructions pour la disperser, il est prié par Avalos de ne pas intervenir, « parce que tout cela n'est pas grave ». La police fédérale, infiltrée par des partisans de Perón, contemple passivement les événements sans vouloir se mêler de l'affaire et laissant entrevoir une certaine complicité.

Casernée à Campo de Mayo, l'armée s'impatiente : elle veut agir et presse Avalos mais il se produit un phénomène étrange : on dirait que de cette multitude pacifique émane un courant paralysant qui empêche toute prise de décision de la part de Farrell et d'Avalos.

Avalos est un personnage d'Hamlet dans le drame vécu ce jour-là par l'Argentine : à la tête de dix mille hommes il ne réussit pas à faire donner la troupe, rendu perplexe par l'accélération des faits. Se souvient-il du 4 juin 1943, quand son détachement provoqua le seul affrontement sanglant de la journée avec un bilan de soixante morts ? Si l'armée, ou la police, étaient intervenues fermement au cours des préliminaires de ce 17 octobre, sans doute le dénouement aurait-il été différent. Les foules argentines sont tapageuses mais peu combatives, et il était fort rare que les civils osent affronter les militaires lors des manifestations.

Le flegmatique président Farrell joue, comme toujours, un

rôle ambigu : il a fait arrêter quelques jours auparavant Perón, soi-disant pour « protéger sa vie », et la concentration populaire devant la Casa Rosada le laisse maintenant indifférent, il semble même apprécier le spectacle ; « ça commence à devenir beau », s'exclame-t-il. Le soir venu, il se retire dans sa résidence sous prétexte d'être fatigué. Il désirait probablement le triomphe de Perón, au plus profond de son cœur, en souvenir d'une vieille amitié de caserne.

Plus de dix heures se sont écoulées depuis le début mais la multitude fait montre d'une patience singulière, éprouvant à l'évidence des sentiments partagés : l'inquiétude et la jubilation. Les gens sont dans l'expectative, ils rient, chantent, mangent et boivent, et la marée humaine, sans être agressive, exprime un je-ne-sais-quoi de menaçant. A la tombée du soir les « Perón, Perón, Perón ! » traduisent une certaine irritation.

Les soldats sont déconcertés par ce peuple immobile montant la garde ; à l'aide de haut-parleurs installés sur la place, on invite inutilement les travailleurs à se retirer dans leurs foyers en promettant la libération imminente de Perón ; nul ne bouge, chacun veut le voir et l'entendre ici même, tous sont décidés à l'attendre le temps qu'il faudra, la nuit entière, le lendemain...

Farrell, de retour à la Casa Rosada, et Avalos comprennent qu'on ne peut plus tergiverser et se résignent à faire venir Perón. « Dans quelques instants, le colonel Perón parlera depuis ces balcons », mais deux heures s'écoulent et Perón n'apparaît pas. Trompe-t-on le peuple ? S'agit-il d'une comédie ?

Pas du tout. C'est Perón qui simplement refuse de se présen-ter. Logé depuis l'aube au onzième étage de l'hôpital militaire, guéri comme par enchantement de sa pleurésie, le colonel, en pantoufles, vêtu d'un pyjama de soie bleue et un foulard noué au cou, le colonel donc reçoit la visite de ses amis : le colonel Mercante d'abord, libéré depuis la veille, puis Eva et son frère Juan Ramón, le journaliste Eduardo Colom et quelques syndicalistes non identifiés. Un peu avant minuit, Avalos en personne porteur d'un message de Farrell.

Tout au long de la journée Perón a été tenu au courant par ses visiteurs des événements de la Plaza de Mayo ; on l'a incité à se rendre à la Casa Rosada et à satisfaire ainsi les désirs populaires.

Volupté de se faire attendre, stratagème politique ou pure

couardise — il est encore obsédé par la crainte d'un assassinat —, Perón ne se décide pas à abandonner l'hôpital et se contente de demander, de temps en temps : « Il y a beaucoup de monde ? Vraiment beaucoup de monde ? » A midi, une délégation des ouvriers ferroviaires le surprend attablé, déjeunant paisiblement, et ne parvient pas non plus à le convaincre. « Ils disent que je suis libre mais ils ne me laissent pas sortir », bougonne-t-il en guise d'excuse. Personne n'ignore qu'il est libre.

Dix heures du soir. Toujours en pyjama, le colonel déambule effrayé et irrésolu. Eva Duarte ne peut plus contenir son impatience, et de lui crier, avec une brutalité que les chroniqueurs officiels s'efforceront d'oublier :

« Habille-toi, trouillard, tu ne risques rien ! »

Effet magique : Perón revêt un costume, sans grand enthousiasme toutefois, s'étale une crème sur le visage tel un acteur avant d'entrer en scène et monte dans une automobile qui le conduira auprès de Farrell.

Plaza de Mayo l'effervescence est à son comble.

Avec toutes ses illuminations, la Casa Rosada ressemble à un navire assailli par des vagues mugissantes ; on voit se profiler de temps en temps, derrière les fenêtres, les silhouettes de Farrell, Avalos, de l'amiral Vernengo, le commandant en chef de la Marine, du journaliste Colom, et d'autres militaires et civils dans l'attente du prodige. La multitude allume à un certain moment des milliers de torches qui scintillent dans la nuit chaude comme pour une cérémonie rituelle.

Quelques minutes après onze heures, les projecteurs de la place concentrent leurs faisceaux de lumière sur le balcon principal. Soudain voici Perón, ému, souriant, agitant les bras en signe de victoire.

Un hurlement assourdissant fait vibrer la place. « Les gens semblaient fous : ils criaient, sautaient, pleuraient et scandaient des slogans avec des voix de plus en plus rauques. C'était l'homme pour lequel ils avaient tout risqué. Sain et sauf. Vainqueur ! Et en acclamant leur leader ils affirmaient leur propre triomphe », raconte Félix Luna.

Au bout de dix minutes de vacarme la foule entonne l'hymne national ; Perón prend ensuite la parole :

« Travailleurs :

Il y a deux ans, à ce balcon, j'ai dit que j'avais trois honneurs dans ma vie : celui d'être soldat, celui d'être patriote et celui d'être le premier travailleur argentin. Aujourd'hui, cet après-midi, le Pouvoir Exécutif a signé ma demande de mise à la retraite du service militaire actif... J'ai fait cela parce que je veux continuer à être le colonel Perón pour servir, sous ce nom, l'authentique peuple argentin... Voici le peuple. Voici le peuple souffrant qui représente la douleur de la mère patrie que nous devons revendiquer. Voici le peuple de la Patrie... »

Chaque phrase est interrompue par les cris et les applaudissements. « Vive Perón ! », « Perón président ! »

« A partir d'aujourd'hui, j'éprouverai un véritable orgueil d'Argentin, parce que je vois dans ce mouvement collectif le mouvement d'une conscience des travailleurs, la seule chose qui puisse rendre la Patrie grande et immortelle. »

Puis c'est une note sentimentale :

« ... C'est pourquoi je vous ai dit que je vous embrassais comme j'embrasserais ma mère, parce que vous avez dû ressentir, au cours de ces journées, les mêmes douleurs et les mêmes pensées que ma pauvre petite vieille. »

Et une requête pour finir :

« ... Comme un grand frère (je demande) aux ouvriers de retourner chez eux, mais demain ne travaillez pas, en fêtant la gloire de cette réunion d'hommes qui viennent du travail, qui sont l'espoir le plus cher de la Patrie ! »

La multitude s'écrie : « Demain c'est la Saint-Perón ! Demain c'est la Saint-Perón ! », ajoutant ainsi un jour de plus à la longue liste des festivités argentines.

Perón reste un moment à dialoguer avec son peuple (« Où étiez-vous ? Dites-nous où vous étiez, colonel ! ») et l'engage à ne pas poser de questions et à oublier « parce que les hommes incapables d'oublier ne méritent pas d'être aimés, et j'aspire à être aimé de vous ». Les bras levés, il salue plusieurs fois avant de disparaître et va retrouver Eva dans son appartement de la rue Posadas. « Je ne savais même pas ce que j'allais dire... Il fallut que je leur demande de chanter l'hymne pour pouvoir remettre un peu mes idées en place. Et voilà comment j'ai fait ce discours », se souviendrait-il par la suite.

Les manifestants crient encore leur enthousiasme pendant plus d'une heure puis se dispersent lentement, comme anxieux de savourer jusqu'au bout cette journée exaltante. Les lumières de la Casa Rosada s'éteignent vers deux heures du matin, le silence s'étend à nouveau sur la Plaza de Mayo tandis que les faubourgs de Buenos Aires retentissent du pas lassé des travailleurs regagnant leurs humbles logis, et qu'agonise le grondement des tambours.

Une aube nouvelle se lève sur l'Argentine. Une aube, ou la lividité d'un crépuscule ?

« La victoire a de nombreux pères, mais la défaite est orpheline. » Une maxime amère dont on vérifia le bien-fondé quand il s'agit de déterminer les instigateurs de ce 17 octobre.

Avec son opportunisme proverbial, la CGT publia le 18, dans *La Prensa,* un communiqué appelant à une grève de vingt-quatre heures « pour protester contre la remise du pouvoir entre les mains de la Cour Suprême et contre tout cabinet de l'oligarchie ». Absente de la manifestation, la veille, elle prétendait maintenant cueillir les fruits du triomphe des travailleurs. Le 17 octobre lui appartiendrait désormais.

Non moins indûment, Perón lui-même s'attribua le mérite d'avoir organisé la concentration populaire qui l'avait fait libérer ; vedette du dénouement, il s'avéra d'abord passif et hésitant, ce qui ne l'empêcha pas de dire : « Il y avait là-bas Mercante, Evita, une quantité de gens très efficaces et ayant noué de nombreux contacts, c'étaient des gens intelligents, capables, et avec eux un grand nombre de dirigeants qui lancèrent le mouvement. Tout cela fut très bien organisé ! »

La version de Perón mérite quelques commentaires. Si Mercante se montra fort efficient dans les journées précédant l'arrestation de Perón, il lui fut impossible d'en faire autant par la suite puisque lui aussi était privé de sa liberté. La relève fut prise par un de ses neveux et par sa secrétaire, Isabel Ernst, l'un et l'autre fonctionnaires du secrétariat au Travail et infatigables activistes. Mercante passa la plus grande partie du 17 octobre aux côtés de Perón sans participer physiquement à la mobilisation populaire.

Quant à Eva Duarte, quelle qu'eût été auparavant sa loyauté, elle n'intervint pas directement lors de la journée historique. Comme Mercante elle tint compagnie à Perón, à l'hôpital militaire.

« Je sais ce que fut et ce que représente le 17 octobre pour nous, parce que je l'ai vécu dans les rues, dans les usines, dans le foyer des humbles. Dès que j'ai commencé à frapper aux portes des pauvres, des humbles, des déshérités, je dois confesser que j'y ai trouvé mon cœur. Je dois confesser, aussi, qu'il m'est arrivé d'en sortir en pleurant, mais c'étaient des larmes d'indignation et non d'amertume. Bien sûr... je n'étais alors qu'une faible femme qui avait commis le délit de croire en un colonel vaincu et prisonnier. »

La référence au 17 est indirecte et ne démontre en aucun cas la présence d'Eva dans les quartiers prolétaires d'où partit la manifestation, et pas davantage Plaza de Mayo.

Sans pour autant réduire son mérite, bien au contraire, la campagne personnelle d'Eva n'obtint pas l'impact qui lui serait attribué plus tard par ses panégyristes. Connue de plusieurs dirigeants syndicaux, actrice de radio populaire et maîtresse notoire d'un soldat important, elle était encore ignorée de la masse des travailleurs qui, à l'instar des militaires, réprouvaient les ingérences féminines dans la vie politique. Il était difficile d'extirper le machisme des habitudes argentines.

Les activités frénétiques d'Eva Duarte dans la semaine précédant le 17 octobre eurent à l'évidence une portée réduite, et en tout cas insuffisante pour provoquer à elles seules le bouleversement social de cette journée.

Cipriano Reyes, l'un des rares dirigeants syndicaux ayant eu un rôle décisif, apporte les précisions suivantes :

« De la même façon, je veux éclaircir un autre aspect très important de cette date historique : longtemps après, on a prétendu que madame María Eva Duarte de Perón y avait participé activement. Je peux affirmer à nouveau, avec l'honnêteté de ma conscience et la clarté de mes convictions, que rien de cela ne correspond à la vérité des faits du 17 octobre 1945, car alors elle n'avait même pas eu un contact avec la base ou les dirigeants dans l'organisation de ce grand mouvement en faveur de la libération du colonel Perón... Le reste a été imaginé par les thuriféraires qui l'entouraient et qui spéculent encore sur son œuvre et sur son nom pour s'approprier le feu sacré de ses sentiments. »

Cipriano Reyes n'était pas un leader comme les autres. De très humble origine sociale, petit, modelé par tous les avatars de la vie, avec des façons simples, combatif jusqu'à la témérité, relativement cultivé, il parvint au rang de responsable des ouvriers de la viande après une obscure bataille contre Peters, un communiste, ayant lui aussi le goût de la lutte. Perón se fit un plaisir d'attiser cette querelle. Cipriano Reyes organisa le déploiement de sa corporation le 15 octobre, quand les travailleurs de Berisso et d'Ensenada se lancèrent dans la rue exigeant la liberté de Perón. Il établit des contacts avec d'autres groupes et parcourut les quartiers ouvriers le 17, appelant à la manifestation et l'organisant ; il fut enfin l'un des rares chefs syndicaux à se retrouver Plaza de Mayo. Son jugement sur le rôle d'Eva Duarte est donc convaincant, au même titre que celui de Félix Luna dont l'impartialité ne peut être mise en doute :

« Eva n'eut aucun rôle important au cours de ces journées, ce qui ne diminue en rien son extraordinaire personnalité. Et elle ne put jouer aucun rôle pour la simple raison qu'Eva Perón n'était alors qu'Eva Duarte. Elle n'avait pas d'autres préoccupations politiques que celles qui découlaient des activités de son amant ; elle ne connaissait que les amis les plus intimes de Perón, elle avait peu de contacts avec des dirigeants syndicaux et l'irrégularité de sa situation lui interdisait l'accès des cercles militaires. »

Bouleversement historique dont l'importance dépassait la stature personnelle de ses acteurs, le 17 octobre 1945 eut pour seul et grand protagoniste les travailleurs argentins. Ignorant les tergiversations des dirigeants de la CGT et la menace latente d'une violente intervention armée, les ouvriers furent les seuls à démontrer de la clairvoyance et de la loyauté. A l'instant critique, leur présence massive et irrésistible suffit à modeler un épisode historique grâce à ce pouvoir mystérieux exercé par les peuples aux moments clefs de leur histoire.

Ce fut Eva Perón qui donna la meilleure interprétation de ces journées exceptionnelles en écrivant :

« La semaine d'octobre 1945 est un paysage empli de nombreuses ombres et lumières. Il vaut mieux ne pas trop s'en approcher et le regarder à nouveau de loin. Pendant cette semaine, la lumière ne vint que du peuple. »

Après quatre jours de repos dans la propriété de Ramón Subiza, à San Nicolás, le 22 octobre 1945, Juan Domingo Perón, veuf, militaire de profession et âgé de cinquante ans, contractait un mariage civil avec Eva María Duarte, célibataire, actrice, et déclarant avoir vingt-trois ans. Les témoins étaient le colonel Domingo Mercante et Juan Ramón Duarte. Perón portait un costume gris, Eva un tailleur ivoire. La cérémonie se déroula dans la plus stricte intimité.

C'est ici que s'arrête la chronique mondaine. Eva avait en réalité trois années de plus qu'elle ne le prétendait. Par coquetterie ? La raison était politique : appelée à la plus haute destinée, elle ne voulait pas apparaître comme un enfant adultérien ; Estela Grisolía, l'épouse légitime de Juan Duarte, était morte en 1922 ; fixer à cette année la date de naissance d'Eva, c'était révéler sa condition d'enfant naturel et Eva était très pointilleuse quant à son passé.

Le 29 novembre, le mariage religieux doit être repoussé à cause de péripéties diverses.

Ce matin-là, entourée de sa mère et de ses sœurs, Eva, debout devant l'autel de l'église de San Ponciano, dans la ville de La Plata, Eva attend vainement l'arrivée de Perón : averti d'un attentat possible dans le temple, le colonel préfère abandonner Eva à son sort et ne se rend pas à la cérémonie. Le mariage a lieu finalement le 10 décembre, dans la même église, après qu'on a pris les précautions d'usage. Les deux époux communient avec dévotion. Eva Duarte est maintenant la femme légitime de Perón, devant la loi et l'Eglise catholique, une Eglise tellement indispensable pour les projets politiques du colonel.

La liesse populaire du 17 octobre avait ouvert la voie à la présidence : les élections étaient fixées pour le 24 février 1946.

Pressé de cueillir les fruits de sa victoire, Perón convoqua Cipriano Reyes le 23 octobre 1945 — c'est-à-dire le lendemain de son mariage civil —, afin de créer une organisation politique, à base syndicale, d'appui à la candidature du colonel.

Le parti Travailliste fut constitué, « regroupement des travailleurs urbains et ruraux, dont le but sera de lutter pour l'émancipation politique, économique et sociale de la classe laborieuse, en élevant son niveau de vie et en améliorant ses conditions de travail ».

Le parti comprendrait des syndicats de travailleurs, des corporations, des cercles politiques et des membres individuels, « à l'exclusion des personnes ayant des idées réactionnaires ou totalitaires, et de celles appartenant à l'oligarchie ».

Le programme d'action, adopté par une assemblée qui regroupait quelque deux cents délégués, préconisait l'instauration d'une « démocratie intégrale », l'extension des droits politiques à la femme, la lutte contre la spéculation et la vie chère, la stabilisation de la monnaie, la création d'un salaire minimum et indexé, l'assurance-chômage et le droit à la retraite pour tous les travailleurs, la réduction de la journée de travail. Inspiré des décrets déjà signés par Perón quand il était secrétaire d'Etat au Travail, le programme d'action du parti Travailliste militait aussi pour la participation ouvrière au sein de l'entreprise, la nationalisation des moyens de production, la réduction des grandes propriétés et la distribution des terres à des coopératives et à des syndicats agraires, ainsi que pour la liquidation des cartels de la viande et du blé. Ces dernières revendications allaient au-delà des intentions de Perón qui n'y fit cependant aucune objection.

Copié sur le modèle anglais, le projet d'action consacrait l'affiliation directe des syndicats au parti Travailliste, disposition dont on verrait rapidement les dangers.

Pour Cipriano Reyes, Luis Gay et d'autres authentiques leaders syndicaux, le parti Travailliste naissait de la volonté d'accorder aux travailleurs une identité politique indépendante et efficiente, mais les vues de Perón étaient différentes : pour lui, la structure démocratique envisagée était incompatible avec le verticalisme autoritaire — centré sur sa personne — qu'il pensait imposer au mouvement. Toutefois il lui fallait encore trouver une base politique institutionnelle et enracinée dans le peuple à sa candidature présidentielle, il ne critiqua donc ni l'audace des propositions ni la structure démocratique.

La campagne électorale fut turbulente et passionnée.
Remis de la commotion du 17 octobre et résolus à empêcher la

résurrection politique de Perón, ses adversaires suscitèrent une coalition de partis, l' « Union Démocratique », formée de l'Union Civique Radicale, du parti Socialiste, du parti Démocrate-Progressiste, du parti Communiste, de l'Union Industrielle et de diverses organisations professionnelles et d'étudiants. José Tamborini était leur candidat à la présidence, et Enrique Mosca à la vice-présidence.

Juriste cultivé, sans ambitions politiques mais non dépourvu de caractère, Tamborini accepta de participer au combat poussé par ce qu'il jugeait être un devoir civique. Représentant des élites minoritaires, il pouvait compter sur l'adhésion des intellectuels et des démocrates opposés au populisme démagogique de Perón et à ses sympathies pronazies. Bien qu'il eût à ses côtés des personnalités connues, tel Alfredo Palacios ou Ricardo Rojas, il restait inconnu des masses ; en outre, au cours des réunions publiques, ses conseillers préféraient les exercices littéraires aux harangues politiques. Palacios termina un discours en citant le prophète Ezéchiel : « Et Jéhovah me dit : prophétise l'Esprit, prophétise le Fils de l'Homme et dis à l'Esprit : viens des quatre vents et souffle sur ces morts et ils vivront. » Quant à Rojas, il aimait réciter un de ses poèmes, « l'Albatros », dont les vers délicats étaient impossibles à comprendre pour les robustes gaillards des abattoirs.

Au même moment, Eva Perón vociférait sur les marchés le mot d'ordre : « Pas des livres, des espadrilles ! »

La lutte électorale se déroulait sur cet arrière-plan.

L'Union Démocratique était un regroupement de circonstances, hétérogène ainsi que le démontrait la présence conjointe des conservateurs et des communistes, mais elle était soutenue, en dépit de ses contradictions, par une partie importante de l'électorat argentin. Par contre l'Eglise catholique lui refusa son appui alors qu'il lui semblait logiquement acquis. Le 15 novembre 1945, le cardinal primat Santiago Luis Copello et les hauts dignitaires du clergé firent lire une lettre pastorale dans toutes les églises du pays, lettre interdisant aux catholiques de « voter pour des candidats favorables à la séparation de l'Eglise et de l'Etat, à la laïcité dans les écoles et au divorce légal ». Trois dispositions qui figuraient dans la plate-forme de l'Union Démocratique. Un évêque jeta l'anathème sur tout catholique qui voterait pour un candidat ou

un parti « ayant des relations avec les communistes ou les socialistes ».

Buenos Aires valait bien une messe ; Perón récompensa cette
grâce divine d'un pèlerinage ostentatoire au sanctuaire de la Vierge
de Luján, accompagné de son épouse légitime doña María Eva
Duarte de Perón. L'officiant pria publiquement pour la victoire
d'un militaire tellement dévot et demanda les bienfaits du Ciel pour
sa très digne conjointe.

Dès les premières escarmouches de la campagne électorale,
Perón oublie ses engagements avec le parti Travailliste et s'efforce
de plaire à tout le monde. Aux radicaux, il exprime à demi-mot son
désaccord avec certaines mesures du régime du président Farrell et
s'affirme disposé à certaines tractations politiques. Devant les
conservateurs, il souligne ses réticences vis-à-vis des radicaux. Dans
les milieux nationalistes, il condamne Braden et l'impérialisme
américain. Ces derniers l'entendent nier tout lien avec le régime
hitlérien. Lors d'une entrevue accordée au *New York Times,* il
déclare sans rougir : « Je serais capable de leur tordre le cou, aux
nazis. » Diverses pirouettes dialectiques lui permettent d'inventer
des similitudes entre le « New Deal » de Roosevelt et le programme du parti Travailliste argentin... Prudent et modéré quand il
donne son point de vue sur des questions économiques controver-
sées, il se déclare partisan de la libre entreprise et des investissements étrangers quand il s'adresse aux patrons de l'Union Industrielle, et opposé à la réforme agraire devant les membres de la
Société Rurale. « Je suis un conservateur au sens noble », prétend-
il le visage impassible.

Des gens aussi avisés que les radicaux, les conservateurs, les
industriels, les grands propriétaires terriens ou le clergé se lais-
saient-ils abuser par ce caméléon politique ? Ils se méfiaient des
déclarations mielleuses du colonel mais avaient tous le secret espoir
de l'utiliser à leur profit. « J'ai trouvé le militaire idéal pour être
manipulé », se vanta, auprès d'un collègue, un dirigeant radical
particulièrement clairvoyant, Arturo Jauretche. L'Eglise catholique voulait qu'il devînt le fer de lance contre la menace communiste et l'aristocratie, sans pour autant se départir de sa réserve,

pensait qu'on pouvait « domestiquer » Perón à l'instar de tant d'autres soldats précédemment.

Mais c'était Perón qui se servait d'eux. Il faisait semblant d'être trompé par ses adversaires potentiels pour mieux dissimuler ses manœuvres alambiquées. C'était une étape de la campagne électorale où Perón multipliait les déclarations modérées et conciliantes tandis que les forces policières dispersaient à coups de matraque les manifestants de l'Union Démocratique. L'agresseur se cachait sous le masque du sourire.

Les amis n'auraient pas droit à meilleur traitement. Avec la froideur du politicien ne se laissant pas aller au sentimentalisme, Perón les utilise à plein et s'en débarrasse quand ils le gênent. Le GOU, le parti Travailliste, Cipriano Reyes, Gay, Figuerola, Mercante, Miranda, seront remerciés, chacun à leur tour, de la même façon.

Une partie de l'opinion publique se dressait néanmoins, insensible à la dialectique et au charisme du colonel : les étudiants. Ses tentatives pour les séduire se révélèrent vaines, un de ses discours, au style académique et à la phraséologie prudente, fut accueilli par les sarcasmes de l'élite intellectuelle, ce qui rendit Perón furieux et envenima ses relations avec les milieux universitaires de Buenos Aires et de La Plata. Il lui fut aisé de pousser les ouvriers à crier dans les rues : « Pas des livres, des espadrilles ! », mot d'ordre rétrograde que Cipriano Reyes jugea bon d'expliquer par la suite :

« Les travailleurs savaient que ceux qui portaient des chaussures, et fréquentaient les universités, bien habillés et avec des livres sous le bras, n'étaient autres que les héritiers de la bourgeoisie politique et de l'oligarchie réactionnaire, détenteurs du pouvoir grâce à la fraude et à la violence ou soutenus par les grands intérêts internationaux. Les espadrilles possédaient une essence, une signification argentine, une humble image. Tous, depuis le gaucho ou l'ouvrier agricole jusqu'au travailleur des villes, avaient à leurs pieds ce morceau de toile et de corde, symbole de la pauvreté. »

Ce profond antagonisme se traduisait par des désordres constants, des occupations successives des locaux universitaires, un climat de violence chaque fois plus accentué au fur et à mesure qu'approchait la date des élections. Malgré ses efforts Perón incarnait pour de nombreux Argentins le déferlement des illettrés contre les élites, conflit qui revêtait en outre les caractéristiques d'une lutte des classes : l'Université avait toujours été le bastion de l'aristocratie et de la haute bourgeoisie, d'un accès presque impossible pour les couches populaires. Le populisme démagogique de Perón ne pouvait qu'éveiller des résistances, et ses méthodes, rappelant les procédés fascistes, susciter l'appréhension de ceux qui prévoyaient les excès entraînés par ces déviances totalitaires.

Les manœuvres pré-électorales prirent un tour favorable à Perón en raison d'une grossière erreur psychologique du département d'Etat des Etats-Unis, erreur commise à l'instigation du directeur du Latin American Desk, Spruille Braden.

Le 12 février 1946, un document officiel fut diffusé en Argentine et dans les autres pays du continent sous le titre : « Consultations entre les Républiques américaines au sujet de l'Argentine », ou « Livre bleu ». Rédigé avec la coopération d'un réfugié espagnol, Gustavo Durán, qui longtemps après serait accusé de communisme par le sénateur MacCarthy, le « Livre bleu » affirmait, documents à l'appui, que certains membres du gouvernement militaire argentin — allusion directe à Perón — avaient collaboré autrefois à des missions d'espionnage avec des agents de l'Axe et au détriment des alliés. Il ajoutait que des dirigeants nazis, sous couvert d'organisations diverses, conspiraient aux côtés de groupes totalitaires argentins en vue d'instaurer un Etat néo-nazi. Autres reproches : le gouvernement argentin voulait provoquer la chute des régimes voisins — autrement dit de la Bolivie — afin de contrarier l'aide prêtée par ceux-ci à l'effort militaire des alliés, notamment la fourniture de matières premières indispensables à l'industrie de guerre, par exemple l'étain, le cuivre ou le caoutchouc. Le gouvernement argentin essayait de sauvegarder le potentiel économique de l'Axe en transférant discrètement sur son territoire les capitaux et la technologie allemands.

Ces accusations étaient corroborées par des preuves tangibles, des documents dignes de foi, mais une ingérence aussi brutale dans les affaires intérieures de l'Argentine suscita une réaction contraire dans une grande partie de l'opinion publique. Chatouilleux sur le chapitre du nationalisme, les Argentins virent dans le « Livre bleu » un outrage à la souveraineté de la Nation plutôt qu'une attaque contre le candidat Perón.

Ce dernier ne tenta même pas de se disculper ; il sauta sur l'occasion et publia un « Livre Bleu et Blanc », couleurs du drapeau argentin, dont le titre constituait déjà une trouvaille. On y présentait le « Livre bleu » comme une insulte, un acte d'insolence, une inacceptable intromission. Que venait donc faire M. Braden dans ce pays libre ?

Perón ne s'en tint pas là. Dorénavant le slogan de sa campagne, apposé sur des milliers d'affiches, serait tout simplement : « Braden ou Perón », formule à l'efficacité percutante.

Perón déclara à un journaliste sans dissimuler sa satisfaction : « Je remercie M. Braden pour les voix qu'il m'a cédées. Si je parviens à gagner les deux tiers de l'électorat, j'en devrai un tiers à la propagande de Braden en ma faveur. »

Il disposait en outre d'un atout extraordinaire : Eva Perón.

CHAPITRE VII

Sa raison de vivre

« Mieux vaudrait ne pas avoir vécu que ne laisser aucune trace de son existence. »

NAPOLÉON.

Eva Duarte vécut, pendant cette semaine du 10 au 17 octobre 1945, une expérience traumatisante qui allait conditionner le reste de sa vie. Ces journées de tension et d'amertume firent disparaître à jamais l'artiste désireuse avant tout de conquérir une gloire éphémère et la richesse ; une femme plus affirmée, profonde et pathétique naissait : Eva Perón, le personnage historique.

Pour rompre définitivement avec son passé, Eva exigea de Jaime Yankelevitch qu'il lui rendît les négatifs de ses photographies publicitaires le lendemain de son mariage et coupa tout lien avec le monde théâtral. Dorénavant sa vie ne tendrait avec ferveur que vers un seul but : servir Perón.

Le servir, mais non pas comme une simple présentatrice de radio ou l'amante furtive de la rue Posadas. Eva veut maintenant brandir les privilèges de son nouveau statut, cette légitimité bourgeoise issue de son union.

En public, elle continue de manifester de l'adoration envers Perón et multiplie les dithyrambes : « Je ne conçois pas le ciel sans lui. » En privé son attitude s'avère critique et réticente. Quelque chose a changé depuis la scène tumultueuse de l'hôpital militaire, quand elle l'avait, d'une invective grossière, catapulté vers son destin. A le surprendre timoré, hésitant et dépourvu de la fibre

héroïque, l'admiration irraisonnée éprouvée jusqu'alors s'est fissu-
rée imperceptiblement ; sa loyauté pour son époux ne s'est pas
altérée mais Eva comprend, en découvrant cette faille psychologique, le prix de son aide et de sa bravoure pendant les campagnes
politiques du leader. C'est elle qui devra affronter les risques quand
le courage de Perón s'émoussera ; elle assumera les tâches ingrates
ou rebutantes, dressera son corps vibrant dans un milieu hérissé de
tempêtes. Protection ou aiguillon selon les circonstances, elle sera
la virilité de Perón. Saisie de ces craintes, Eva décide de participer
activement au processus électoral qui débute par une réunion
publique tenue le 14 décembre sur la Plaza de la República. La
voici au second plan, vigilante et inquiète telle une sentinelle.

Lors de la première tournée de Perón à l'intérieur du pays, elle
le rejoint à Santiago del Estero.

« Eva voyageait dans le dernier wagon, qui disposait d'une
petite salle à manger et d'un séjour. Très enthousiaste, elle était
toujours penchée à la fenêtre et saluait les gens. Perón, le visage
impassible, la freinait : " Calme-toi, cela commence à peine " », se
souvient un des membres de la suite.

Perón avait un sosie qui saluait les gens à sa place tandis qu'il
somnolait dans sa cabine. Le sosie — un employé des chemins de
fer — apparaissait souvent aux côtés d'Eva sans que personne
découvrît la supercherie.

Eva sut capter dès le premier instant l'imagination et la
sympathie des foules provinciales. Les journaux publiaient chaque
jour des photographies de cette femme jeune, séduisante, aux yeux
rayonnants, entourée de centaines de personnes s'entrebattant
pour l'approcher. On notait aussi la présence de femmes nombreuses et de tous âges, éblouies par cette jeune fille exubérante vouée à
des activités politiques que l'on réservait autrefois à des hommes
épais et sentencieux.

Phénomène singulier : sans raison apparente, chaque apparition du couple suscite un climat d'allégresse, comme si les gens se
trouvaient en vacances.

Des assemblées bigarrées se pressent dans les gares ; les
gauchos, en costume traditionnel, se pavanent sur leurs fiers
coursiers tandis que des fillettes rougissantes aux longues tresses
noires et aux jupes multicolores agitent des drapeaux bleu et blanc
et crient « Evita ! ». A Salta, deux cents cavaliers déguisés en

guérilleros de Güemes accompagnent Perón et son épouse jusqu'au centre de la ville, au son des zambas et des chacareras [1], dans une bousculade populaire pleine de bruits et de couleurs.

L'Argentine tout entière semble en fête. « Pendant la campagne pour la première présidence, l'enthousiasme des gens était extraordinaire. Je n'ai jamais vu autant de personnes acclamer un individu de cette façon. On faisait n'importe quoi pour voir et toucher Perón ou Evita. Sur le quai nous étions un peu inquiets, mais Evita traitait malgré tout les gens affectueusement », déclare un témoin.

En cas de danger, Evita fait face sans manifester la moindre crainte. Le convoi réduit sa vitesse en traversant la ville de Metán, dans la province de Salta. Soudain, un inconnu lance une poignée de clous et d'objets métalliques à travers la vitre du compartiment occupé par le couple. D'un saut Eva se jette devant Perón : « Qu'on me tue, mais pas lui ! » Réaction mélodramatique mais sincère.

Le premier attentat grave se produisit au cours d'un voyage à Rosario : on avait sectionné et limé un axe de roues sous leur voiture ce qui manqua de faire dérailler le train. Eva sauta promptement à terre pour élucider les causes de l'accident, Perón s'enferma dans sa cabine. Elle accumulait les motifs de tension, il se reposait.

Perón et Eva parcourent pendant plusieurs semaines la plupart des provinces argentines. Un train spécial, « El Descamisado », sorte de caravane de cirque recouverte de slogans, sillonne la Pampa selon un itinéraire soigneusement composé.

« El Descamisado » suscite à la fois les acclamations et les désordres. Le 25 janvier 1946, alors que le train va quitter la gare Retiro pour San Juan, Mendoza et San Luis, une furieuse échauffourée éclate entre ses partisans et des manifestants de l'Union Démocratique ; bilan : un mort et quinze blessés. Invariablement, le convoi arrivait et repartait en retard, bloqué par les foules qui lui bloquaient le passage. Il en fut ainsi à Junín, et l'on imagine les sentiments d'Eva à retrouver ce lieu peuplé par les souvenirs de son enfance. Elle y manifesta en tout une indifférence

1. Danses populaires argentines (*N.d.T.*).

glaciale, non sans reprocher discrètement à sa sœur Elisa de ne pas avoir réuni plus de gens à la gare.

Cela faillit être son dernier voyage : le lendemain, près de Río Cuarto dans la province de Córdoba, la police découvrit une puissante charge explosive dissimulée sous la voie ferrée quelques minutes avant qu'elle n'explosât.

Une autre tournée, remontant maintenant le fleuve Paraná, conduit le couple à Rosario, Corrientes et Resistencia, entre deux files d'admirateurs qui, depuis les berges, agitent des mouchoirs et crient : « Perón ! Perón ! Evita ! Evita ! » Dans un discours prononcé à Paraná le colonel compare le 17 octobre à la Révolution française et la pacifique concentration populaire de ce jour-là, devant la Casa Rosada, à la prise de la Bastille. L'allusion est transparente : Napoléon arrive. Des audaces oratoires bonnes pour Paraná, mais l'Argentine toute entière en entendra de bien plus grandes.

Eva n'ose pas encore parler en public et son rôle est purement décoratif. Elle change de vêtements deux ou trois fois par jour (« ils aiment me voir belle ») et apparaît toujours élégante ; afin de mortifier Perón, les journaux de l'Union Démocratique répandent la nouvelle qu'elle — la reine des « descamisados » — porte des modèles des grands couturiers français, perfidie qui bien loin de nuire à Eva augmente sa popularité et éveille un grand mouvement de curiosité.

Autrefois absentes de ce genre de manifestations politiques, les femmes y venaient maintenant en nombre croissant, et leur tournure d'esprit folâtre et réjouie tempérait l'âpreté de la lutte électorale. Il s'agissait plutôt d'admirer Eva que d'applaudir le colonel ; de nombreux soldats et politiciens avaient traversé ces villages au cours des campagnes précédentes sans que leur présence raide ou martiale sucitât un intérêt féminin. Eva fournissait de l'inédit : sa splendide jeunesse. Une jeune fille, vingt-six ans à peine, mêlée à un combat de mâles pouvant être son père. En outre ces femmes s'identifiaient à elle en raison de son origine modeste, elles se sentaient représentées par Eva, sa cause était la leur ; « je suis une humble femme du peuple », prétendait-elle, malgré ses toilettes, perles et émeraudes.

Une humble femme du peuple qui, en intervenant dans le

domaine de la politique, renversait les tabous et créait un précédent.

Peu de femmes argentines ont réussi à échapper à l'anonymat : Manuela Pedraza et Martina Céspedes, « cantinières » bataillant contre les Anglais lors des invasions du XIXe siècle ; María Remedios Valla, héroïne de l'Indépendance ; la courageuse « Machaca », sœur et compagne de Martín Güemes ; peut-être Encarnación Ezcurra, l'épouse de Juan Manuel de Rosas. Les autres ne sont pas aussi belliqueuses ; êtres passifs et tourmentés, elles glissent dans l'histoire à pas feutrés : Remedios de Escalada, la « douce et résignée épouse » de San Martín, le Libérateur ; Manuelita Rosas, fille de Juan Manuel ; Juana Manuela Gorriti de Belzu, poétesse exilée en Bolivie, femme et amante de président, l'image romantique de toute une époque.

Silhouettes fugaces et éthérées, s'évanouissant telles des ombres dans le tumultueux devenir politique argentin et sa chanson de geste virile. Eva Perón était-elle d'un calibre différent pour ces multitudes féminines qui l'acclamaient ? Annonçait-elle le réveil de la femme argentine ?

Instruite par l'expérience du 17 octobre, Eva aspire à ne pas jouer le simple rôle d'agent des relations publiques de Perón. Elle ne le contredit pas devant les étrangers, mais tente de faire prévaloir ses points de vue dès qu'ils se trouvent seul à seul. Au cours du premier voyage, elle a déjà opposé son veto à la candidature éventuelle de Bramuglia pour le poste de gouverneur de la province de Buenos Aires, Bramuglia, le traître ainsi qu'elle l'appelle, cet avocat qui lui avait refusé la procédure d'habeas corpus en faveur de Perón et que ce dernier s'est néanmoins engagé à soutenir. L'obstination d'Eva finira par l'emporter : elle fera désigner le colonel Mercante à ce poste. A l'avenir elle interviendra pour toutes les nominations importantes et ses refus pourront s'avérer décisifs.

Les tournées de Perón et d'Eva à l'intérieur du pays obéissent à un objectif politique précis : gagner les élections de février. Il s'agit de voyages rapides, ponctués d'étapes fébriles, avec des discours, des bouquets de fleurs, des défilés et des requêtes, rien qui permette à Eva de découvrir les facettes multiples de la réalité sociale argentine. Les apparences cachent la situation précaire de vastes secteurs du peuple, ce peuple qui précisément lui témoigne une admiration joyeuse et naïve. Ce n'est pas qu'Eva éprouve un manque d'intérêt ou de l'indifférence ; elle n'ignore pas non plus les effets de la mortalité infantile à Jujuy, de la malnutrition à San Luis ou de l'analphabétisme à Corrientes, toutes choses dont elle avait entendu parler depuis son enfance, mais l'épouse du candidat passe par d'autres états d'âme, ne laisse pas entrevoir, au cours de ses visites, sa sensibilité sociale.

Eva se trouvait dans une situation transitoire qu'elle allait dépasser ; elle bouillait intérieurement d'une charge émotionnelle accumulée pendant tant d'années et sur le point de briser les digues qui la retenaient prisonnière.

« Vous devez comprendre que moi, en tant que femme du peuple, je lutterai comme le colonel qui, ayant embrassé la cause des " descamisados ", poursuit un idéal n'admettant ni la trahison, ni les renoncements. Nous voulons une Argentine pacifique, puissante et souveraine et une masse laborieuse unie et heureuse comme aucune autre dans le monde. Et pour obtenir ce résultat, nous ne devons pas écouter ces messieurs qui apportent des doctrines étrangères et parlent de grèves afin de briser ce mouvement magnifique. »

Eva a bien appris son discours ; mais quand elle essaye de le prononcer, le 8 février 1946, le public masculin réuni au Luna Park organise un chahut monstre et couvre sa voix. Elle apprend ce jour-là que Buenos Aires n'est pas la province ; le baptême oratoire s'achève par un fiasco : les hommes exigent la présence de Perón, les femmes réagissent, c'est une gigantesque mêlée. Scandalisé par l'attitude des mâles, le public féminin organise une manifestation le long de l'avenue Corrientes, attaquant sur le parcours tous ceux qui refusent d'acclamer Eva. La violence s'accroît dans de telles proportions que la police se voit contrainte à user de gaz lacrymogènes pour disperser ces harpies. Les femmes résistent à plusieurs charges des agents, tandis que les « machos » n'en croient pas leurs yeux. Qu'arrive-t-il donc à l'Argentine ?

Le 20 février 1946 est constitué le Comité Féminin « María Eva Duarte de Perón », premier groupement politique à porter ce nom.

Cette force nouvelle est destinée à éliminer les déséquilibres existant jusqu'alors. Eva promet que Perón accordera le droit de vote aux femmes s'il est élu ; l'Union Démocratique s'empresse d'en faire autant, mais c'est Eva qu'elles écoutent, une femme qui parle leur langage. Ainsi les femmes se politisent pour la première fois dans l'histoire de l'Argentine ; elles s'apprêtent à participer à la lutte électorale rangées derrière leur instigatrice et porte-drapeau, Eva.

Les élections surprirent les observateurs nationaux et étrangers par leur correction, et consacrèrent la victoire de Juan Domingo Perón, le 24 février 1946. Sa victoire — il avait été élu président par 1 479 511 voix contre 1 210 822 à son adversaire, José Tamborini — fut assez nette pour que le pays reconnût la légitimité de son triomphe. La majorité des Argentins avaient voté pour Perón afin de rompre avec le passé, pour protester contre les nombreuses violations de leurs droits civiques.

Perón s'imposa grâce aux votes massifs des travailleurs et de la classe moyenne, son élection fut considérée comme étant la suite logique des événements du 17 octobre 1946.

Le scrutin mit aussi en évidence le degré de division de l'opinion publique. L'Union Démocratique représentait en effet un grand nombre de citoyens, et ses deux candidats, Tamborini et Mosca, deux honorables politiciens emplis de bonnes intentions, avaient manqué surtout d'emprise populaire et d'ambition. La campagne ne fit pas s'affronter seulement deux hommes, mais aussi deux styles issus de deux mondes antagoniques. Perón apparaissait alors comme l'envoyé du destin, celui qui devait mettre en pratique les aspirations cachées des couches défavorisées. La petite bourgeoisie voyait en lui un guide capable d'en finir avec cet état de dépendance externe et de susciter un processus de développement autonome. En somme le continuateur de l'œuvre d'Yrigoyen, interrompue depuis seize années.

Le succès de Perón fut la réponse révolutionnaire des Argentins à la crise du système de la libre entreprise, une crise due à la dépression économique mondiale de 1929. Il entraînerait d'immenses répercussions : la modification des structures institutionnelles et sociales, des méthodes de production et de redistribution du revenu national, du mécanisme des prises de décisions étatiques, autrement dit de l'ensemble de la société argentine.

Certes, on devait pour une bonne part le progrès matériel national aux investissements étrangers, mais ceux-ci avaient créé une situation de dépendance néfaste à la longue. Les chemins de fer, les industries de la laine et de la viande, le grand commerce étaient contrôlés et monopolisés depuis des places périphériques, la City de Londres ou Wall Street. Avec Perón surgissait la possibilité de récupérer une relative indépendance économique ce qui lui valut l'appui des éléments nationalistes, et d'autres aussi qui, sans l'être, voulaient se débarrasser de la mainmise des capitalistes étrangers.

La conjoncture historique s'avérait favorable : la Seconde Guerre mondiale avait permis l'accumulation de réserves monétaires substantielles, ainsi que la reconquête des marchés internationaux de la viande et du blé.

On espérait que Perón, en utilisant ces ressources avec imagination et bon sens, placerait le pays sur la voie de l'autonomie industrielle par une exploitation efficace de ses richesses naturelles. Certains votèrent pour lui dans ce but, qui n'étaient pas ses partisans. Il bénéficia d'un autre facteur exceptionnel : le pays traversait dans son ensemble une période de bien-être économique défavorable à la propagande d'extrême-gauche ; Perón profita de cette situation pour s'assurer aisément le contrôle du mouvement ouvrier.

Ce phénomène ne fut pas, ou ne voulut pas être perçu par le département d'Etat, s'obstinant dans une attitude soupçonneuse et hostile à l'égard de Perón. Avec un peu de subtilité les Américains auraient pu faire de Perón leur allié, mais ils étaient coutumiers de ce genre d'erreur.

Pour comprendre l'opposition américaine à ce dirigeant mettant en œuvre une politique anticommuniste, il faut se rappeler que les Etats-Unis et l'Union Soviétique — alliés précaires entre 1945 et 1948 — abominaient le nazisme et désiraient en effacer les traces monstrueuses, ce qui expliquait aussi bien le « Livre Bleu » que les campagnes de Braden contre Perón.

Au plan intérieur, le triomphe de Perón réhabilita la province vis-à-vis de la capitale fédérale, c'est-à-dire le « cabecita negra »[1] face à l'habitant de Buenos Aires appartenant à la moyenne ou à la grande bourgeoisie. Jusqu'à cette date, Buenos Aires avait imposé sa volonté avec un mépris évident pour le reste du pays, non consulté et souvent pas même informé. Les accords politiques ou les nominations importantes se faisaient en petit comité hermétique, civil ou militaire, dans lequel la présence d'un représentant de l'intérieur n'avait qu'une valeur symbolique.

Perón parvint à s'imposer malgré les partis traditionnels et un vaste secteur de l'armée, dans des élections que tous, amis et adversaires, reconnurent comme légitimes, ce qui était un événement extrêmement rare en Amérique Latine.

Dernier trait caractéristique de l'essor péroniste : il ne fut pas précédé de luttes sanglantes ou d'une crise économique aiguë. Bien au contraire, le péronisme fut engendré et surgit lors d'une période d'expansion provoquée par l'après-guerre, d'où ses contradictions et sa faiblesse.

Ces observations découlent d'une analyse de la carte mondiale et des circonstances de l'heure mais une question brûle les lèvres : sur l'échiquier du triomphe, la reine (Eva Perón) joua-t-elle des coups décisifs ?

Si l'on s'arrête aux causes profondes, on en déduirait que Perón devait gagner les élections, avec ou sans son épouse. Il était possible, même, que l'exaspération suscitée par Evita dans certains milieux exacerbât des résistances. Les femmes ne détenaient pas encore le droit de vote en 1946 ; aussi enthousiaste fût-elle, leur adhésion ne se traduisait pas par des suffrages directs, mais elle créait une atmosphère contrastant avec l'indifférence cynique qui entourait les scrutins précédents, des scrutins que l'on savait joués d'avance et truqués. Eva exerça donc une influence indirecte et, d'une certaine façon, non négligeable. Ses emportements oratoires, son enthousiasme juvénile, son inexpérience politique constituèrent autant de facteurs positifs dans la campagne du colonel. Elle symbolisait une espérance rénovatrice, et sa blonde prestance annonçait pour beaucoup une aube nouvelle. Perón provoquait l'exaltation populaire, Eva en était l'indispensable couronnement ;

1. Petite tête noire, appellation méprisante des provinciaux par les gens de la capitale (*N.d.T.*).

l'un et l'autre ne faisaient qu'un pour les foules habituées désormais à les voir ensemble.

Le peuple argentin accordait toute sa confiance au couple avec l'espoir de ne pas être déçu ; acte de foi qui se nourrissait de cruels désenchantements passés et d'aspirations renaissantes pour un avenir meilleur. Eva était acclamée plutôt pour ce qu'on attendait d'elle, qui était énorme, que pour ce qu'elle avait déjà réalisé, presque rien. Eperonnée par cette responsabilité, se sachant dépositaire de ce capital, Eva se lança vers son destin historique avec la ferveur d'un croisé médiéval et le manque de scrupules d'un condottiere de la Renaissance.

Au cours de la campagne électorale elle s'était engagée à obtenir le droit de vote pour les femmes. Elle s'attaqua à cette première tâche quand Perón assuma le pouvoir.

L'ampleur du problème était à la mesure de la fermeté de sa résolution : en 1935, le Congrès avait essayé de restreindre les droits civiques de la femme en lui interdisant de disposer du produit de son travail, d'administrer ses biens, de constituer des sociétés civiles ou d'accepter des donations sans l'autorisation préalable du mari. En somme un retour au code Napoléon.

Pendant la vie d'Eva Perón, des causes qu'elle adoptait pour des motifs secondaires acquirent souvent une dimension supérieure. Elle se trouva ainsi diriger un courant civique d'une force inespérée alors que son activisme féministe initial ne visait qu'à servir Perón. L'intérêt politique de ce dernier réclamait que les femmes pussent exercer leur droit de vote lors des futures élections présidentielles, quatre ans plus tard. Il fallait donc le leur faire obtenir auparavant. Cette manœuvre électorale dépassa ses objectifs et se transforma en une réforme sociale destinée à glorifier la femme argentine et à détruire des préjugés archaïques quant à son rang dans la communauté. « On a toujours tenu les femmes pour de simples esclaves. Toutes, nous devons lutter pour obtenir des droits identiques et pour occuper la même place que les hommes », proclama Eva.

Et de pourfendre ensuite les principes derrière lesquels se retranchaient les féodalités masculines.

Dans une assemblée de femmes :

« La femme du président de la République, qui vous parle, n'est qu'une Argentine comme les autres, la camarade Evita, bataillant pour défendre les revendications de millions de femmes injustement privées de ce qui est essentiel dans chaque conscience : la volonté de choisir, la volonté de surveiller, depuis l'enceinte sacrée du foyer, la marche merveilleuse de son propre pays.

« Mes sœurs : le vote féminin sera l'arme qui fera de nos foyers le sanctuaire suprême et inviolable d'une conduite publique. Le vote féminin sera le premier recours et le dernier... »

Paroles qui contrastaient avec l'un des dogmes de la politique argentine d'alors : « Dans cette terre de mâles, les femmes ne votent pas. » Tout simplement.

Aiguillonnée par la force d'inertie qu'elle observait même chez les législateurs péronistes, Eva redoubla de vigueur contre ces bastions rétrogrades.

Au mépris des règles protocolaires elle n'hésitait pas à multiplier ses interventions auprès des députés afin de hâter le vote de la loi. Elle fit un jour irruption dans une commission parlementaire, pendant la discussion du projet, secouant les présents avec une désinvolture qui les laissa pantois :

« Allons les enfants, il faut se dépêcher ! »

Habitués à d'onctueuses critiques, beaucoup réprouvent cette insolence. Un des opposants, Ernesto Sanmartino, dépose un projet de loi selon lequel « les épouses des fonctionnaires, des politiciens et des militaires ne peuvent jouir ni des honneurs, ni des prérogatives attachées aux fonctions de leur mari, ni représenter ceux-ci au cours des manifestations publiques ». Décochée à l'évidence contre Eva, la flèche provoque une réaction prévisible : à sa campagne en faveur du vote féminin, l'épouse présidentielle en rajoute une autre, visant à accorder « à chaque femme mariée une quantité mensuelle à partir, du premier jour de son mariage. Un salaire rétribuant les mères de toute la nation et provenant de tous ceux qui travaillent dans le pays, y compris les femmes ». Une idée qui serait encore révolutionnaire aujourd'hui, dans des pays plus avancés socialement que l'Argentine d'alors, et dont on peut imaginer l'effet produit en 1946.

Eva suggéra que « cette quantité pourrait être au départ égale à la moitié du salaire moyen mensuel... Ensuite il y aurait une augmentation pour chaque enfant, des améliorations en cas de veuvage ou de service militaire du travailleur ». L'initiative était prématurée mais elle venait d'une femme qui, bien qu'ignorante en matière de législation sociale et de finances publiques, traquait les injustices, les dénonçait et s'efforçait de les détruire.

Qualifiées moqueusement de naïves, ou d'utopiques, les propositions d'Eva devançaient d'un quart de siècle les mouvements féministes américains en vogue au cours des années soixante. A cette différence près : Eva insistait sur la féminité comme instrument de la défense des droits et prérogatives des femmes. Le féminisme n'entraînait pas l'obligation d'être antiféminine, ni de s'enrôler dans ce « noyau de femmes pleines de ressentiment contre l'homme et la femme, et dont la vocation première fut sans aucun doute d'être des hommes », selon ses propres termes.

Elle affirmait encore : « Nous, nous ne sommes pas comme les hommes. Ils peuvent vivre seuls, pas nous. Nous avons besoin d'une compagnie, d'une compagnie absolue. Nous éprouvons le besoin de donner, plutôt que de recevoir. »

Fruit de son engagement, la loi — dénommée à juste titre « loi Evita » — fut votée le 23 septembre 1947. Son article premier stipulait que les femmes argentines auraient les mêmes droits politiques et seraient soumises aux mêmes obligations que les hommes argentins.

Eva exultait ; elle appela à une manifestation féminine, Plaza de Mayo, et s'écria depuis un balcon de la Casa Rosada :

« Mes sœurs ! Je reçois à l'instant même, des mains du gouvernement de la Nation, le texte de loi qui consacre nos droits civiques... Voici, mes chères sœurs, résumée en quelques articles d'une écriture serrée, la longue histoire des luttes, des échecs et des espoirs... Et cela se traduit finalement par la victoire de la femme sur les incompréhensions, les compromissions et les intérêts acquis des castes rejetées par notre réveil national. »

L'ancienne actrice des théâtres de l'avenue Corrientes avait trouvé le décor idéal, répondant à sa vocation de guider les foules, et l'accent qui correspondait à sa nature profonde.

Pendant les cinq années qui lui restaient à vivre Eva allait verser deux fois des larmes à ce balcon de la Casa Rosada : larmes de joie cette fois-ci, larmes d'impuissance devant la mort cinq années plus tard.

Eva ne se tint pas pour satisfaite. Selon elle, l'obtention du droit de vote n'était qu'un premier pas dans un long processus qui devait rendre sa dignité à la femme. Elle se fixait comme objectif, lointain bien qu'accessible, de corriger absolument toutes les inégalités entre Argentin et Argentine, ce qui impliquait en premier lieu une égalité de droits et de devoirs.

« Nous avons, mes sœurs, une haute mission à accomplir : lutter en faveur de la paix. Mais la lutte en faveur de la paix constitue aussi une guerre... Une guerre sans quartier contre ceux qui veulent lancer à nouveau contre notre peuple l'injustice et la servitude », devait-elle dire trois ans après, quand elle s'efforçait de donner au mouvement féminin un contenu politique, sous la dénomination de « Parti Péroniste Féminin ».

Imitant le style simple — et parfois simpliste — de Perón, les idées d'Eva sur le rôle de la femme dans le monde contemporain ne manquaient pas de cohérence, sinon d'originalité. Elle regrettait « la grande absence » de la femme dans les institutions représentatives et dans les organes de décision à l'échelle mondiale. « Nous sommes absentes des gouvernements. Nous sommes absentes des parlements. Dans les organisations internationales. Nous ne sommes ni au Vatican ni au Kremlin. Ni dans les consortiums. Ni chez les francs-maçons ni dans les sociétés secrètes. Et pourtant, à l'heure de l'agonie et dans toutes les heures amères de l'humanité, nous avons toujours été présentes. » On a suggéré que ces conceptions lui étaient soufflées par des tiers, mais on travestissait ainsi la vérité : la conduite ultérieure d'Eva a démontré clairement qu'elle « sentait » ces problèmes comme partie intégrante de son essence de femme, qu'elle en devinait l'importance et la gravité. Son mérite était d'autant plus grand qu'elle possédait une culture générale insuffisante et qu'elle venait d'un milieu où régnait le machisme ; elle était en outre la compagne d'un homme dominateur : Perón.

Au plus profond d'elle-même, ses activités futures en faveur des femmes argentines obéissent à des impulsions engendrées dans son être débordant de générosité et nourries des frustrations de son enfance. L'Argentine connut dès lors deux « Casas Rosadas » : la première, traditionnelle, se trouvait Plaza de Mayo ; la seconde, nouvelle, à deux cents mètres, dans un bureau du secrétariat d'Etat au Travail, rue Perú. Le mari soliloquait dans l'une, l'épouse travaillait dans l'autre.

Sans remplir aucune fonction officielle — « Je ne pourrai jamais être fonctionnaire, cela revient à s'attacher à un système, à s'enchaîner à la grande machine de l'Etat. » —, et avec des attributions très vastes en raison de leur imprécision, Eva se retrouva investie d'un pouvoir à peine inférieur à celui du président de la Nation. Son activité devenait fébrile : elle recevait chaque jour des dizaines de personnes, de tous les milieux sociaux, transmettait des ordres par téléphone aux quatre points cardinaux du pays, envoyait des émissaires, examinait requêtes et correspondance, convoquait des représentants des partis politiques et des parlementaires. C'est ainsi qu'elle avait obtenu le vote de la loi sur le suffrage des femmes.

Elle s'avérait moins souple que Perón dans ses relations avec son secrétariat, lui imposant des journées de travail qui pouvaient aussi bien durer dix ou quinze heures. Autoritaire, impatiente, elle tolérait difficilement les excuses ou les incertitudes et pouvait se montrer revêche et coupante avec ses interlocuteurs. Perón éveillait la sympathie, Eva faisait régner la peur. Maintenant, son entourage l'appelait « Madame », et il était fort rare qu'on osât la contrarier. « Il ne faut surtout pas la contredire », telle était la consigne. A l'évidence, elle se détachait peu à peu de Perón, malgré d'exagérés éloges publics à son égard : « Perón est un météore qui se consume pour éclairer ce siècle ; ce n'est pas un politicien, c'est un guide, un génie, un maître, un meneur, pas seulement des Argentins, mais de tous les hommes de bonne volonté. » Sans prétendre au premier rang, et laissant à Perón la gloire et les honneurs, Eva s'occupa alors des nominations administratives, des élections syndicales ; elle resserra aussi ses liens avec les organisations féminines et, d'une façon générale, avec les personnes ou entités n'ayant pas facilement accès au président.

Au cours du premier semestre 1947, Eva prononça vingt discours, sur des sujets aussi variés que les droits de la femme, la jeunesse, le suffrage féminin, la justice sociale et le destin politique de l'Amérique. Consciente de son inexpérience culturelle, elle n'osait pas encore improviser et en confiait la rédaction à Muñoz Azpiri ou à d'autres.

Elle voulut aussi s'imprégner des problèmes syndicaux. José Presta, dirigeant à cette époque de la corporation des travailleurs de la viande, raconte : « Eva se montra prudente, protocolaire, avare en paroles. J'eus l'impression qu'elle avait honte de parler en public. Elle répétait deux ou trois fois les mêmes arguments sous une forme différente, avec des mots différents. De temps en temps, elle demandait : " Vous comprenez ce que je veux dire ? " En tout cas, sa sympathie personnelle réussit à franchir élégamment les embûches de l'entrevue Nous étions venus lui soumettre un problème que nous avions avec les communistes, un problème très difficile à résoudre. Elle nous demanda de lui expliquer la situation bien à fond. Il nous arriva d'avoir à lui répéter les mêmes choses plusieurs fois, et elle comprit soudain le problème dans son ensemble et nous proposa une solution à laquelle nous n'avions pas pensé le moins du monde. »

Intuitive et rapide dans ses décisions, elle agit souvent sans consulter Perón. Afin d'aider le candidat péroniste à des élections internes de la Fédération Graphique de Buenos Aires, Eva décréta la mobilisation des automobiles disponibles au secrétariat au Travail ; les adhérents péronistes dispersés aux quatre coins de la ville furent ainsi conduits aux bureaux de vote et ce renfort fit gagner les élections.

Perón l'utilisait à sa façon. Quand il ne désirait pas intervenir directement dans un problème syndical, il renvoyait les intéressés à sa femme. « Allez donc voir Evita », disait-il avec un clin d'œil malicieux et un sourire complice. Une méthode comportant toutefois certains risques qu'il put bientôt mesurer : un comité des ouvriers de la force électrique suivit son conseil, se rendant auprès d'Eva pour réclamer une augmentation de salaires de cinq pour cent :

« Mais vous êtes fous, mes enfants ! »

Etonnement des travailleurs ; l'un d'entre eux se risque à demander :

« Pourquoi, madame ?

— Parce que cinq pour cent, c'est très peu, vous devez demander dix pour cent. »

Et sur ces mots Eva décroche le téléphone, appelle le chef d'entreprise et obtient les dix pour cent à la grande stupéfaction des travailleurs. Un autre jour, la voici qui fait irruption au beau milieu d'une séance du Sénat pour exiger la nomination de certains juges. Le scandale est retentissant : il ne s'agissait plus d'une affaire administrative mais de l'ingérence de l'épouse du président dans un domaine qui n'était pas de sa compétence, ingérence vouée à l'échec.

Eva transgressait les normes et les conventions et semblait y prendre un malin plaisir ; comme animée d'un désir de revanche, elle s'amusait à mortifier et à humilier les victimes de sa disgrâce, sans tenir compte de leur place hiérarchique ou rang social. Tandis que Perón discutait, dans sa résidence présidentielle, avec un ministre, gouverneur ou chef militaire, il était fréquent qu'Eva se trouvât au même endroit, faisant jouer ses chiens favoris. Perón n'osait pas lui faire une remarque.

A l'inverse, elle avait parfois des traits d'une courtoisie charmante avec les gens qui lui plaisaient. Par exemple quand elle demanda un crayon et du papier afin de donner l'adresse de la résidence présidentielle à la femme de l'ambassadeur américain qui lui rendait visite.

En somme, à exercer depuis quelques mois seulement les fonctions de première dame de l'Argentine, elle avait déjà mis en évidence son manque de maturité pour les questions formelles ou protocolaires, fait naître des espoirs chez les travailleurs et exacerbé les craintes secrètes de l'oligarchie : une femme exceptionnelle avait envahi la scène politique, femme dont on pouvait attendre le pire et le meilleur. Perón lui-même figurait parmi les plus surpris en découvrant, dans ce qu'il croyait être un instrument malléable, une personnalité exubérante et pleine de vitalité, loyale mais difficile à manier.

Un être allergique à l'inactivité malgré sa santé défaillante. Le 1er août 1946, Eva tombe malade, harassée par le rythme frénétique de la campagne électorale, et les médecins ont le plus grand mal à lui imposer quelques jours de repos ; elle continue à recevoir des visites, à dicter des lettres et à distribuer des ordres depuis son lit. A sa femme de chambre, Irma Ferrari, qui lui conseille de réduire ses efforts, elle répond : « Je dors trop pour tout ce que j'ai à faire. » Perón s'inquiète : la santé fragile d'Eva ne peut pas s'expliquer par une simple fatigue nerveuse, l'anémie persistante dont elle souffrait pendant son enfance a dû laisser des traces dans son organisme. Son visage est empreint d'une pâleur mortelle, des ombres profondes creusent ses yeux et accentuent son aspect émacié. La pression artérielle baisse et elle s'épuise facilement. Elle maigrit de toute évidence. Eva se sait malade ; malgré ses bravades, peut-être la peur de mourir aiguillonne-t-elle sa frénésie, peut-être devine-t-elle que ses jours sont comptés.

Cette prémonition d'une mort prochaine joua un rôle décisif dans la nouvelle existence d'Eva et permet de mieux comprendre la plupart de ses actes. Au fur et à mesure que les symptômes se font plus précis, sa conduite devient moins sereine, ses sentiments plus entiers, son action plus intense et son désespoir plus insondable.

Cette menace permanente, qui modèlera ses dernières heures, la purifiant à travers la souffrance physique, assombrit sa vie et accroît son respect pour les humbles.

Ecoutons Francisco Mileo, chef de la garde personnelle d'Eva :

« Nous allions à San Vicente, dans l'escorte du général et d'Evita. A Sarandí, alors que le cortège de voitures arrivait à un passage à niveau, l'automobile présidentielle sortit de la file et s'avança de quelques mètres. Présent à cet endroit, un agent ordonna au chauffeur de regagner immédiatement sa place. Le général se rendit compte de l'incident et m'envoya auprès de l'agent. Celui-ci me répondit que la loi était la même pour tous. Le scandale fut tel que le général ordonna l'arrestation du policier, après quoi la caravane se remit en route. Pendant le trajet, Eva suppliait le général : " Juan, pardonne-lui, s'il te plaît, il n'a fait que son devoir. " Mais le général restait inflexible. En arrivant à San Vicente Eva me prit à part et me dit : " Mileo, qu'on libère cet homme. Ah ! Une autre chose ! Qu'il soit immédiatement promu à un grade supérieur. " »

L'anecdote est doublement révélatrice, de la probité et du sens de la justice d'Eva, ainsi que de la mentalité de satrape oriental de Perón quand on osait le contrarier. Au sommet, Eva réagit mue par la compassion ; Perón se place au-dessus des lois. Les oligarques exécrés n'auraient pas eu un comportement plus arbitraire, comportement d'autant plus inexcusable chez celui qui se prétendait le champion de la justice sociale.

Des épisodes de ce genre révèlent la distance de plus en plus grande entre Eva et le président. Quelle métamorphose, depuis l'époque, déjà lointaine, où elle refusait à une artiste quelques minutes pour allaiter son enfant ! Au contraire, l'exercice long et solitaire du pouvoir durcit Perón et affaiblit les qualités humaines qu'il exprimait au début de sa vie publique.

A son zénith, Eva sera une femme assez mélancolique, dépourvue de l'euphorie épicurienne de Perón. Un peu avant que ce dernier n'assumât la présidence, lors d'une visite d'Eva à Tucumán, une estrade s'effondra sur la foule et tua quinze personnes. Informée de la catastrophe et s'en considérant comme la responsable indirecte, elle tint à parcourir la morgue de l'hôpital où reposaient les restes des victimes. En pénétrant dans la salle elle eut une défaillance dont elle se remit en quelques minutes. Ensuite, négligeant les objurgations de sa suite, elle exigea de voir un par un les visages des cadavres. Elle se soumettait à cette épreuve afin de tremper son caractère et de dissiper l'impression de faiblesse provoquée par son évanouissement. Elle pourrait dire plus tard sans se vanter : « Il y a bien longtemps que ma peur s'est enfuie. »

Anita Jordán mourut à cette époque, c'était une actrice paraguayenne, une compagne des années de bohème. Eva paya les dépenses médicales et assista à l'enterrement les yeux pleins de larmes. Elle n'essayait pas de cacher sa tristesse, à moins qu'elle ne pleurât sur elle-même. Anita était morte d'un cancer.

Eva semblait habitée par un étrange fatalisme devant la mort. Une ombre voilait souvent sa beauté, imprimait un rictus de tristesse à son sourire, le regard se faisait absent, comme perdu dans un monde secret où s'éteignent les météores. Femme nocturne, femme des profondeurs, Eva était un être solitaire dont personne, Perón y compris, ne réussit à percer l'intimité.

L'histoire retiendrait son caractère turbulent, le crépitement de ses passions, ses vertus et ses péchés, mais nul ne pourrait se vanter d'avoir déchiffré son mystère.

Eva Perón se garda d'attaquer ouvertement l'aristocratie dans ses premiers discours. Bien au contraire, ils laissaient transparaître le désir inavoué d'arriver à une sorte d'accord tacite avec la haute société, de se faire reconnaître — en qualité d'épouse du président de la république — par ces cercles arrogants et hermétiques.

Certains indices portent à croire qu'Eva chercha ce rapprochement avec des groupes sociaux lui témoignant, avant son mariage, le dédain et le mépris. Après tout, ils avaient bien accueilli une autre actrice quelques années auparavant, Regina Paccini, femme du président Marcelo T. de Alvear.

Eva fit le premier pas.

La tradition voulait que l'on attribuât à la première dame de la Nation la présidence honoraire de la Société de Bienfaisance. Fondée en 1823 par Bernardino Rivadavia, la Société de Bienfaisance — regroupant les Argentines riches et bien nées — avait pour objectif principal de veiller « à l'éducation des femmes, à l'amélioration de leur mode de vie, à l'obtention des moyens nécessaires à la satisfaction de leurs besoins, afin que soient établies les lois qui fixeront leurs droits et leurs devoirs et leur assureront la part de bonheur qui leur est due ».

En 1876 les fonctions de la Société furent réduites : la Loi d'Education Générale stipulait que les écoles de filles, jusqu'alors sous la tutelle de la Société, seraient dirigées désormais par un conseil de l'enseignement. La Société exerçait maintenant des activités charitables, une assistance sociale non exempte de préjugés de classes. « Les dames rendaient visite aux miséreux comme si elles se trouvaient dans un pays étranger », disait le père jésuite Benítez, le confesseur d'Eva Perón.

Interprétant à sa manière les intentions de son fondateur, la Société présentait en somme un palmarès méritoire mais de plus en plus éloigné de la réalité sociale argentine : cette dernière évoluait beaucoup plus vite que ces dames et que leurs mentors.

L'un d'entre eux, l'écrivain Carlos Ibarguren (n'ayant, bien entendu, aucun lien de parenté avec Juana) raisonnait de la sorte : « Cette institution est comme une île où l'on a sauvegardé et où l'on cultive la plus noble parcelle de la tradition argentine, tandis que passe, de chaque côté, le vertigineux courant cosmopolite, portant les alluvions qui constitueront l'Argentine de l'avenir. » Cri d'alarme devant la vague migratoire des années 1880, l'apparition du prolétariat urbain et la subversion sociale, autant de phénomènes que la Société ne pouvait accepter par sa nature même.

Peut-être avec le secret espoir de la transofrmer de l'intérieur, ou par simple vanité sociale (la seconde hypothèse est la plus vraisemblable), Eva recherchait cette consécration suprême : être invitée à présider la Société de Bienfaisance, mais la désignation se faisait attendre ; et d'envoyer discrètement des cadeaux aux dames en leur suggérant qu'elle accepterait volontiers cet hommage. L'imprudente s'offrait aux coups, sans soupçonner qu'il n'était pas question, pour ces aristocrates pleines de superbe, de conférer à « celle-là » le titre de présidente honoraire.

La réponse fut que « madame Perón est trop jeune pour remplir ces fonctions ».

Fureur d'Eva : « Si c'est la seule raison, qu'elles nomment ma mère. »

Quelques jours plus tard, le 7 septembre 1946, un décret du Pouvoir Exécutif décidait la mise sous séquestre et la liquidation des biens de la Société de Bienfaisance.

L'incident mit fin à tout espoir d'accord entre Eva et la haute société.

Ayant pu ainsi mesurer les limites de son ascension sociale Eva, ulcérée, retourna à ses penchants initiaux. Elle apprit à haïr et découvrit la rancune. Et comme elle était d'humeur combative elle dirigea contre ceux qui l'avaient rejetée l'énergie vitale, l'intransigeance et la passion dont elle était habitée.

« Et je me pose cette question : pourquoi donc aurais-je été repoussée par l'oligarchie ? A cause de mon humble origine ? De mon activité artistique ? La vérité est différente. Moi qui avais appris de Perón à choisir des chemins peu fréquentés, je ne voulus pas suivre l'ancien modèle des épouses de président. En outre, celui qui me connaît un peu sait que je n'aurais jamais pu jouer la froide comédie des salons de l'oligarchie. » Le doute est permis, on brûle parfois ce qu'on ne peut adorer.

Dès lors l'invective « oligarques haïs » jaillit fréquemment de ses discours au vitriol. Elle fustigeait sans cesse la haute société, utilisant sans vergogne les armes du pouvoir politique. Il ne s'agissait plus seulement de soutenir Perón et d'exécuter ses décisions ; c'était une vendetta personnelle, une guerre privée, une lutte avec ses propres motivations et un règlement de comptes avec une minorité sociale orgueilleuse et récalcitrante.

L'aristocratie de Buenos Aires contre-attaqua avec ses méthodes traditionnelles : le dédain, l'arrogance, le quolibet cruel ou l'anecdote offensante. Eva fut tenue à l'écart jusqu'à la fin de ses jours telle une lépreuse, après sa mort même. Le conflit resta définitivement en l'état.

Le cours de l'histoire argentine aurait-il été différent dans le cas contraire ? Si au lieu de lui témoigner du mépris la haute société avait entretenu des relations simplement normales avec Eva, celles dues à l'épouse d'un président ? Mais c'était sans doute trop demander à une caste retranchée derrière son pouvoir économique et ses préjugés. De souche récente, l'aristocratie argentine — enfants et petits-enfants d'immigrants — manquait de la maturité nécessaire pour comprendre et tolérer. La rupture était peut-être inévitable parce que leurs ancêtres étaient en fin de compte identiques.

Un jour, apprenant qu'Eva allait assister à une soirée de gala au théâtre Colón, certains abonnés se firent remplacer dans leurs loges par leurs servantes et autre personnel domestique. Quand Eva se présenta chez « Harrods », pour un défilé de mode, plusieurs dames de la société quittèrent ostensiblement les lieux. Le Jockey Club n'invita jamais le couple présidentiel à aucune de ses manifestations alors que la présence du premier mandataire de la Nation était de tradition. Commettant la même erreur qu'Eva Juan Ramón, son frère, voulut devenir membre du Jockey Club : il reçut la petite boule noire signifiant le rejet de sa candidature. Eva se vengea, on installa un dépôt de poisson pourri devant la porte principale du club.

Au cours d'un reportage, le chroniqueur demande à Eva :

« Et que pensez-vous des dames de la Société de Bienfaisance ?

— Elles sont toutes vieilles et laides, et c'est pourquoi elles s'y consacrent comme à un " hobby " plus ou moins ennuyeux. Ce sont elles qui distribuent des aumônes. Les enfants qu'elles essayent de sauver n'oublieront jamais qu'elles ont été leurs bourreaux. Pour cette raison, mes foyers seront généreusement riches. Je veux même exagérer. Je les veux luxueux. On ne peut effacer un siècle d'asiles misérables que par un autre siècle de foyers excessivement luxueux. »

Elle ajoute peu après :

« Demain, quatre mille cantines scolaires seront mises en service dans tout le pays, installées dans les petites écoles de l'intérieur, afin que les enfants qui les fréquentent y reçoivent une

alimentation abondante. Ces quatre mille cantines scolaires profite-
ront à cinq cent mille enfants à qui mon œuvre d'aide sociale fera
parvenir de nouveaux vêtements, chaussures, médicaments nécessaires pour les soigner, friandises et jouets, de telle sorte que ces
gosses, qui ont encore une vision imprécise des choses, ne
recueillent pas l'héritage de l'amertume provoquée par le dénuement. »

L'incident avec la Société de Bienfaisance poussa Eva à
l'exproprier de ses vastes ressources et à la remplacer par une autre
organisation conçue selon d'autres critères. Elle désirait aussi
effacer l'image que l'oligarchie s'obstinait à lui attribuer : celle
d'une femme aigrie à l'égard d'une société se refusant à satisfaire
ses ambitions arrivistes.

Eva fut très sensible à cette campagne : « On dit que je suis
une aigrie sociale. Et ceux qui me critiquent ont raison. Mais ils se
trompent au sujet de mon aigreur. Mon aigreur sociale ne vient pas
de la haine mais de l'amour : de l'amour pour mon peuple, dont la
douleur a ouvert à jamais les portes de mon cœur. »

Désormais Eva avait trouvé sa voie. A son retour de Tucumán
elle parla à la radio : « J'ai éprouvé quelque chose de vivant, de
pratique, avide de chaleur et de vie... Un mandat impératif d'aider
celui qui souffre, de soutenir celui qui est à terre. De soulager le
vaincu. D'encourager celui qui a de bonnes intentions, qui est
digne. » Au travers du contact physique avec les foules, son destin
se cristallise.

Et les gens découvrirent alors un phénomène inespéré et
fascinant : sans l'avoir ni cherché ni désiré Eva partageait le devant
de la scène avec Perón, baignée par les lumières des projecteurs de
la célébrité.

Elle symbolise le surgissement de classes sociales laissées de
côté jusqu'alors, elle est la disciple qui surpasse le maître et
commence à voler de ses propres ailes. Elle est l'intransigeance, le
refus du compromis. Elle est l'absolu. C'est tout cela qui lui vaut la
condamnation de l'aristocratie, cette quarantaine sociale, et qui en
fait la cible de leurs attaques. Plus que par le passé nébuleux de
l'ancienne actrice, la pudibonderie de l'oligarchie est effarouchée

par la menace explicite contre le régime, contre son style de vie et
ses privilèges : les foyers victoriens, solidement ancrés dans des
demeures confortables et spacieuses, les nombreux enfants, les
vacances annuelles en Europe et dans l'opulente propriété rurale,
le polo pour les garçons et l'abonnement au théâtre Colón pour les
filles, les adhésions au « Cercle des Armes » ou au Jockey Club
pour les hommes et à la Société de Bienfaisance pour les femmes,
les relations avec le haut clergé et le commandement militaire.
Dans cette structure sociale, la place de la femme était chez elle, il
n'était pas question qu'elle se livrât à des activités politiques.

Eva mettait en pièces les normes traditionnelles. Elle ouvrait
une brèche où pourraient s'engouffrer des courants torrentueux
emprisonnés depuis des siècles. Certains la croyaient plus icono-
claste que Perón, plus volontaire et dynamique, capable de traduire
dans les faits les phrases et gesticulations du colonel. On redoutait
l'influence grandissante d'Eva, qu'elle parvînt à précipiter Perón
dans des politiques extrémistes. Eva était la menace. Une « aventurière » prête à jouer avec l'avenir du pays sans vergogne ; du moins
l'avenir tel que le concevaient quelques industriels et grands
propriétaires fonciers, un blocage du présent ou, mieux encore, un
retour au passé.

Dans l'autre camp, pour les travailleurs et les femmes, Eva
représentait un espoir de rédemption, la lumière au fond du tunnel,
l'insolite, une promesse éblouissante de libération. Ensorcelé, le
peuple argentin commença à observer chacun de ses actes et à lui
manifester son soutien. La dévotion serait pour très bientôt.

Critiquée par les uns, méprisée par les autres, glorifiée par les
petites gens, Eva montrait qu'elle était d'une essence différente, de
celles qui dans la tempête attirent magnétiquement le tonnerre.

Le décor du drame était planté, mais avant, Eva Perón décida
de s'offrir des vacances...

CHAPITRE VIII

Premier pèlerinage en Espagne

*« A quoi bon voyager, puisque à partir
d'une certaine hauteur du rêve, on voit tout. »*
Jules RENARD.

Quel esprit folâtre avait éveillé en Eva Duarte de Perón, première dame de l'Argentine et candidate malheureuse à la présidence honoraire de la Société de Bienfaisance, la tentation de voyager en Europe ? La perspective d'une visite officielle où lui seraient rendus les honneurs dus à son rang, où elle rencontrerait des chefs d'Etat et des hautes personnalités, diffuserait les idées péronistes et acquerrait, au passage, l'expérience nécessaire à la gigantesque œuvre sociale qu'elle envisageait ?

Basque d'origine et hispanophile de cœur (« Son âme était bouleversée en pensant que l'Espagne pourrait être bafouée », révéla Perón), Eva avait caressé, dès l'enfance, le projet de parcourir la terre de ses ancêtres, la Mère Patrie des hispano-américains, la source de leur religion, de leur langue et de leur culture.

Depuis le jour où Perón lui avait montré les hauts-reliefs du monument à la mémoire de Christophe Colomb, elle témoignait un enthousiasme enfantin pour l'histoire espagnole. Elle avait même choisi pour confesseur un jésuite espagnol, le père Benítez, qui ne fut sans doute pas étranger à la réalisation de ce voyage.

Informé des désirs de l'épouse du président argentin, le gouvernement espagnol — autrement dit Francisco Franco —

comprit les avantages politiques et économiques découlant de la
venue d'Eva Perón.

L'Espagne traversait en effet une passe difficile. En décembre
1946, l'Assemblée générale des Nations Unies avait adopté une
résolution lui interdisant de participer aux instances internationales
et aux travaux de l'organisation, sanction qui se prolongerait aussi
longtemps que l'Espagne n'aurait pas un gouvernement « nouveau
et convenable ». Sous la pression des Etats-Unis, la plupart des
Etats membres avaient retiré leur représentation diplomatique à
Madrid.

Franco avait invité d'abord Perón lui-même, mais quand ce
dernier déclina courtoisement l'honneur et proposa Eva à sa place,
le chef de l'Etat espagnol se déclara très heureux de recevoir la
première dame de l'Argentine.

Mis au ban en raison de sa politique pro-nazie pendant la
Seconde Guerre mondiale, Franco se souvenait que Perón avait
exprimé des sympathies identiques ; en fin de compte, il existait
entre eux une flagrante, encore que tacite, complicité historique, et
un rapprochement serait profitable aux deux pays, à l'Espagne en
particulier, privée de matières premières, de ressources énergéti-
ques et de produits alimentaires à cause du blocus économique
décrété par les puissances alliées. L'Argentine pourrait aider à
résoudre le problème des vivres et contribuer au développement
des relations entre l'Espagne et l'Amérique latine.

Tel était le cadre dans lequel s'inscrivait la visite d'Eva Perón.
La curiosité internationale fut piquée au vif par ce voyage. Sans
craindre l'exagération, Perón le présenta comme « le plus grand
acte de ce genre dans l'histoire argentine », tout en laissant circuler
des rumeurs savamment floues sur un éventuel « Plan Perón »
d'aide économique aux pays européens exclus du « Plan Marshall ». Son intention était de mortifier les Etats-Unis, mais
l'Argentine s'avérait évidemment incapable d'entreprendre cette
œuvre titanesque de solidarité internationale. Eva, disait-on aussi,
serait le porte-parole d'un projet politique audacieux, la création
d'une « troisième position » proposée aux pays non alignés dans les
blocs américain et soviétique.

Les adversaires politiques attribuaient d'autres mobiles à ce
périple : le mauvais état de santé d'Eva, obligée de consulter
rapidement des spécialistes européens ; une manœuvre afin de

déposer dans des banques suisses des sommes d'argent acquises illégalement par le couple ; la soif de revanche de madame Perón après avoir essuyé les rebuffades de la haute société de Buenos Aires. En Europe, les commentaires furent d'un tout autre nature : le « Sunday Express » de Londres affirma qu'Eva allait acheter du matériel militaire pour une valeur de cent cinquante millions de livres. Un journal français ironisa : « Belle comme elle est, madame Perón serait mieux reçue si elle venait sous la forme de viande congelée. »

L'agitation fut encore plus grande en Argentine. Au cours des semaines précédant le voyage, les jugements se multiplièrent, divisés comme chaque fois qu'il s'agissait d'Eva Perón : c'était Cendrillon se rendant au bal du prince, aux yeux des femmes du peuple, et les dames de l'aristocratie lui reprochaient ce nouvel outrage.

Les ministres de Perón, Bramuglia, le ministre des Affaires étrangères, en tête, tremblaient à l'idée d'une indiscrétion de cette femme incontrôlable. L'opposition insistait sur le coût élevé de la tournée, sur les toilettes extravagantes qu'elle emporterait. Toujours obséquieuse à l'égard des nantis, la hiérarchie religieuse redoutait que sa Sainteté le Pape n'offrît à Eva un marquisat pontifical, ce qui aurait refroidi pour longtemps les rapports entre l'Eglise catholique argentine et les dames fortunées, ces « vieilles et laides » dont parlait Eva.

Les services de propagande gouvernementaux sautèrent sur l'occasion pour conférer une dimension internationale à l'épouse du président de la république, l'investir de responsabilités importantes en matière étrangère. On organisa en son honneur maintes cérémonies d'adieux, les syndicats rivalisèrent de cadeaux et de flatteries. Au cours d'une réception organisée par le secrétariat au Travail, le ministre José María Freire prononça un discours solennel : « Madame Perón, avec cette intelligence naturelle, avec cette perspicacité et avec cette gentillesse qui la caractérisent sera la digne représentante de la femme argentine. » Eva de l'interrompre alors : « Che[1], arrête de débloquer, qu'est-ce que tu veux que je te rapporte ? » Elle connaissait la valeur de ces flagorneries.

Par contre elle accepta la convocation d'une tumultueuse

1. Che : Interjection fréquemment employée par les Argentins (*N.d.T.*).

manifestation populaire pour le 5 juin ; Eva ne parla pas devant les dizaines de milliers de personnes rassemblées, son esprit vagabondait déjà en Europe.

A la veille de partir Eva parla à la radio : « J'apporterai au Vieux Monde un message de paix et d'espérance. J'irai en tant que représentante du peuple travailleur, de mes chers *descamisados,* à qui je laisse mon cœur. » Une voix masculine l'interrompit sur les ondes : « Mort à Perón ! » Sur la place Garibaldi, policiers et étudiants échangeaient des coups.

Le 6 juin 1947, Eva, lunettes noires et somptueux manteau de vison, prenait la route de l'Espagne à bord d'un avion DC4 de la compagnie Iberia mis à sa disposition par le gouvernement de Franco ; l'appareil offrait les plus grandes commodités : chambre à coucher et salon particulier. De quoi rendre jalouses les dames de l'oligarchie.

Ces dernières avaient l'habitude de voyager avec une suite nombreuse mais cette fois-ci Eva Duarte, la miséreuse de Los Toldos, ferait pâlir de telles splendeurs. Sa première intention avait été de traverser l'Atlantique sur un navire de guerre : l'hostilité de l'Amirauté l'obligea à y renoncer ; elle s'en allait cependant accompagnée comme une reine : dame d'honneur, l'épouse du président de la Chambre des députés ; deux aides de camp, un médecin, un confesseur, un conseiller financier, l'armateur Alberto Dodero, un photographe officiel, six journalistes, une coiffeuse, deux femmes de chambre et bien sûr son inévitable frère, Juancito Duarte. Le personnel des ambassades argentines en Europe avait évidemment reçu l'ordre de se mettre à son service.

Envahie d'une joyeuse excitation, la première dame de l'Argentine ne dissimule guère son plaisir ; ce rêve d'enfance elle l'accomplit seule, en tant que vedette, seule à attirer les regards des cinq mille personnes réunies à l'aéroport pour lui faire leurs adieux et acclamer son nom.

Elle voulait démontrer que « trop jeune » pour présider les matrones de la Société de Bienfaisance, elle ne l'était plus pour représenter la femme argentine dans le Vieux Monde. Elle commençait à savourer sa revanche.

Quarante avions militaires — des reliques de la guerre civile — escortaient Eva Perón quand le DC4 de la compagnie Iberia se posa sur l'aéroport madrilène de Barajas, le 8 juin à huit heures du soir, après une traversée de l'Atlantique sans histoires et des escales techniques à Natal, Villa Cisneros et Las Palmas.

Eva Perón surgit sous la lumière des projecteurs, rayonnante, vêtue d'un tailleur bleu foncé, avec un chapeau de la même couleur et un œillet rouge piqué sur le revers de la veste. Elle est attendue au pied de l'échelle par le généralissime Franco, son épouse et ses filles, les hauts dignitaires civils, ecclésiastiques et militaires, et les ambassadeurs latino-américains à l'exception d'un seul... le diplomate argentin, Pedro Radio.

A cause de l'un de ces incidents banals qui anéantissent parfois une carrière, l'ambassadeur avait été retardé par les trois cent mille Espagnols regroupés sur le parcours. Quand il s'approche enfin d'Eva, haletant, le costume déchiré, il est trop tard :

« Mais que t'est-il arrivé, Radio ? Tu t'es habillé avec un sac ? D'où viens-tu, d'une corrida ?

— Mais madame... Je...

— Il n'y a pas de je qui tienne... Tu es quel genre d'ambassadeur ? Depuis quand l'ambassadeur de mon pays arrive-t-il justement au moment des claques ? »

Le tout en présence de Franco, imperturbable.

On tire une salve de vingt coups de canon tandis qu'Eva passe en revue la garde d'honneur, à la droite de Franco. Des forces militaires en uniforme de parade jalonnent le trajet, de l'aéroport au centre de Madrid envahi par une foule bruyante et cordiale.

Couverte de fleurs et d'applaudissements, Eva Perón vit une heure exaltante en parcourant dans une voiture découverte l'avenue du Generalísimo, la Castellana et la Gran Va. Elle s'extasie devant la fontaine de Cibeles, exceptionnellement éclairée cette nuit-là, la statue d'Espartero et la façade du Palais Royal. A dix heures du soir elle gagne sa résidence officielle, le palais du Pardo, demeure personnelle de Franco.

Elle adresse aussitôt un message au peuple espagnol : « Je ne suis pas venue pour constituer un axe, mais comme un arc-en-ciel entre nos deux pays... » Ensuite, oubliant qu'elle n'est plus à Buenos Aires : « Camarades : Voici le message des travailleurs argentins, de ces forces prolétaires qui surgissent dans cette terre et s'organisent sans cette idée de lutte fratricide pratiquée par certains peuples... Que ce Vieux Monde sache — sachez vous-mêmes, Espagnols — que nous, les dignes héritiers de la terre hispanique, nous sommes décidés à vous rendre un jour, multiplié par cent, tout le bien que vous nous avez fait... » Et pour finir cette improvisation : « Maintenant, je me sens ivre d'amour et de bonheur, parce que mon cœur simple de femme a commencé de vibrer avec les ressorts éternels de l'immortelle Espagne. »

Elle ne se trompait pas. La chaude hospitalité prodiguée à Eva Perón par le peuple madrilène, en dépit d'un lourd cérémonial, exprimait une espérance nouvelle. Outre la promesse d'une aide économique, le peuple espagnol découvrait que, au-delà des mers, il disposait et disposerait toujours de la solidarité des républiques américaines, branches détachées du vieux tronc nourrissier.

Il est près de minuit quand Eva se retire dans son appartement somptueux ; devant le personnel domestique stupéfait elle pousse des meubles derrière la porte de sa chambre à coucher, comme une petite fille qui a peur de l'obscurité.

Le jour suivant, elle annonce à Franco que le gouvernement argentin va envoyer en Espagne un bateau rempli de blé. Le Caudillo, déçu par la modestie du don, lui répond avec superbe : « Merci, madame, mais nous n'avons besoin de rien. Nous avons tellement de farine que nous ne savons qu'en faire. » Informée, comme tout le monde, de la pénurie dont souffre le pays et incapable de refréner son sens de la repartie, Eva ajoute, souriante et moqueuse :

« Et alors, Généralissime, pourquoi n'en faites-vous pas du pain ? »

Ce fut sans doute l'une des rares occasions où quelqu'un osa s'adresser à Franco sur ce ton, mais dès lors, et curieusement, s'instaura entre ces deux personnages un courant de sympathie que le temps ne parviendrait pas à détruire.

« S'il n'existait pas tant de causes et de raisons pour allumer notre enthousiasme en ce jour, il suffirait, madame, de connaître les préoccupations sociales, et l'inquiétude pour les humbles fleurissant dans votre nation et la grande œuvre d'assistance, de revendication et de promotion que vous menez à bien dans votre pays. » Après avoir prononcé ces paroles au cours d'une cérémonie solennelle, le lundi 9, le chef de l'Etat espagnol remet à Eva Perón les insignes, en or massif, de la Grand-Croix d'Isabelle la Catholique.

Eva lit la réponse suivante :

« Isabelle fut une reine populaire parce qu'elle campait dans le cœur de son peuple. Isabelle entreprit de faire de son pays un grand pays et elle sut qu'un pays n'est grand, ou résolu à être grand, que si chacun de ses habitants est possédé de l'orgueil de cette inspiration... Moi, en tant que femme (elle n'a pas osé dire, cette fois-ci, femme du peuple), avec l'esprit d'Isabelle qui m'est apporté par cette Grand-Croix, je peux vous annoncer ceci : l'Argentine va de l'avant parce qu'elle est juste avec elle-même, et parce que dans la croisade de sa bataille pour son pain et son salaire, elle a su choisir entre la fausse et trompeuse démocratie et la véritable démocratie distributive, où les grandes idées s'appellent par des noms aussi simples que ceux-ci : meilleur rétribution, meilleur logement, meilleure nourriture, meilleure vie... » Ensuite, enflammée par ses propres paroles, elle salue, le bras levé à la manière phalangiste.

Le reste de la journée est consacré à parcourir les quartiers pauvres de Madrid, au milieu d'une nuée de petits miséreux à qui elle distribue impulsivement des billets de cent pesètes.

Ce rôle de bonne fée lui convient parfaitement mais elle est moins à son aise quand il s'agit de visiter les musées, cathédrales et autres monuments historiques. Non pas qu'elle s'en désintéresse : ce genre d'activités révèle cruellement l'insuffisance de sa culture.

L'Escorial lui inspire ce commentaire quelque peu impertinent : « Excellent endroit pour une colonie d'orphelins espagnols. » Le musée du Prado la laisse indifférente et elle s'arrête seulement devant les tableaux de Goya, grâce à Dieu... sans porter aucun jugement.

Témoin d'un passé somptueux, la richesse ornementale de la capitale espagnole accable son esprit provincial.

Par contre, elle est vivement impressionnée par l'Alcázar de Tolède, émue par le dialogue pathétique entre le colonel Moscardo et son fils retenu en otage par les républicains qui assiègent la forteresse et le fusilleront quelques minutes plus tard. Hiératique, comme transfigurée, elle contemple silencieusement cette enceinte déchirée par les balles de la guerre fratricide.

De ses études historiques et littéraires à l'école primaire de Junín, et des leçons éparses de Perón, Eva avait gardé un culte spécial pour Napoléon Bonaparte et pour Cyrano de Bergerac. Obnubilée depuis l'enfance par les hommes à la fibre héroïque elle ajoute Moscardo au panthéon imaginaire de ses idoles et éprouve une grande admiration pour Franco : le combattant de la guerre du Rif, le héros d'une sanglante épopée, entouré de sa garde maure revêtue de burnous blancs, ne peut manquer de frapper l'imagination de cette jeune femme.

Pendant la semaine du 8 au 15 juin Eva développe une activité tellement fébrile qu'elle épuise ses accompagnateurs. Grande mantille blanche et œillet rouge dans la chevelure, elle assiste à une corrida donnée en son honneur ; elle retarde de quelque trente minutes l'un des rares spectacles commençant toujours à l'heure en Espagne mais son immense popularité lui vaut une ovation. Le soir même, et se faisant encore attendre, elle applaudit à une représentation de *Fuenteovejuna*, de Lope de Vega, qui s'achève à trois heures du matin. Après un court repos, la voilà qui réapparaît pour accomplir les nouvelles cérémonies prévues par le protocole : visite d'honneur, déjeuner d'honneur, vin d'honneur, réception d'honneur. Eva ne peut s'empêcher d'interrompre le comte de Santa Marta, maire de Madrid, qui lui donne lecture du programme, et avec son sourire le plus désarmant : « Monsieur le comte... Vous n'avez pas pensé à une sieste d'honneur ? Je tombe de sommeil, monsieur le comte. »

Au cours d'une fête populaire, Plaza Mayor, en présence de Franco et de sa famille, Eva reçoit l'hommage officiel des provinces espagnoles ; chacune d'entre elles est représentée par des chœurs et groupes folkloriques en costume traditionnel. Les Espagnols sont aussi enthousiastes qu'elle, ils sont privés depuis longtemps de spectacles aussi magnifiques.

L'Espagne déploie devant les yeux éblouis de la visiteuse une palette multicolore et vibrante, l'opulence vestimentaire de ses cinquante provinces, la variété de ses musiques, la beauté de ses femmes et la noblesse de ses hommes. Et pour finir les cadeaux s'amoncellent, des paniers d'osier contenant de luxueuses toilettes régionales confectionnées à sa mesure.

Les opposants insinuent, en Argentine, que cette visite constitue tout simplement une forme de tourisme officiel ; pour chasser cette impression, Eva adresse, depuis Madrid, un message aux travailleurs argentins, et leur explique les motifs du voyage : « Afin de donner des informations sur la paix régnant dans notre pays, sur la stabilité des salaires et la protection de l'ouvrier ; afin de rendre compte de l'optimisme du gouvernement qui comprend d'authentiques travailleurs. Vous définir, mes chers *descamisados,* et fournir des détails sur le gouvernement populaire et son merveilleux programme d'aide sociale. »

Et pour qu'on ne puisse pas murmurer qu'elle a cédé à la tentation aristocratique, elle décline une invitation du duc d'Albe qui voulait la présenter à la noblesse espagnole. « Je suis une femme du peuple », répond-elle en guise d'excuse. Elle préfère assister à une assemblée extraordinaire de l'institut syndical « Virgen de la Paloma », en compagnie de quelques centaines de travailleurs. « Vous n'avez peut-être jamais entendu une femme argentine, issue du peuple, qui a subi les vicissitudes et les ingratitudes des régimes oubliant que le peuple constitue précisément les entrailles de la nationalité. » Eva ignore s'il y a de véritables prolétaires dans cet auditoire plus curieux qu'intéressé ; quant aux syndicalistes, ils sont certainement absents : pendant ces années d'autoritarisme étatique et de répression contre les républicains, les vieux militants ont été tués ou sont exilés en France. Sans doute n'a-t-elle affaire qu'à des fonctionnaires et à des policiers en civil.

Eva quitte Madrid le 15 juin afin de visiter le reste du pays.

Elle passe par Séville, Cordoue, La Corogne et Saragosse, et achève son périple dix jours plus tard à Barcelone.

A l'exception de Saragosse — elle y est injuriée par quelques femmes promptement réprimées par les forces de l'ordre —, la tournée espagnole s'avère triomphale.

A Grenade, on donne des danses typiques dans les jardins de l'Alhambra ; elle visite ensuite le sanctuaire de la Virgen de las Angustias et l'Albaicín, acclamée par les gitans à qui elle distribue de généreux présents. Enfin, elle s'incline respectueusement devant la tombe des Rois Catholiques. Isabelle ? Elle la connaissait depuis l'époque de ses « Héroïnes de l'histoire ».

Séville marque l'un des moments culminants du voyage. Elle est conduite de l'aéroport à l'hôtel Alphonse XIII dans un carrosse découvert et tiré par de superbes chevaux arabes, le parcours est jonché de fleurs et les fillettes des écoles libèrent des centaines de colombes. Avec moins de tartufferie que les Argentins, le clergé andalou la nomme « CaMériste d'honneur de la Virgen de la Esperanza Macarena », distinction qui n'était accordée qu'à de rares étrangères. Eva remercie en octroyant une généreuse obole.

La Galice, ensuite. Quelque peu intimidée par l'atmosphère monacale de Saint-Jacques de Compostelle, Eva navigue sur les rias galiciennes, escortée par une flottille de bateaux de pêche dont les équipages portent des costumes typiques.

L'itinéraire, plutôt cahotique, est souvent modifié afin de satisfaire immédiatement les désirs de la « dame » anxieuse de tout voir, de s'entretenir avec le plus de gens possible, de distribuer des aumônes aux miséreux, de prier ou de faire semblant dans les églises, d'inspecter d'un pas rapide les usines, orphelinats, ou asiles de vieillards, d'enregistrer chaque détail avec un regard perspicace ; épuisant en somme ses accompagnateurs chaque jour plus fatigués. Elle est lasse, elle aussi, et sa santé donne de nouveaux signes de détérioration, mais son enthousiasme est tel, et il est si risqué de la contredire, que le voyage se poursuivra sur ce rythme trépidant.

Après avoir visité l'école navale et militaire de Marín, Pontevedra, elle regagne Vigo où elle est attendue par une manifestation populaire de quelque soixante mille personnes. « En Argentine, nous travaillons pour qu'il y ait moins de riches et moins de pauvres. Faites-en autant. » Des mots qui ne l'empêchent pas de s'habiller comme une reine, le soir, et de participer à une somptueuse réception dans les salons du club nautique, avec grand bal et feu d'artifice.

A cet instant du voyage, tous, la suite et les journalistes qui couvrent l'événement, ont noté les facultés d'adaptation d'Eva. Rien de l'intimide, pas plus la stricte étiquette du protocole espagnol que ces regards toujours posés sur elle. Elle apparaît sûre d'elle-même ; à part de rares mouvements d'impatience, comme avec l'ambassadeur Radio à l'aéroport de Barajas, elle se comporte toujours dignement et simplement, sans commettre jamais l'impair monumental que certains redoutent ou espèrent. Un peu trop bien vêtue, mais avec bon goût, pour un pays connaissant des difficultés économiques, l'épouse du président argentin accomplit de façon satisfaisante la tâche qui l'a menée en Espagne. Un seul défaut néanmoins, le manque de ponctualité, sans doute parce que personne n'a osé lui dire que c'était la politesse des rois. « Je ne suis pas pressée. Personne ne peut m'imposer des horaires pas même mon mari », répond-elle sèchement quand sa femme de chambre se risque à évoquer ce sujet.

Barcelone constitue la dernière étape de son périple espagnol. Elle retrouve à l'aéroport la femme de Franco et sa fille, la future marquise de Villaverde. On a organisé en son honneur une représentation spéciale du « Songe d'une nuit d'été » dans les jardins de Montjuich illuminés par de gigantesques cierges dressés sur des chandeliers d'argent. Eva arrive avec quatre-vingt-dix minutes de retard, devant une assistance qui bâille et somnole. Le silence est glacial malgré les maigres applaudissements des fonctionnaires et diplomates présents. Le 24 juin, place San Jaime, Eva assiste à une concentration populaire et y lit un message de Perón aux travailleurs catalans. Le soir, un dîner d'adieux lui est offert au palais de la Députation, dans la cour des orangers, en présence de Franco. Dehors, la foule scande le nom d'Eva et la réclame. Et Eva de dire alors au généralissime, avec un brin d'impertinence :

« Vous voulez un conseil ? Quand vous aurez besoin de ce genre de manifestation, faites-moi appeler. »

Franco n'avait jamais entendu pareille insolence. Bon prince, il esquisse un sourire indulgent, la remercie du conseil et promet de le suivre à l'occasion... C'est à lui qu'il reviendra plus tard de donner un refuge pieux et discret à la dépouille mortelle d'Eva Perón. C'est la nuit de la Saint-Jean, des milliers de torches éclairent les rues de la cité comtale. Eva réalise une brève escapade qui n'était pas prévue par le protocole : elle parcourt les quartiers populaires où elle est chaleureusement accueillie, semblable à cette « fée de la nuit » qu'elle rêvait d'être quand elle était enfant.

Voici venu le moment du départ ; elle déclare :

« Permettez-moi de vous dire l'impression que je garde de vos villes et de vos campagnes. C'est mon premier séjour en Espagne, et pourtant il m'a semblé que j'y revenais après une très longue absence. Comme si mon âme, par de mystérieuses réminiscences, s'éveillait du sommeil de mes ancêtres qui naquirent et usèrent leurs yeux dans la contemplation de ces mêmes villes et de ces mêmes campagnes de rêve. Je me sens plus argentine que jamais, précisément parce que je me trouve dans la Mère Patrie. »

Sa prochaine visite elle la fera après huit années d'absence, morte.

Quelle était la signification de la présence d'Eva Perón en Italie ?

Certes, l'Argentine abritait des millions de descendants d'Italiens, mais c'était insuffisant pour susciter l'enthousiasme d'un peuple sceptique de nature et épuisé par une guerre récente et désastreuse. Le gouvernement lui-même éprouvait quelque appréhension à recevoir cette invitée dont les incartades pourraient provoquer des situations embarrassantes à l'extérieur et à l'intérieur.

Reçue le 26 juin à l'aéroport de Rome, par les épouses du Premier ministre, Alcides de Gasperi, et du ministre des Affaires étrangères (cette fois-ci l'ambassadeur argentin fit preuve d'une irréprochable ponctualité), Eva fut conduite rapidement jusqu'à sa résidence, l'ambassade d'Argentine. Aucun palais romain ne lui offrit l'hospitalité et il n'y eut pas de parcours triomphal à travers les rues. Une escorte de six motocyclistes en uniforme et un petit groupe d'écolières agitant mécaniquement des drapeaux argentins de papier accentuaient le côté mesquin de la réception.

La situation empira au cours de la nuit, lorsque des groupes de manifestants communistes s'assemblèrent devant l'ambassade aux cris de « A bas Perón, fasciste ! » Eva ne se démonta pas, sortit sur un balcon souriante et pleine d'aplomb et les salua les bras levés, comme si elle les remerciait. Elle remportait le premier round.

Vingt-sept personnes furent arrêtées par la police à la suite de pugilats entre communistes et contre-manifestants néo-fascistes qui, scandant « Duce ! Duce ! », donnaient libre cours à leur nostalgie. Secrètement soulagée — elle préférait le scandale à l'indifférence — Eva demanda, et obtint, la libération des emprisonnés, manœuvre adroite dépouillant les communistes de leur rôle de victimes.

On lui demanda, pendant une conférence de presse donnée à l'ambassade d'Argentine :

« Que pensez-vous de la manifestation communiste d'hier soir ? »

Montrant avec vivacité la petite foule rassemblée sous ses fenêtres et qui acclamait son nom, elle répliqua sur un ton de défi :

« Voici ma réponse ! »

Deux jours plus tard elle se lança dans une diatribe féministe et passionnée devant un millier de femmes réunies au sein de leur association :

« Mon nom est devenu le cri de guerre des femmes du monde entier. Il est temps que nous possédions les mêmes droits que les hommes. »

Les Italiennes l'écoutaient en silence, plus stupéfaites que conquises : pour elles, l'Italie resterait longtemps encore dominée par les mâles. Que pouvaient-elles apprendre de cette jeune Argentine, ces femmes endurcies par la guerre et dont les foyers avait été livrés à la soldatesque étrangère ?

Diverses raisons expliquaient l'accueil réticent du peuple italien.

Nul n'ignorait les antécédents profascistes de Perón, ni le caractère autoritaire de son gouvernement ; l'Italie venait de surmonter cette expérience et les cicatrices laissées par la guerre étaient toutes fraîches : la destruction des villes, l'état désastreux de l'économie, le chômage, la désagrégation des institutions. N'importe qu'elle allusion à la prospérité argentine devenait presque une provocation et les masses découragées ressentaient comme un affront les largesses d'Eva.

La réaction quasi hostile de certains quartiers populaires s'inscrivait logiquement dans ce contexte, Eva ne pouvait en éluder les conséquences.

Outre cette croisade péroniste, la venue d'Eva en Italie obéissait à un espoir inavoué : être reçue par le Pape et obtenir, qui sait, le titre de marquise pontificale, honneur décerné seulement à deux dames argentines, Adela María Harilaos de Olmos et María Unzué de Alvear, l'une et l'autre ex-présidentes de la Société de Bienfaisance.

Avec son pragmatisme coutumier, Perón était convaincu que le marquisat « pourrait être acquis moyennant une donation de cent cinquante mille pesos », et il fit des avances en ce sens par l'intermédiaire du cardinal argentin Copello. Il essaya aussi d'augmenter ses chances de succès par quelques mesures : en mars 1947 le gouvernement promulgua la loi d'enseignement religieux. Quelques semaines auparavant, Eva prononça un discours à la radio, réaffirmant ses convictions catholiques — elles étaient sincères chez elle — et développant le thème du « vote féminin et l'éducation religieuse ». Enfin, elle fit célébrer une messe avant de partir pour l'Europe et envoya le père Benítez, son confesseur, comme émissaire afin de préparer l'audience papale.

Sa Sainteté le pape Pie XII accueillit Eva Perón le 27 juin, à onze heures du matin. Cette dernière fut en cette occasion plus que ponctuelle puisqu'elle arriva à dix heures quarante-cinq, revêtue d'un sévère tailleur noir sur lequel ne brillait qu'un bijou, la Grand-Croix d'Isabelle la Catholique qui lui avait été remise par Franco.

Elle était attendue, dans la cour de San Damaso, par quatre gardes suisses portant des hallebardes et les traditionnels uniformes sang et or, quatre « sediari » (porteurs de chaise) et en qualité d'introducteur un prince authentique, Alejandro Ruspoli, grand maître du Saint Hospice. Vieillard digne et grave le prince paraissait s'être échappé tout droit d'une gravure de la *Sonate de Printemps* de Valle Inclán. Vêtu d'une cape, d'un hausse-col, de culottes courtes, de bas de soie noire et d'escarpins à boucle d'argent, il avait complété la note romantique avec une dague accrochée à la ceinture et un bandeau noir qui lui couvrait l'œil droit. Fort intriguée, Eva demanda à l'un des membres de sa suite : « Pourquoi cache-t-il un œil ? Ce doit être une tradition. » Le prince la conduisit en lui offrant courtoisement son bras droit.

Accompagnée d'un autre vrai prince, Leon Massino, et de cinq membres de la noblesse papale, hauts dignitaires de l'Eglise, elle passa en revue la garde suisse commandée par le baron Henry de Pfyffer d'Altishofen. Blanche silhouette ascétique, transparent comme une apparition, Pie XII reçut Eva dans sa bibliothèque privée et conversa avec elle pendant vingt-sept minutes, trois de moins que celles prévues par le protocole.

Affable, paternel et distant, le Pape s'exprima en espagnol ; il loua l'œuvre sociale du président Perón et particulièrement l'aide économique aux pays dévastés par la guerre. Il sembla éprouver de l'intérêt pour les informations que balbutiaient Eva quant à son action en faveur des miséreux et l'engagea à rester sur cette bonne voie. Il évoqua ensuite, sur le mode de l'anecdote, sa visite à Buenos Aires à l'occasion du Congrès Eucharistique mondial de 1934 et indiqua l'excellent souvenir qu'il avait conservé de son séjour chez la présidente de la Société de Bienfaisance, doña Adela María Harilaos de Olmos. Après quoi, le geste suave, il remit à Eva un chapelet et la médaille d'or du Vatican ; pas un mot sur le marquisat. Il bénit Eva et se retira dans ses appartements, léger et glacial. Il n'y eut pas de photographies.

Déçue et intimidée à la fois, Eva quitta le Vatican toujours accompagnée du prince au bandeau noir.

Les représailles furent typiques d'Eva Perón : l'habitude voulait que les visiteurs importants laissassent une obole ; Eva convint donc avec son conseiller financier, Alberto Dodero, que le don serait généreux si on lui octroyait le marquisat, et fort modeste dans le cas contraire. Un petit signe fit comprendre à Dodero que les coffres du Vatican ne recueilleraient cette fois-ci que quelques maigres lires. Ayant surmonté sa déception, elle envoya des vivres au Vatican, deux ans plus tard, et en fut remerciée par une lettre personnelle de Pie XII : « Nous avons le plaisir d'exprimer à V. E. notre gratitude invoquant les grâces célestes sur votre institution " Aide Sociale " et sur l'œuvre que vous réalisez. »

Des grâces célestes mais pas de marquisat, réservé aux dames opulentes de la Société de Bienfaisance.

Il fut question à l'époque, pour expliquer cet échec, d'un dossier secret concernant la vie privée d'Eva actrice élaboré par l'épiscopat argentin et les adversaires politiques de Perón, et envoyé au Vatican en temps opportun ; cependant, en fin diplomate qu'il était, le cardinal Copello parvint à garder de bonnes relations avec le couple présidentiel, toujours volontaire pour bénir les nombreux foyers et écoles inaugurés par Eva aux quatre coins de l'Argentine.

Catholique de conviction Eva réussit à éviter tout conflit de son vivant entre l'Eglise et le gouvernement. Mieux encore, son obstination permit un ensemble de mesures favorables à la religion : l'Etat « encourageait de ses largesses la construction de temples et de séminaires », selon les propres termes du père Benítez ; le 23 août 1948, fête de santa Rosa de Lima, fut déclaré « Journée nationale d'action de grâces » ; en mars 1949 fut créé le sous-secrétariat au Culte et Perón envoya au Pape un cadeau magnifique, un calice en or serti de pierres précieuses, le félicitant pour son jubilé sacerdotal. En outre, sachant que le Pape tenait à faire déclarer dogme de foi l'assomption de la Vierge Marie, Perón adressa au Vatican une note officielle appuyant cette initiative, seul chef d'Etat à intervenir de façon aussi incongrue sur un thème controversé par les théologiens catholiques eux-mêmes.

On devinait, derrière chacun de ces actes, l'influence du confesseur d'Eva, le père jésuite Hernán Benítez qui rêvait de jouer auprès d'elle le rôle du cardinal Jiménez de Cisneros, conseiller d'Isabelle la Catholique. Il rédigea un grand nombre de messages et de discours d'Eva, inspirant l'aspect « humaniste-chrétien » du péronisme et sans doute aussi l'anticommunisme forcené de l'épouse du président. Discrète, sa présence n'en était pas moins efficace.

Peu de jours après l'audience papale, Eva eut une syncope qui alarma son entourage, mais on cacha l'incident afin de ne pas susciter de commentaires ; Eva semblait encore plus émaciée que d'habitude car elle souffrait de fièvres intermittentes, elle accepta donc de prendre un jour de repos sur l'ordre de son médecin, le docteur Francisco Alsina.

La retenir plus longtemps, c'était comme empêcher un oiseau de voler.

Eva recommença le cycle infernal des visites, entrevues et discours, les longues promenades à travers les quartiers populaires et les distributions d'aumônes.

Sur le plan politique, elle eut un entretien avec le président italien, Enrico de Nicola, désireux d'obtenir une promesse de vente de blé argentin à des conditions très avantageuses. Plus prudente que ne l'escomptait son hôte, Eva évita de s'engager et offrit simplement de transmettre la proposition à Perón.

Comme en Espagne, c'était dans le domaine culturel qu'elle se sentait le moins à l'aise.

A la fin de la visite obligatoire aux ruines romaines, églises de la Renaissance et musées modernes, son cicerone, le comte Sforza, lui demande :

« Vous sentez-vous émue, madame Perón, devant tant d'œuvres d'art ?

— Pas du tout. Je ne suis qu'émerveillée. Moi, ce qui m'émeut, c'est le peuple. »

Il s'agit de la réaction spontanée. La position officielle, elle l'adopte quand elle lit avec affectation ce discours rédigé par Muñoz Azpiri :

« La grâce angélique de Raphaël et la force cosmique de Michel Ange n'ont pas surgi parmi vous par hasard ; elles sont le symbole de l'âme italique, son contenu immanent et la synthèse du message qui parle aux siècles avec les voix de pierre des cathédrales et des monuments, des musées et des colonnes, la mystérieuse suggestion de Léonard de Vinci et la résonance divine des strophes de Dante. »

Frappés par tant d'érudition, par un sens poétique aussi délicat, les journalistes italiens décident de la mettre à l'épreuve :

« Quelles sont vos préférences musicales ?

— J'aime toute la musique, opéras et concerts, Chopin en particulier.

— Aimez-vous autant la musique que la lecture.

— Oh oui, j'aime tout ce que je lis !

— Mais vous avez certainement un auteur favori, madame. »

Et elle répond sèchement, se sentant sur un terrain glissant : « Plutarque. C'est un écrivain de l'Antiquité. »

Ce soir-là, elle écrit à Perón :

« Tandis qu'ils me disaient, par exemple, regardez cette cathédrale du dixième siècle, je pensais aux foyers et aux écoles que je créerais dès mon retour à Buenos Aires. »

Inquiet de sa santé, et craignant un attentat, Perón lui téléphone chaque nuit. Eva lui cache la vérité, assurant qu'elle ne s'est jamais sentie mieux.

Depuis Rome Eva gagna la Riviera Italienne, à Gênes, effectuant ses visites habituelles dans les quartiers pauvres, y prodiguant largesses et phrases de réconfort. A la suite de l'explosion du bateau marchand *Panigaglia,* le premier juillet, elle envoya un chèque d'un million huit cent mille lires pour les familles des marins qui avaient péri dans l'accident. Elle inspecta les logements sociaux, sujet intéressant dans la perspective de ses projets ultérieurs.

Tant de va-et-vient finirent par l'épuiser. Cédant aux instances de son médecin elle se reposa quelques jours au bord du lac de Côme avant de s'envoler pour Lisbonne, le 16 juillet, et pour Paris le 21.

Au début du siècle le voyage à Paris constituait un rite social obligatoire pour les Argentins des classes dirigeantes. Dépensiers et snobs, anxieux de participer aux délices de la Belle époque, ces « Argentins de Paris » formaient une catégorie à part.

Fuyant l'hiver, des familles entières de grands propriétaires fonciers traversaient l'Atlantique accompagnées de leur domesticité, à bord de luxueux paquebots dont les cabines avaient été décorées pour l'occasion. Ezequiel Paz « emmenait sur le bateau son cuisinier, des volatiles et une vache pour ne pas manquer de lait frais. Il emmenait une autre vache pour le voyage de retour », rapporte George Kent, un journaliste américain. Carlos Pellegrini et Benito Villanueva vécurent des amours tumultueuses avec Sarah Bernhardt et la Belle Otero ; Ignacio Correas paya une fortune afin d'acquérir le cheval « Diamond Jubilee » appartenant au Prince de Galles. La vulgarité s'ajoutait parfois à l'extravagance : il fut considéré de bon ton, parmi les jeunes clients argentins de Maxim's, d'abîmer les meubles, les murs et les plafonds en les recouvrant de beurre... En somme une chronique parisienne peu édifiante.

Mais au cours de cet été 1947 une femme issue du peuple, encore qu'épouse du président de la République argentine, s'installait à l'hôtel Ritz, reçue par le gouvernement français qui n'alla pas cependant jusqu'à payer ses frais de séjour.

Dépourvue d'un quelconque objectif politique, la visite d'Eva Perón à Paris constitua une intermède mondain : la « reine des descamisados » pourrait exhiber ses toilettes éclatantes et ses bijoux fabuleux ; elle assista à une réception donnée en son honneur par le Cercle d'Amérique Latine revêtue d'une robe de lamé doré, étroitement ajustée au corps, genre sirène, et s'évasant à hauteur des genoux ; ses escarpins étaient constellés de pierres semi-précieuses ; un collier de perles énormes et des boucles d'oreille en or serties de diamants rivalisaient avec une bague où resplendissait une gigantesque émeraude.

Trop d'ostentation pour un pays sortant de la guerre, pensèrent certains, mais ce n'étaient pas les Français qu'Eva voulait impressionner ; les photographies seraient largement diffusées en Argentine, dans les journaux et revues populaires, et chacune des petites ouvrières de San Justo ou La Paternal se retrouverait en cette femme qui, sans renier ses origines modestes, fréquentait les archétypes en matière d'élégance, autrement dit les Françaises.

On provoqua même délibérément les attaques de la presse étrangère et quelques quotidiens européens mordirent à l'hameçon. Le *New Chronicle* de Londres réprouve : « C'est un peu déplacé : alors que la campagne de Perón vise en premier lieu à l'amélioration de la condition ouvrière et qu'elle le soutient complètement dans cette campagne, elle apparaît chaque fois avec un nouveau et coûteux manteau de fourrure. » *La France,* de Marseille, publie une photographie d'Eva avec cette légende : « Je suis, comme vous, une sans-chemise, dit-elle aux ouvriers. Sans chemise, peut-être, mais pas sans bijoux. »

Bien loin de se sentir insultée Eva jubile : ces attaques servent parfaitement ses objectifs, elle sait ce que le peuple attend d'elle. En France, ses rendez-vous officiels furent de simples formalités protocolaires. Elle déjeuna avec le président Auriol et son épouse ; visita la Chambre des députés sans formuler aucune déclaration ; parcourut les jardins du château de Rambouillet, le Louvre et la Conciergerie. Son admiration pour Napoléon lui fait demander à visiter la tombe de l'empereur, aux Invalides. Comme à l'Alcázar de Tolède elle reste silencieuse quelques minutes. Quatre ans plus tard, devant l'imminence de sa mort, elle priera Perón de disposer son sépulcre de la même façon que celui de Napoléon : plus bas que le visiteur afin que celui-ci soit obligé de s'incliner pour le contempler. Naïveté excusable, audace inadmissible ou simple ignorance de leurs dimensions historiques respectives ?

Ce culte pour Napoléon manqua de provoquer une « gaffe ». Au cours d'un dîner officiel offert par le gouvernement français, désireuse de répondre à un toast, Eva se penche vers la femme de l'ambassadeur d'Argentine, Victorica Roca, et lui demande : « Comment dit-on *viva Napoleón* en français ? »

« Mon Dieu, s'écrie l'ambassadrice, ne dites pas cela, acclamer Napoléon, en France, ce serait comme acclamer Rosas en Argentine, beaucoup de gens se fâcheraient ! » Eva suit le conseil et se contente de crier « Vive la France ! » Reconnaissante, Eva promet à madame de Vicorica de la nommer sénateur ; ce qu'elle fait dès son retour à Buenos Aires, malgré les protestations de l'ambassadrice arguant du fait que son mari n'est même pas péroniste. Il était aussi difficile d'échapper à ses récompenses qu'à ses représailles.

Ces ingénuités lui étaient coutumières ; discutant avec Bidault, le ministre des Affaires étrangères, Eva insiste auprès de la traductrice pour qu'elle évoque « la grande œuvre accomplie par le colonel Mercante », comme si le bon colonel était admiré dans le monde entier.

Le 4 août, Eva partit pour la Suisse en train, bien qu'elle n'y eût été invitée officiellement. La visite était de caractère strictement privé et ses ennemis eurent beau jeu d'insinuer qu'elle y allait déposer de l'argent, son frère Juan Ramón étant chargé de l'opération. C'était peut-être la vérité, mais il n'en est resté aucune trace.

Renommée pour la beauté de ses paysages, la stabilité de ses institutions et l'urbanité de ses habitants, la Suisse fit subir à Eva les pires vexations de sa tournée.

Entre Genève et Berne le wagon fut bombardé plusieurs fois par des jets de légumes dont les auteurs restèrent impunis. Dans la capitale suisse, un individu nommé Franz Heitag, âgé de vingt-quatre ans, lança deux pierres contre l'automobile d'Eva qui se rendait auprès du président de la Confédération. Arrêté par la police Heitag fut déclaré irresponsable et remis aussitôt en liberté. En Suisse seuls les fous peuvent abîmer délibérément une voiture ou gaspiller un légume.

Accueillie avec une courtoisie distante par les autorités, et ignorée du restant de la population, Eva se vengea sur une victime innocente : l'ex-reine d'Espagne Victoria de Battemberg ; la veuve d'Alphonse XIII résidait à Lausanne et voulait la rencontrer. La réponse d'Eva manqua d'élégance :

« Si elle désire me voir, qu'elle m'attende au bord de la route, comme tout le monde. »

L'épisode suisse inspira à Perón une rancune tenace :

« La Suisse est un pays qui ne me plaît pas. Je n'aime pas les pays hybrides. La Suisse est l'un des rares pays au monde que je ne connais pas et n'ai pas envie de connaître. Je crois que la Suisse est le pays où se rassemblent tous les bandits parce que c'est le pays « receleur ». Un receleur est celui qui achète les choses volées. La Suisse est un pays pour les bandits, l'endroit où ils cachent tout ce qu'ils volent aux autres. »

Paroles qui rendent d'autant plus mystérieuse la visite d'Eva et de sa suite, lesquels n'avaient pas été invités officiellement dans un pays si excécrable et si discret quant aux comptes bancaires numérotés.

On évoquerait plus tard, avec insistance, une sombre histoire de fonds bloqués sur un compte suisse, affaire très embrouillée ayant coûté à Perón quelques millions de dollars. Les « receleurs » auraient fait preuve de leur efficacité habituelle.

Les Anglais firent comprendre à Eva Perón, mais sans la brutalité des Suisses, que sa présence sur l'île était inopportune. La réponse aux tractations de l'ambassade d'Argentine à Londres — en vue d'obtenir une invitation de la famille royale — accusa un retard significatif, on indiqua finalement que si Eva visitait la ville elle serait conviée à « prendre une tasse de thé à Whitehall. Leurs Majestés regrettaient d'être absentes, des engagements antérieurs les appelaient en Ecosse ». En tout cas, une commission de fonctionnaires présidée par Lord Davidson réglerait les détails du séjour si madame Perón tenait à venir. Eva ne fut pas dupe : « Ou bien le roi me loge dans son palais, ou bien je n'y vais pas. » Elle n'y alla pas.

Un bref communiqué diplomatique mit fin à l'épisode : « Le gouvernement de Sa Majesté fait savoir que madame María Eva Duarte de Perón ne se rendra pas en Grande-Bretagne en raison du profond état de prostration dont elle souffre. »

La réticence britannique était due à des motifs d'ordre politique : le département d'état américain réprouvait ce projet, il aurait été ridicule d'encourir la mauvaise humeur des puissants seigneurs de Washington pour satisfaire les caprices touristiques d'une pittoresque dame latino-américaine ou pour servir la propagande de son célèbre époux. Le Portugal constitua la dernière étape de son périple ; plus galant que les monarques anglais, l'ex-roi Humberto de Savoie et son épouse, Marie-José, lui offrirent un déjeuner à l'Estoril. Evita semblait radieuse, toute de blanc vêtue.

Le 9 août 1947, à Lisbonne, Eva reprenait le chemin du retour à bord du paquebot « Buenos Aires ».

Il y avait une double explication à ce choix de la voie maritime : gagner quelques jours de repos, car les symptômes d'épuisement devenaient alarmants ; synchroniser son arrivée à Rio de Janeiro avec la réunion des ministres des Affaires étrangères américains qui se tiendrait dans cette ville.

Le délassement ne fut pas total pendant ces journées de navigation. Activiste incorrigible Eva avait découvert en troisième classe un groupe de six cents émigrants italiens à qui elle infligea d'interminables et quotidiennes homélies sur Perón et le péronisme... en oubliant un détail : ils ne comprenaient pas l'espagnol.

A Rio de Janeiro, où elle reçut un accueil courtois mais sans grandes démonstrations, Eva put réaliser son intention d'assiter à la conférence des ministres des Affaires étrangères, conférence présidée par le responsable brésilien, Raúl Fernández. Avec des façons exquises et l'abreuvant de compliments, Fernández réussit à faire taire Eva : elle ne prononça aucun discours et dut se contenter d'une entrevue privée avec le secrétaire d'Etat des Etats-Unis, George Marshall, et d'une brève déclaration à la presse : « L'Amérique espère avec anxiété, mais aussi avec foi, que ses représentants réunis ici concrétisent juridiquement l'appel à la paix universelle formulé par le général Perón. »

Elle s'envola ensuite pour Montevideo, avant-dernière étape de son voyage.

La capitale uruguayenne abritait alors des centaines d'opposants au gouvernement argentin, les relations entre les deux pays étaient tendues. On redoutait des manifestations hostiles à Eva ; à tort : les exilés argentins montrèrent plus de noblesse de caractère que les Suisses civilisés, il n'y eut aucun désordre et la correction des autorités s'avéra exemplaire.

Le 23 août, à dix heures du matin, le paquebot « Ciudad de Montevideo » accostait sur le quai nord de Buenos Aires avec Eva à son bord.

Les services officiels avaient organisé une réception triomphale : des milliers de personnes se pressaient sur le môle, agitant banderoles et pancartes au son du tambour ; les sirènes stridentes des dizaines de navires pavoisés, les acclamations de la foule, les uniformes blancs des écoliers mobilisés, l'alignement impeccable des cadets de l'école militaire et des autres détachements de l'armée, et même cet halo des matins hivernaux de Buenos Aires, c'était beaucoup plus que n'en pouvait supporter Eva ; vaincue par l'émotion, elle se jeta dans les bras de Perón et cacha son visage aux creux de son épaule, elle sanglotait.

Le périple européen conféra à Eva la notoriété internationale, et entraîna des répercussions inespérées.

A Paris, « Les Monde » fut l'un des premiers à souligner l'importance de la visite : « Cette femme d'extraction populaire, et qui ne prétend pas renier ses origines, a révélé soudain un nouveau monde au Vieux Continent. Parce qu'il existe le préjugé selon lequel l'Europe n'ignore rien en matière politique ou idéologique, et pourtant une femme argentine a ouvert les yeux au sujet d'une réalité inconnue dans ces parages : l'existence de pays et d'idées qui ne veulent pas se soumettre aux décisions des deux grands colosses luttant pour la domination du monde, les Etats-Unis et l'Union Soviétique. Il fallut qu'Eva Perón apportât à ce continent son verbe simple pour que les Européens se débarrassent de la lourde poussière déposée par une propagande répétée et suffocante. Maintenant, nous savons enfin qu'il y a des possibilités au-delà de l'exploitation imposée par le capitalisme et de la déshumanisation proposée par le communisme. »

En effet, pendant le séjour d'Eva en Italie, Perón avait adressé au monde un message de paix largement diffusé par les chaînes de radio. Le chef de l'Etat argentin y développait une théorie politique qui apparaîtrait normale aujourd'hui mais qui alors fut considérée comme téméraire et utopique. Aux pays en voie de développement, Perón suggérait tout simplement de refuser l'alignement dans un des deux blocs, capitaliste ou communiste, de s'engager sur une « troisième position » équidistante de chacun des deux camps. « Dans ce monde, il se livre en ce moment un combat entre communistes et capitalistes et nous ne voulons être ni l'un ni l'autre... Nous réalisons dans notre pays — et nous proposons à l'humanité — la doctrine de l'équilibre et de l'harmonie entre l'individu et la collectivité par la justice sociale qui rend sa dignité au travail, qui humanise le capital, qui élève la culture sociale, qui supprime l'exploitation de l'homme par l'homme, qui produit la réalité concrète et positive des droits du travailleur, du vieillard, de l'enfant et de la famille, de telle sorte que le " nous " de la société se réalise et se perfectionne par le " je " de l'individu considéré comme un être humain. »

Dans l'ordre international, les nations souveraines organise-raient un système coopératif de gouvernement mondial ; dans le domaine social, on adopterait une voie intermédiaire entre l'indivi-dualisme et le collectivisme dont l'instrument de base serait la « culture sociale » ; en matière économique, enfin, on refuserait à la fois l'économie de marché et la planification rigide et on les remplacerait par un système différent, obtenu en mettant le capital au service de la justice sociale, d'où le nom de « justicialisme ».

Pour Perón, la « troisième position » n'était pas plus une option moyenne entre les extrémismes de droite et de gauche qu'une spéculation philosophique sur la paix du monde. Du moins a-t-il eu le mérite de lancer — l'un des premiers chefs d'Etat du monde à le faire — des idées qui feraient leur chemin par la suite.

Eva avait été son porte-parole et l'on découvrait maintenant l'un des mobiles de la tournée européenne : sa simple présence dans les capitales du Vieux Continent donnait aux propositions péronistes une actualité difficile à obtenir depuis Buenos Aires.

La presse mondiale souligna la dignité de la conduite d'Eva anéantissant tous les préjugés, et son efficacité dépassant tous les espoirs. Une revue américaine, « U.S. News and World Report » la compara à madame Roosevelt et le « Time » lui consacra — il y avait beaucoup d'appelés et peu d'élus — son article central et sa couverture du 14 juillet 1947 ; avec le ton caustique qui lui était coutumier le « Time » révélait l'existence d'une femme insolite et déconcertante, d'une stature peu commune.

Eva Perón revint d'Europe confortée dans ses idées, mais aussi intense et grave parce qu'elle avait découvert derrière la pompe et les honneurs des abîmes insondables de misère humaine. Quelque chose s'était transfiguré en elle à se heurter aux légions de mendiants napolitains ou aux faméliques gitans d'Andalousie. Elle avait vu des enfants mourant de faim, des femmes déchirées, des hommes mutilés par la guerre, des familles logeant dans les caves, des fillettes prostituées et sans espoir de rédemption. L'Europe était-elle son chemin de Damas ? Avec toute l'impétuosité qui la caractérisait, Eva entreprit dès le lendemain de son retour une œuvre de solidarité humaine, généreuse et extravagante, comme l'Amérique n'en avait jamais connu.

Il fallait qu'elle se dépêche, la mort commençait à la harceler.

CHAPITRE IX

Cidre et pâtisseries

> *« Ce n'est que par la charité qu'on peut
> atteindre à la vérité. »*
>
> Saint AUGUSTIN.

« Quand j'ai décidé de visiter l'Europe, j'avais une préoccupation : voir ce qui avait été fait là-bas en matière de réalisations sociales. Chaque fois que j'en ai eu l'occasion et toujours en cherchant à faire une enquête soit discrète soit publique, j'ai visité autant d'œuvres sociales qu'il m'a été possible de le faire... Les œuvres sociales en Europe sont dans leur majorité, froides et pauvres. Beaucoup de ces œuvres ont été conçues selon les critères des riches... et le riche, quand il pense au pauvre, pense pauvre. D'autres réalisations ont été conçues par l'Etat ; et l'Etat fait tout dans un esprit bureaucratique, c'est-à-dire avec froideur là où la grande nécessité, c'est l'amour. »

Ces lignes résument l'esprit de l'œuvre sociale que Eva Perón entreprit à son retour d'Europe.

Trois jours après son arrivée, elle fit don d'équipements orthopédiques à dix hopitaux de l'intérieur du pays et fit parvenir de la streptomycine à Rosario. Pressé par Eva, Perón ordonna l'envoi d'un demi-million de tonnes de blé en Espagne. L'ambassadeur José María de Areilza, comte de Motrico, négocia un accord « Franco-Perón » grâce auquel l'Argentine ouvrait à l'Espagne un crédit de quatre cents millions de dollars destinés à l'achat de produits alimentaires et de matières premières.

Il fallut du courage à Perón pour faire la sourde oreille aux pressantes et réitérées sommations nord-américaines et pour rompre le blocus économique de l'Espagne que les envois argentins mettaient à mal. « Quand l'ambassadeur des Etats-Unis, raconte Perón, m'a dit : — Mais vous protégez le tyran Franco ? Moi je lui ai répondu : — Ce n'est pas tant Franco qui m'intéresse que le peuple espagnol. »

En octobre, deux navires marchands transportèrent le blé offert par Eva aux gouvernements espagnol et italien ; en novembre, un troisième navire apportait dix mille colis de vêtements et de nourriture pour « les pauvres de France ». Des dons similaires furent adressés aux ambassades d'Argentine en Europe avec des instructions pour les distribuer aux nécessiteux pendant les fêtes de Noël. Avec quelque malignité, en réponse à une circulaire de routine de la Croix-Rouge nord-américaine, Eva lui envoya « pour les pauvres des Etats-Unis » un chargement de vêtements que celle-ci dut accepter avec beaucoup d'embarras. On comprend moins bien les intentions d'Eva lorsqu'elle remit aussi des uniformes pour « les pompiers de Londres... ».

Depuis le jour où Perón fut en charge de la présidence, Eva fut préoccupée par le souci de donner une organisation à une œuvre de bienfaisance publique dont l'impulsion originelle était spontanée. Dans la résidence présidentielle, s'entassaient présents et contributions diverses venant de toutes les régions de la République : sucre de Tucumán, vins de Mendoza, farine, peaux, textiles, une collection de dons de toute sorte. « Quand Perón allait se coucher, raconte Atilio Renci, ex-intendant de la résidence présidentielle de Olivos, nous restions habituellement avec Eva jusqu'à l'aube à emballer les denrées. Notre problème majeur était le sucre : dans son enthousiasme, " la Señora " en faisait tomber par terre plus qu'elle n'en mettait dans les sacs de papier. »

Décidée à mettre en pratique ses expériences européennes, Eva obtint que, par le décret supérieur du 8 juillet 1948, fût créée la Fondation d'Assistance Sociale María Eva Duarte de Perón, qui par la suite s'appellera simplement « Fondation Eva Perón ». L'apport financier initial fut un chèque de 25 000 pesos déposé par Eva ; le premier local, un bureau du secrétariat d'Etat au Travail et à la Prévision sociale.

Les buts du nouvel organisme étaient d'apporter une aide en

argent ou en nature, de procurer des emplois, d'octroyer des bourses pour faire des études universitaires ou spécialisées, à toute personne dénuée de ressources ; de construire des habitations pour les familles indigentes ; de concevoir et de construire des établissements d'éducation, des hôpitaux, des centres de loisirs ou de repos.

Il s'agissait d'un gigantesque programme d'assistance sociale étendu à trois domaines d'action : le champ social, le champ éducatif et celui de la santé publique. En somme, un super-ministère.

Eva a défini la fondation comme « une action qui vient du peuple et qui va directement au peuple ». Elle aurait pu dire aussi que la fondation était son action personnelle et exclusive, en effet l'article 7 des statuts établissait que « la direction relève uniquement et exclusivement de la fondatrice, doña María Eva Duarte de Perón, qui l'exercera à vie et jouira des plus larges attributions que les lois et l'Etat reconnaissent aux personnes juridiques ».

Une procédure aussi insolite était indispensable pour que la fondation ne soit pas paralysée par les retards bureaucratiques et ne sombre pas mais qu'elle parvienne à être ce qu'elle fut : une entreprise unique en son genre, dynamique presque jusqu'au désordre, généreuse jusqu'au gaspillage, contraignante jusqu'au chantage, coûteuse, indiscrète, autocratique et... terriblement efficace.

Dotée de grands pouvoirs, Eva sut leur donner un sens et obtenir des résultats. Elle réunit des ressources financières en recourant à des méthodes plus ou moins orthodoxes : concours obligatoire des chefs d'entreprise et des travailleurs, contributions volontaires ou forcées. Partant d'un capital initial de 25 000 pesos donnés par Eva Perón, la fondation enregistrait en 1955 un actif de 1 500 millions de pesos, et son budget s'élevait à mille millions de pesos par an.

Eva Perón dépensait toute son énergie pour faire avancer le projet. « Elle ne se préoccupait pas, témoigne Alberto Bolaños ex-gérant de la fondation, de bilans ni de situation financière. Elle ne s'y intéressait pas parce que ses quinze heures de travail par jour ne lui laissaient pas de temps pour les chiffres. »

Dédaignant les formalités et la paperasse, Eva s'occupait personnellement de l'essentiel et des détails ; elle prenait parfois des décisions irréfléchies, guidée par ses impulsions. « J'ai toujours fait les choses de manière désordonnée », avouait-elle elle-même. Un désordre qui ne l'empêchait pas d'avoir une vision très sûre des problèmes, une étonnante intuition psychologique et un sens inébranlable de la justice. Une singulière capacité de jugement lui permettait de confier à chacun de ses collaborateurs les fonctions qui lui convenaient le mieux, à telle enseigne que son charme obtenait de ceux-ci qu'ils s'identifient avec leur tâche et partagent son enthousiasme. Beaucoup, cependant, étaient mus par la crainte.

Pour augmenter les ressources de la fondation, Eva obtint un pourcentage important des recettes des casinos, des courses de chevaux et des loteries. Elle prélevait aussi sa dîme sur le premier mois des augmentations de salaire.

Pour être considérables, ces sources de revenus ne suffisaient pas à financer les ambitieux projets de la fondation ; c'est la raison pour laquelle Eva en vint au système des « contributions volontaires » qui, en fait, était un système d'exactions très voisin de la spoliation. Ceux qui ne comprirent pas le message eurent à en souffrir.

Quand les contributions des entreprises privées, usines ou commerces, tardaient à venir ou étaient jugées insuffisantes, une technique de persuasion fort convaincante était utilisée. L'établissement recevait la visite d'inspecteurs du fisc ou de la Santé, sévères et incorruptibles, qui examinaient avec minutie la comptabilité ou les conditions d'hygiène et de sécurité. Une amende démesurée sanctionnait la moindre irrégularité.

Pour Noël 1948, Eva souhaitait distribuer cent mille paquets de caramels aux enfants pauvres. L'entreprise « Mu-Mu » refusa d'en faire cadeau et demanda à la fondation de les régler au prix coûtant. Le même jour un inspecteur des services d'hygiène annonça qu'il avait découvert des excréments de rats dans la pâte des caramels « Mu-Mu » et on infligea à l'entreprise une amende d'un montant cinq fois supérieur au prix des caramels. Comme Evita était Evita, l'entreprise paya l'amende sans discuter. Les années suivantes, on ne manqua plus jamais de caramels « Mu-Mu », offerts par l'entreprise, pour les fêtes de Noël. Et on ne découvrit jamais plus d'excréments dans la pâte...

Eva demanda une contribution en argent liquide à l'usine « Espadrilles argentines ». L'entreprise envoya un chèque de dix mille pesos qui fut refusé par Eva, sans aucun commentaire. Un second chèque de cent mille pesos connut le même sort. La firme capitula : un troisième chèque d'un million de pesos lui valut un appel téléphonique de la première dame qui remercia pour « la généreuse et spontanée contribution ».

« Quand des délégations de pauvres gens de l'intérieur du pays venaient demander de l'aide, raconte Amado Olmos un ancien syndicaliste, il arrivait souvent qu'ils surprennent Eva sans argent. Elle, sans s'émouvoir, leur disait : " Voyez, en ce moment je n'ai pas d'argent, mais là-bas, dans le vestibule, il y a des messieurs qui en ont. " Elle allait alors vers les ministres et les députés qui faisaient antichambre et leur disait : " Messieurs, le peuple a besoin de votre argent. Il y a ici un plateau. S'il vous plaît, laissez-y un peu de ce que vous avez dans vos portefeuilles. Le gouvernement vous donne beaucoup. Vous pouvez bien déposer quelque chose ici. " Tous ouvraient leurs portefeuilles et mettaient de l'argent dans le plateau. Quand l'anecdote se répandit, il y eut des ministres et des notables qui allaient la voir le portefeuille vide, pour éviter qu'elle ne les laisse sans un sou. »

Les Argentins comprirent très vite. Si l'on ne voulait pas s'attirer le courroux de « la Señora », il était indispensable d'apporter sa contribution à la fondation. C'est ainsi que, tant que Eva Perón fut en vie, les dons se succédèrent. La liste en est interminable.

Les organismes publics et patronaux payèrent l'impôt spécial mais en maugréant ; les dirigeants corporatistes de la CGT, se départissant de leur habituelle docilité, formulèrent de timides observations. Lorsqu'elle apprit cela, Eva, le 22 décembre 1950, fit publier le communiqué suivant : « La présidente de l'institution a ordonné que l'ensemble des dons fournis dans tout le pays par les ouvriers et les employés du secteur public, de l'industrie et du commerce leur soient restitués immédiatement. »

Coup d'orgueil que Eva souligna en distribuant cette même année quatre millions et demi de kilos de pâtisseries, quatre millions de bouteilles de cidre et cinq millions de jouets.

Cette provocation fut suffisante pour que la CGT renonce à

récupérer ses dons et, oubliant ses griefs, confirme son appui à la fondation. Des gestes de ce genre valurent à Eva d'être baptisée par ses ennemis « la Femme à la cravache » et par ses partisans, « la Dame de l'espérance ». Elle méritait les deux surnoms.

Dans les locaux de la fondation, qui ressemblèrent très vite à une sorte de cour des miracles, s'entassaient, chaque mercredi, de la mi-journée jusqu'à la nuit, une multitude de gens de tous âges et de toutes conditions sociales. C'étaient surtout des mères accompagnées par leurs enfants, des vieillards, des invalides, des convalescents, des ouvriers sans travail, des femmes abandonnées, des veuves, des prostituées, des journaliers venant de la campagne. Mêlés à eux, ne jouissant d'aucun traitement de faveur, il y avait des hommes d'affaires, des politiciens, des fonctionnaires, des professeurs, des sportifs, des étudiants, des journalistes étrangers ou de simples curieux, qui attendaient d'être reçus par Eva ou au moins de la voir quelques instants.

Quand Eva tardait à venir, des huissiers distribuaient des biberons aux bébés, des friandises aux enfants, des sandwichs et des rafraîchissements aux adultes. Il régnait ainsi un climat étrange, fait de gaieté et d'attente, où les différences sociales s'estompaient momentanément dans une cohabitation forcée.

« Une fois, raconte Arturo Jauretche — celui-là même qui se vantait d'avoir trouvé en Perón un militaire facile à manœuvrer —, j'ai dû attendre un peu pour parler avec Eva Perón. Je me souviens que j'étais assis au milieu de femmes qui venaient demander quelque chose à Evita, quand je vois passer devant moi un radical chargé de biberons. La scène était assez comique : il y avait les cris des gamins, les bureaucrates qui regardaient les gens qui attendaient, Evita qui passait auréolée d'un halo de sainteté et ce type, que je savais être un fanfaron, qui me dépasse les bras chargés de biberons. Quand je l'ai regardé comme pour lui demander une explication, il m'a dit avec sa voix de camelot : " Et que voulez-vous que j'y fasse, docteur, si cette femme est une sainte ? " »

A une heure précise apparaissait Evita, souriante, vêtue simplement mais élégamment et entourée d'une nuée de secrétaires. Un murmure envahissait la salle tandis qu'elle allait de l'un à l'autre, écoutant avec attention chaque requête tout en fixant un regard pénétrant sur son interlocuteur. Pour atténuer ce qu'il y avait d'intimidant dans son allure, elle parlait doucement sur un ton bas, dans la langue populaire ou en argot argentin.

« Et qu'est-ce que je peux faire pour vous, ma fille ? Bien, qu'on donne un lit à l'hôpital à cette dame jusqu'à la naissance de son bébé. » Les secrétaires savaient que cet ordre impliquait aussi le don d'un trousseau et d'une somme d'argent que la future mère recevrait directement à l'hôpital avec la carte d'Eva Perón.

« Et vous ? Au chômage ? Depuis quand ? Pourquoi ?... Vous ne me mentez pas ?... Bon, donnez un emploi à monsieur au collège X ! Suffisamment bien payé parce qu'il a six enfants.

« Vous avez besoin de meubles pour vous marier ? Donnez l'ordre à la fabrique de meubles Z de livrer une chambre à coucher à mademoiselle !

« Vous avez besoin de vous faire soigner les dents ? On vous a expulsé de l'appartement où vous viviez ? Vous avez perdu votre mari ? Qui l'a tué ? »

Des vieillards se jetaient à ses pieds pour les baiser ; des femmes se signaient et priaient en sa présence. Drame ou comédie ? Ces séances duraient trois, cinq, huit heures, le temps qu'il fallait. Toujours souriante, même quand elle était fatiguée, Eva avait un mot de consolation ou de reproche pour chacun, lançait des ordres laconiques et péremptoires à ses subordonnés et décidait sans tergiverser. Un " oui " ou un " non " d'Evita étaient sans appel.

Pendant ces audiences, on entendait les demandes les plus extravagantes. Certains ne sollicitaient pas d'argent mais des conseils ou de l'aide pour résoudre leurs petits problèmes personnels : injustice à réparer, simples conflits conjugaux, abandons, pensions, bourse d'études pour le fils, difficultés avec les voisins, en fin de compte cette inépuisable accumulation de vétilles qui font la vie quotidienne des pauvres gens. Tous étaient écoutés.

« Dans une pièce contiguë à mon bureau, raconte Eva, là même où je reçois les corporations, défilent devant moi les familles ou les personnes qui m'apportent leurs problèmes, importants ou mineurs... Par exemple, sous le prétexte de demander une aide matérielle, viennent des hommes et des femmes qui ne savent plus que faire de leur existence... Je ne sais pourquoi ni dans quel but ils viennent me voir moi, ni ce qu'ils attendent de moi. Ce sont des êtres détruits par la douleur et l'injustice. La faim, les persécutions, la misère leur ont fait commettre toutes les erreurs possibles et il arrive un moment où ils ne savent plus que faire... Ce sont mes audiences secrètes. »

Pour authentiques que fussent les urgences et les misères que les gens confiaient à Eva, il était inévitable que quelques-uns tentent d'abuser de sa générosité. Ceux qui agissaient ainsi n'étaient pas, en général, des déshérités. « Il est déplorable, s'indigne Amado Olmos, que souvent, beaucoup de dirigeants, qui venaient pour résoudre leurs problèmes syndicaux, aient cherché à obtenir d'Eva Perón des maisons, des automobiles, des machines à coudre, des glacières. » Ces mêmes personnages importants insistaient ensuite pour se faire photographier aux côtés d'Eva, afin de se vanter devant le syndicat de leur amitié avec elle, ruse qui finissait par l'humilier car elle se sentait manipulée.

Mais elle était indulgente pour les astuces des déshérités. Il y avait des solliciteurs qui revenaient une fois, deux fois pour demander la même chose : de l'argent pour une opération chirurgicale, pour un enterrement, pour payer une dette. Il s'établissait ainsi une sorte de compétition entre leur astuce et la bonne mémoire et la perspicacité de Eva, experte à déceler ces rouleries qui, finalement, la divertissaient.

On connaît l'histoire de ce garde-barrière d'une petite station de chemin de fer entre Buenos Aires et Olivos qui se trouvait sur le trajet quotidien de l'automobile présidentielle d'Eva. Un jour l'homme s'approche et lui dit : « Madame, il me faudrait une petite maison parce que je vais me marier. » Son vœu fut exaucé. L'année suivante, Il renouvela sa demande. Et quelques mois plus tard, il recommença. Intriguée, Eva ordonna une enquête. On découvrit que le garde-barrière vivait avec trois femmes en même temps. Très sensible à ces questions de polygamie, Eva, indignée, fulmina : « Fichez dehors ce sultan qui veut installer un harem le long de la voie. ferrée. » Plus tard, elle pardonna à la condition que le coupable revienne à la monogamie.

Eva était impitoyable avec les hommes qui abandonnaient leur femme ou abusaient d'elle. Un réceptionniste de la fondation avait exigé d'une jeune fille qui voulait une entrevue avec Eva qu'elle fasse d'abord l'amour avec lui. Lorsqu'elle apprit la chose, livide de colère, elle jeta le coupable à la porte ; il ne put plus jamais obtenir un emploi dans l'administration. « Jamais, se souvient Atilio

Renci, elle ne pardonnait ; si Eva soupçonnait quelqu'un de
détourner de l'argent, elle le faisait surveiller jusqu'à ce qu'on le
prenne la main dans le sac. Et alors le misérable voyait toutes les
portes se fermer devant lui. »

    Eva avait-elle en mémoire son propre drame familial
lorsqu'elle prononça ces mots ? « C'est parce que je connais les
tragédies personnelles des pauvres gens, des victimes des riches et
des puissants qui exploitent le peuple, que mes discours sont
souvent empreints de rancune et d'amertume. Lorsqu'une femme,
par exemple, est jetée à la rue par un privilégié qui a abusé d'elle au
moyen de stupides paroles d'amour, c'est bien peu de chose de crier
de tout son cœur comme je l'ai si souvent fait : que la justice suive
inexorablement son cours, qu'il en coûte ce qu'il en coûte et que
soit châtié qui doit être châtié. »

    Protéger les femmes et en particulier les jeunes femmes fut un
des soucis les plus constants d'Eva Perón, comme cela avait été,
quinze siècles plus tôt, celui de Théodora de Byzance.

    Une fois le droit de vote pour les femmes conquis, elle orienta
son action vers la protection sociale de la femme. Elle avait peut-
être en mémoire les difficultés qui avaient marqué le voyage de la
famille Duarte de General Viamonte à Junín, puis ses propres
déplacements par la suite, lorsqu'elle décida que la fondation
ouvrirait à Buenos Aires et dans de nombreuses localités de
l'intérieur du pays des « foyers de passage » destinés à l'accueil
provisoire des familles et des jeunes filles venant de province.
C'étaient des endroits confortables et même luxueux, avec un
service très bien organisé, et des tarifs très bas, où les hôtes étaient
traités avec égards. Evita, qui avait fréquenté, dès son plus jeune
âge, les sordides pensions pour étrangers pauvres, voulait épargner
cette humiliation à ses compatriotes de province et en particulier
aux femmes. Elle parvint à faire construire à Buenos Aires, dans les
rues Carlos Calvo, Salta et Lafinur, trois « foyers de passage » qui
pouvaient recevoir plus de mille personnes. Des établissements
similaires, dont la construction avait été entreprise en divers points
du pays, demeurèrent inachevés. En effet, après la mort d'Eva, la
volonté qui était à l'origine de ces œuvres sociales disparut.

On créa avenue de Mayo, à Buenos Aires, le « foyer de l'employée », complément des « foyers de passage ». Cette pension moderne, de cinq cents places, accueillait les jeunes provinciales ainsi que les ouvrières et les employées de la capitale. Le « foyer de l'employée » était en fait un hôtel de première catégorie, avec un excellent restaurant aux prix quasiment symboliques : quatre plats pour deux pesos (75 cents de dollar). Les hôtes bénéficiaient de chambres personnelles, de bains privés et pouvaient rester pendant une semaine.

Les salles de réceptions auraient pu rivaliser avec celles des palaces pour millionnaires du Barrio Norte : un spacieux salon au sol couvert de tapis persans, avec des lustres en cristal de Baccarat au plafond, dans un angle un très précieux piano allemand de concert — rarement utilisé —, ailleurs des sièges de style Louis XV recouverts de brocart français, des porcelaines de Sèvres et de Dresde, des lampadaires anglais. On n'avait pas recherché l'unité de style mais l'ensemble était harmonieux et d'un goût très sûr.

L'une des galeries intérieures du « foyer de l'employée » était la reproduction, à une échelle réduite, de la rue Florida avec des devantures regorgeant de vêtements féminins, de sacs, de chaussures, de bijoux, de produits de beauté, de revues et de livres.

Outre la fonction sociale que remplissait le foyer, c'était un jouet, la maison de poupée qu'Eva s'offrait sur le tard comme compensation aux nuits passées dans les pensions de l'avenue Callao, aux repas pris dans les bars où elle se nourrissait autrefois d'une pizza et d'un café au lait, pour les lits malpropres et pour ces promenades dans la rue Florida, quand seule et inconnue elle brûlait du désir d'acheter tous ces objets hors de sa portée. Sans le savoir, elle reproduisait dans la vie réelle les aventures de « don Fulgencio », le héros pathétique de la pièce comique de Lino Palacio.

Eva aimait à venir inopinément au foyer pour partager le repas des hôtes de passage. A la fin d'un repas, elle fit un jour cet aveu, venu du plus intime de son être : « Il y a en moi un désir irrésistible de brûler ma vie, si ce faisant, je peux ouvrir le chemin du bonheur au peuple argentin. » Cette fois-là, la phrase n'était pas destinée à la propagande. Le matin même, elle avait eu une hémorragie.

Comme ces princes orientaux des « Mille et Une Nuits » qui à la nuit s'échappaient de leurs palais et traversaient incognito le bazar de Bagdad pour s'enquérir des doléances de leurs sujets, Eva aimait, à la fin de la journée, parcourir en automobile les quartiers populaires. Elle avait l'habitude de s'arrêter pour interroger tous ceux qu'elle rencontrait sur son passage. Un jour de pluie torrentielle, elle remarqua une femme et ses trois bambins qui s'abritaient sous une porte cochère.

Lorsqu'elle reconnut Eva, la femme effrayée, éclata en sanglots. Eva comprit sur-le-champ que derrière ces larmes se cachait quelque infortune. Elle apprit que le mari était en prison pour Dieu sait quel délit et que la femme et ses enfants n'avaient plus aucun refuge. Elle les emmena alors dans son automobile jusqu'au secrétariat d'Etat au Travail et là, sur un simple appel téléphonique, obtint que la mère soit nommée gardienne d'une école municipale pour enfants handicapés et qu'on loge ses enfants avec elle.

Une autre fois, comme elle rentrait à Olivos à une heure très tardive, elle remarqua, arrêté dans un terrain vague, un taxi délabré dont le chauffeur était en train de caresser une jeune fille. Eva donna l'ordre de convoquer ce chauffeur le lendemain à la fondation. Quand l'homme se présenta tremblant, craignant une réprimande, il trouva Evita souriante qui lui remit un bon pour qu'on lui vende un taxi neuf à très bas prix. A une condition : qu'il épouse la jeune fille. Et c'est ce qui arriva.

En examinant, avec le recul du temps, des épisodes de cette nature — et il y en eut des centaines d'autres dont le détail est perdu pour l'historien — on comprend quelle place Evita avait prise dans la vie privée des Argentins et pourquoi, après sa mort, elle fut considérée comme une sainte par les humbles et les déshérités.

Eva Perón recevait en moyenne mille lettres par jour, ce qui la conduisit à mettre en place un secrétariat de trente personnes, toutes volontaires, en majorité des femmes. La correspondance qui venait des régions les plus reculées du globe était triée, classée ; dans les cas urgents, on répondait tout de suite. Eva lisait autant de lettres qu'il lui était possible. « Pour moi, écrivait-elle dans *Ma raison de vivre*, l'important, c'est que ces lettres ont l'odeur du peuple et parce qu'elles ont l'odeur du peuple, elles ont l'odeur de la vérité. Je sais fort bien qu'une lettre ne trompe pas plus qu'une figure. »

Un jour, elle lut la lettre d'une prisonnière. Celle-ci suppliait qu'on lui accorde quelques heures de liberté pour rendre visite dans un hôpital de Buenos Aires à sa mère gravement malade. Evita intervint auprès du ministre de la Justice et le jour même, la prisonnière, habillée avec un vêtement offert par Eva, put rendre visite à sa mère.

A la suite d'une visite d'Eva à la prison des femmes, fut initiée une politique humanitaire : création de crèches pour les enfants des prisonnières, ouverture d'un salon de coiffure, formation professionnelle, travail rémunéré. Eva aimait offrir des machines à coudre ; cinq mille machines furent distribuées gratuitement dans toute l'Argentine. La machine à coudre lui rappelait le temps de la pauvreté à Junín, quand la famille tirait sa subsistance des travaux de couture que les voisines confiaient à Juana Ibarguren.

Elle savait que, dans la majeure partie des cas, ce sont la misère, l'ignorance et la solitude qui conduisent les femmes à la prostitution et à la délinquance. S'attaquant à la fois aux effets et aux causes, elle obtint la fermeture des cabarets de l'avenue Leandro M. Alem et de ceux des autres quartiers « chauds » de Buenos Aires, foyers de prostitution clandestine. Elle tenta — sans succès — de réhabiliter les prostituées en donnant l'ordre de leur accorder des crédits pour acquérir des outils de travail : machines à tisser, à coudre ou à écrire. Les écoles publiques de formation professionnelle ouvrirent des cours à leur intention. On ignore le nombre de celles qui profitèrent de ces facilités et il est probable qu'il y en eut fort peu, car le proxénétisme sait fort bien s'adapter, il se fait discret pour un temps mais ne cesse pas d'exister. Il a des racines trop profondes pour que les tentatives d'une femme suffisent à les extirper.

Malgré l'échec de son entreprise, Eva avait touché juste en prenant l'initiative, grâce à cette énergie qui était sa meilleure arme, de créer des structures sociales qui garantissaient la dignité de la femme, de la reconnaissance des droits civiques jusqu'à la lutte contre la prostitution, de la formation professionnelle à la recherche de l'égalité des chances. Si les résultats ne furent ni immédiats ni spectaculaires, il y eut un travail en profondeur et la naissance d'un état d'esprit que rien désormais ne pourrait faire disparaître.

Pour mesurer quel changement introduisit Eva Perón dans le domaine des droits de la femme, il suffirait de se rappeler que jusqu'à son entrée dans la vie publique, les épouses des présidents de la République successifs étaient confinées dans un rôle passif : présidence honoraire de sociétés de bienfaisance ou de la Croix-Rouge, inaugurations d'orphelinats, d'hôpitaux ou d'asiles de vieillards dans la gestion desquels elles n'avaient aucune part, présence décorative dans des kermesses de charité qui tenaient plus de l'événement mondain que de l'action philantropique. On ne leur demandait rien de plus et on n'attendait d'ailleurs rien d'autre d'elles. Qui se souvient aujourd'hui de leurs noms ?

Eva ouvrit la brèche par laquelle les femmes argentines des milieux populaires et des classes moyennes firent irruption dans la vie publique, les professions libérales, les disciplines scientifiques et techniques et le domaine culturel. Des places-fortes réservées jusqu'alors presque exclusivement aux hommes et surtout aux fils des familles très aisées, comme les universités, s'ouvrirent, grâce à un système de bourses patronné par la fondation, à des étudiants issus de catégories exclues du savoir : enfants d'ouvriers, jeunes travailleurs, bacheliers venus de provinces lointaines. En un mot : l'université argentine se démocratisa et cessa d'être le privilège de quelques-uns.

Eva Perón estima que l'épouse du président avait le devoir d'aller au-delà du rôle honorifique où elle était confinée par les préjugés et les habitudes, pour se consacrer à l'amélioration de la situation économique et du statut social des autres Argentines. Comme par un hasard historique singulier elle eut entre les mains le pouvoir de donner l'impulsion et de conduire cette action salvatrice, elle l'utilisa le plus qu'elle put. L'obtention du droit de vote pour les femmes avait été le premier pas.

Elle était dans le vrai : le démontre fort bien le fait, vérifié et vérifiable, que l'un des événements sociologiques les plus positifs survenus en Argentine en ce siècle réside dans l'intégration de la femme à la vie culturelle et économique du pays. Aujourd'hui, les femmes qui occupent des postes de responsabilité se comptent par milliers. La femme argentine « existe ».

Peut-être parce qu'elle ne put jamais être mère, Eva Perón débordait de tendresse à l'égard des enfants. « Les enfants, disait-elle, sont l'Argentine de demain, celle à laquelle rêve Perón. Il m'a dit qu'il voulait que les enfants apprennent très tôt à sourire et moi, en tant que femme argentine, je voudrais qu'ils soient heureux. Dans l'Argentine nouvelle, les seuls privilégiés sont les enfants. »

Elle avait conscience de ce qu'il y avait de dérisoire à reporter sur les enfants des autres femmes les réserves de tendresse qu'elle aurait aimé prodiguer aux siens. Elle dût se contenter du titre de « mère spirituelle de tous les enfants d'Argentine ». Ce qui était une faible consolation pour un désir frustré de maternité qu'elle tenta de sublimer par une action sociale intense. Comme elle avait la possibilité de le faire, elle commença, parallèlement à sa campagne en faveur des femmes, une vaste action pour les enfants argentins, pour ceux qui avaient besoin de la protection de l'Etat.

A son retour d'Europe, l'une de ses premières décisions fut de supprimer les uniformes gris que portaient les enfants dans les orphelinats. Elle voyagea ensuite dans plusieurs provinces de l'intérieur pour se rendre compte par elle-même de la situation des enfants. « J'ai constaté avec horreur, écrivit-elle dans le quotidien *Democracia,* qu'il y a des régions de l'Argentine où la mortalité infantile atteint 300 pour 1 000. Je me suis rendu compte que des centaines de milliers de nos enfants ne connaissent ni la viande ni le pain, bien qu'ils soient nés dans un pays grand exportateur de ces deux aliments de base. J'ai vu des milliers et des milliers de créatures privées d'éducation, d'hygiène, de la chaleur d'un foyer, vivant dans de sordides masures, sujettes à toutes les maladies et dissipant dans un désespoir silencieux ce temps qui devrait être celui des rêves de l'enfance. »

Sachant qu'elle ne pouvait tous les sauver, elle tenta d'en rendre heureux le plus grand nombre possible, sans plan, de façon empirique, au risque de commettre parfois des bévues et des extravagances qu'il faut mettre au compte d'un climat émotionnel d'une intensité que jamais l'Argentine n'avait connue et qui n'a plus été retrouvée depuis.

Sous la pression constante d'Eva, la fondation construisait des « foyers-écoles » à Buenos Aires, Santa Fe, San Juan, Mendoza,

Salta, Comodoro Rivadavia, Corrientes, Jujuy, Catamarca, Tucumán, La Rioja, La Pampa, Entre Rios et Santiago del Estero. Dans le même temps débuta un vaste programme de construction d'écoles rurales à San Luis, Córdoba, La Pampa, Santa Fe, Chaco, Santiago del Estero et Entre Rios.

De toute évidence, ces bâtiments étaient loin de résoudre la difficile question de l'éducation en Argentine ; l'ambition d'Eva était d'édifier des écoles-modèle qui, rompant avec les vieilles habitudes pédagogiques, montrent aux Argentins ce que pouvaient et devaient être les écoles rurales. « Le sens profond de la fondation, disait-elle, c'est de réparer les injustices... Je crois que pour effacer dans l'âme des enfants, des vieillards et des humbles la trace d'un siècle d'humiliations imposées par une oligarchie froide et sordide, il faut leur donner de l'art, du marbre et du luxe ; c'est-à-dire, en quelque sorte, passer d'une extrême à l'autre mais cette fois au bénéfice du peuple et des humbles... Il faut que les enfants de l'oligarchie, même s'ils vont dans les meilleurs collèges et les plus chers, ne soient pas mieux traités que les enfants de nos ouvriers dans les " foyers-écoles " de la fondation. »

Cette fois aussi, ce qu'il y avait d'excessif dans les mots n'eut pas d'incidence sur la réalisation. Les petites écoles construites par la fondation sont des modèles du genre : vastes, bien conçues, avec de grandes baies, des salles à manger pour les repas des enfants, des terrains de jeu, des arbres et des fleurs. Elles avaient été conçues dans la joie et avec amour.

A Santiago del Estero, l'une des provinces argentines où le niveau de vie est le plus bas, l'absentéisme scolaire était très élevé et le taux d'analphabétisme très fort. Le « foyer-école » utilisa des stimulants pour attirer les enfants pauvres ; le logement, la nourriture et l'instruction étaient gratuits. Quand l'année scolaire prit fin et que les enfants durent rentrer chez eux, Evita ordonna à la directrice : « Ne fermez pas l'école ; peut-être que quelques-uns des enfants voudront revenir. » Et il arriva ce qu'Eva avait prévu ; peu de temps après, beaucoup d'écoliers revinrent au foyer où ils purent passer leurs vacances. Tant qu'Eva fut en vie, le foyer ne ferma pas un seul jour. Mieux, la fondation transporta cent cinquante enfants de Santiago à Buenos Aires et les logea au « foyer-école » de la capitale. Ils revinrent, accompagnés par Eva, dans un train dont le wagon-restaurant était rempli de friandises pour les enfants. Ce fut une des rares occasions où elle parut toute innocence et sans mystère. Elle écrivit un jour qu'elle recherchait la compagnie des enfants quand elle voulait se reposer « ou peut-être se remettre des désillusions rencontrées dans d'autres moments de son combat ».

Les petits visiteurs de Santiago del Estero donnèrent à Eva l'idée de lancer un plan de « tourisme pour les enfants » afin que les jeunes Argentins connaissent leur propre pays. De Buenos Aires partirent des trains remplis d'enfants vers la sierra de Córdoba, les thermes de Río Hondo ou d'autres sites pittoresques pendant qu'arrivaient dans la capitale des caravanes venues de l'intérieur du pays pour profiter des joies de l'été à Mar del Plata ou sur les plages voisines. Cette entreprise et l'organisation d'un championnat national de football junior réservèrent une surprise aux autorités : on découvrit que sur les deux cent mille enfants inscrits, cinquante pour cent n'étaient pas vaccinés et ne l'avaient jamais été de leur vie. Autre découverte inattendue : les chaussures de football que la fondation distribua aux joueurs des équipes participant au championnat étaient pour beaucoup d'enfants la première paire de chaussures qu'ils recevaient depuis leur naissance. La dure réalité sociale du pays se dévoilait par des chemins inattendus. Petit à petit, sans l'avoir voulu ni l'avoir recherché, la fondation révélait l'existence d'un plus grand nombre de problèmes que ceux qu'elle tentait de résoudre : le taux de malnutrition infantile, les carences sanitaires, l'analphabétisme, en somme, la pauvreté dans l'un des pays les plus riches du monde.

Pour quelle raison Eva, qui n'ignorait pas quelles étaient les priorités, destina-t-elle d'importantes ressources de la fondation à des entreprises qui, dénaturant l'ambition louable d'entourer les enfants de toutes les commodités nécessaires, tournèrent au ridicule et au gaspillage, nuisant à l'intérêt même des enfants ?

La « cité enfantine Amanda Alem », édifiée à grands frais dans la capitale fédérale, fut l'exemple même d'une de ces opérations aberrantes dans lesquelles Eva se jeta avec ardeur. Concrétisation de ses phantasmes, la cité enfantine était, selon les propres mots d'Eva, « un coin privilégié de la grande ville, quelque chose comme la capitale en réduction d'un pays de fantaisie, dont les terrasses des maisons arrivent à peine au niveau des premières branches des arbres, où à chaque détour on s'attend à voir des petits nains dansant la farandole ou une princesse dans un carrosse de cristal ».

Cette ville lilliputienne occupait deux hectares dans le quartier de Belgrano à Buenos Aires. C'était un immense jouet avec des édifices de deux mètres de haut, un village à échelle réduite. Une localité pourvue de tous les services d'une ville : église, marché, station-service pour les automobiles, pièce d'eau de faible profondeur, poste et télégraphe, banque, boucherie, boulangerie, kiosque à journaux, parc avec des bancs, des becs de gaz, rues et places. Tout était parfaitement reproduit, peint de couleurs vives, comme dans un film de Walt Disney.

Autour de cette ville en miniature, on installa des terrains de jeux, des toboggans, des manèges, un train électrique, un petit bassin, un établissement de bains, des services médicaux, des dortoirs, une salle de spectacle et un solarium. Sur les murs des salles à manger étaient peintes des scènes tirées de *Blanche Neige* ou du *Petit Chaperon rouge ;* les dortoirs étaient équipés de petits lits de bois, avec une literie de qualité, de petites tables de chevet garnies de jouets, de rideaux roses pour les filles et bleu clair pour les garçons. Les locaux étaient toujours d'une blancheur immaculée et chaque objet soigneusement rangé à sa place. L'ensemble était tellement intimidant que les enfants n'osaient pas y jouer. Ils auraient certainement préféré un terrain de football et un ballon.

L'impatience d'Eva Perón fit que la cité enfantine fut édifiée en un temps record de six mois. Cette extravagante vitrine de l'œuvre sociale de la fondation était en même temps le refuge favori de la première dame du pays. Eva n'est certes pas la première personne dont l'activité adulte trouve son origine dans les illusions de l'enfance. Le « foyer de l'employée » était une revanche sur les années difficiles de sa jeunesse tandis que la « cité enfantine » la vengeait d'une enfance passée dans des bouges sordides quand son unique jouet était une poupée aux jambes brisées. Ce qui lui avait été refusé, elle voulait maintenant le prodiguer à pleines mains, jusqu'à l'excès et au gaspillage.

La cité enfantine accueillait les enfants de deux à sept ans, originaires de familles prolétariennes de Buenos Aires. Mais souvent le choix était influencé par l'appartenance politique des parents. Il était inévitable que les péronistes jouissent de la préférence, ce qui ne veut pas dire que ceci constituait une règle qui

excluait les autres. En fait, d'après le témoignage de ses collaborateurs, la décision appartenait à Eva et elle témoignait en l'occur-
rence d'une certaine ouverture d'esprit. Il n'y avait que les enfants
de « l'oligarchie » qui étaient d'office exclus.

Eva ne cachait pas sa fierté quand elle faisait visiter elle-même
son œuvre à des Argentins ou à des étrangers ; elle ne se souciait
pas des réactions hostiles que ces visites pouvaient susciter.
Beaucoup de gens considéraient la cité enfantine comme une
réalisation artificielle et absurde, dédiée à des fins de propagande
plus qu'au divertissement des enfants ; ils y voyaient un coûteux
caprice de « La Señora » au détriment d'œuvres sociales moins
spectaculaires mais plus utiles. Mais Eva était ainsi et il aurait été
vain d'attendre d'elle un autre comportement.

Cependant, elle était aussi préoccupée par des problèmes bien
réels comme le montre son action en faveur de la ratification de la
loi créant la commission d'apprentissage et de formation professionnelle pour les jeunes travailleurs spécialisés ou semi-spécialisés.

L'application de cette mesure fit que l'Etat assuma la responsabilité de la surveillance et de l'orientation des jeunes travailleurs
de 14 à 18 ans, répartis en trois catégories, apprentis, aides ouvriers
et semi-professionnels. Un organisme plaçait les candidats dans les
services officiels, les organismes d'Etat et les entreprises conces-
sionnaires de services publics. Le second cycle consistait en cours
de perfectionnement technique pour les ouvriers et les ouvrières
sortis des écoles techniques ; enfin on créa l'Université Ouvrière
Nationale qui délivrait des diplômes d'un niveau académique
équivalent de celui des autres universités du pays. Pour mesurer le
progrès représenté par cette réforme, il faut savoir que jusqu'alors,
l'accession de fils de travailleurs à l'université revêtait un caractère
tout à fait exceptionnel, non pas parce qu'il y avait à cela des
entraves juridiques mais par un processus de discrimination automatique qui tenait à la situation sociale et économique des parents.
Pour lever ces obstacles, la fondation octroyait autant de bourses
qu'il était nécessaire. De plus, on construisit à Buenos Aires une
« cité universitaire », moins somptueuse que la « cité enfantine »
mais d'une plus grande utilité. Des centaines de jeunes ouvriers

venus de l'intérieur du pays y trouvaient à se loger ainsi que toutes les commodités nécessaires. Dans le même temps, l'entrée des bacheliers issus de la classe ouvrière dans les facultés de lettres ou de sciences fut simplifiée.

« Maintenant, écrivait Eva Perón, les humbles peuvent devenir avocats ou médecins, selon leurs penchants. Ceux-ci, avec leur conscience populaire, seront plus humains et les générations futures pourront nous remercier de les avoir comprises et soutenues. »

Aujourd'hui, trente ans après, il est fréquent de rencontrer à Buenos Aires et dans les villes de l'intérieur des responsables, maintenant d'âge mûr, dont la carrière a commencé grâce à l'action de cette femme. « La seule chose dont je souffre, se lamentait-elle, c'est que la journée ne dure que vingt-quatre heures et que je ne puisse être partout. »

Les femmes... les enfants... les jeunes...
Le temps des vieillards était venu.
Le 17 octobre 1948, Eva inaugura à Burzaco, localité proche de Buenos Aires, un premier foyer de vieillards qui pouvait accueillir deux cents personnes ; d'autres furent mis en construction à Córdoba, Santa Fe, San Juan, Tucumán et Comodoro Rivadavia. Il ne faudrait pas imaginer qu'il n'existait aucune maison de retraite en Argentine auparavant. Naturellement, il y en avait tout comme il y avait des orphelinats et des écoles. Ce qui était nouveau, différent, c'était le style. Et la conception. Il ne s'agissait plus d'œuvres de charité qui dépendaient de la générosité individuelle ou de l'action administrative de l'Etat mais de la renaissance d'un droit de l'invalide ou du handicapé à avoir un logis et à percevoir une aide qui garantisse sa dignité.

Eva fut à l'origine d'une « déclaration des droits des anciens » qui obligeait l'Etat à pourvoir à la subsistance de tout vieillard sans ressource, reconnaissait son droit au logement, à être nourri, vêtu, à la santé, au divertissement, au respect. De plus, elle établissait le droit des vieillards à travailler « quand leur condition physique et la situation le permettent ». Ces conquêtes furent introduites dans la constitution politique argentine de 1949.

Il revint à Eva Perón de rendre publique cette déclaration au cours d'une cérémonie organisée à cet effet. Dans un discours émouvant, elle déclara que ses objectifs étaient beaucoup plus larges et qu'elle souhaitait être le porte-parole non seulement des vieillards handicapés d'Argentine mais aussi de « tous les oubliés de la terre ». Ces paroles étaient révélatrices de la dimension qu'elle assignait à son apostolat.

A partir de ces bases juridiques, Eva passa à l'action. Elle libéra les prestations de l'assurance vieillesse, augmenta le montant des pensions et simplifia les formalités. Grâce à cette impulsion, fut mis en place un système de pensions pour les travailleurs du secteur industriel et l'âge de la retraite fut fixé à 55 ans. Sans doute un des plus bas du monde. En outre le montant des prestations fut calculé en fonction de la rémunération au moment de la mise à la retraite et non plus en proportion des cotisations. Que le système retenu violât les règles élémentaires de financement des assurances et aboutisse à la longue à vider les caisses était un problème qui importait peu à Eva Perón ; elle était allergique à tout principe susceptible de contrecarrer ses desseins. Elle passait par-dessus les lois quand sa conception de la justice sociale lui commandait de le faire et comme elle disposait de l'appui de Perón, les choses devaient être faites comme elle l'entendait.

Des attitudes iconoclastes et arbitraires de ce genre faisaient apparaître Eva comme beaucoup plus révolutionnaire que Perón. Sans l'appui de théories marxistes, l'action d'Eva est cependant beaucoup plus radicale que celle de ses adversaires, les communistes. C'est elle qui, par sa volonté provocatrice, a lancé un appel à la lutte de classes, peut-être sans prendre clairement conscience du caractère prémonitoire de sa rébellion.

Ceux qui comprirent fort bien furent les membres des milieux conservateurs argentins et ceci explique qu'ils aient combattu Eva avec une grande virulence. Elle s'en rendit compte dès le premier instant : « Je sais, disait-elle, que quand ils me critiquent, ce qui les gêne, en fait, c'est la révolution. »

Un bon exemple de cette mentalité non conformiste, c'est la conception qu'avait Eva de la sécurité sociale. Un jour de 1948, comme elle visitait l'entreprise « Espadrilles argentines » (celle de l'affaire du chèque), elle fut impressionnée par le nombre important de femmes âgées qui travaillaient dans les ateliers. Elle demanda au gérant que les cent ouvrières les plus âgées viennent la voir le lendemain à la fondation. Ses désirs étaient satisfaits sans discussion. En recevant les ouvrières, Eva leur annonça : « Aujourd'hui c'est votre dernier jour de travail. Dès demain vous toucherez une pension. » L'entreprise n'avait plus qu'à s'arranger pour couvrir le déficit.

Un autre jour, en arrivant à la fondation, Eva se heurta à l'un des fonctionnaires qui discutait avec une vieille femme. Elle s'enquit de ce qui se passait. « Cette dame, répondit le fonctionnaire, demande une pension de vieillesse mais elle ne possède aucun certificat. » Sans hésiter, Eva rétorqua : « La pension de vieillesse est faite pour les vieux. Vous doutez que cette dame soit une vieille femme ? Alors, donnez-lui satisfaction. Demandez-lui seulement son nom et son adresse. »

Le 3 juillet 1950, Eva organisa une cérémonie spéciale au théâtre Colón pour remettre à mille personnes âgées les documents qui leur ouvraient le droit à une pension. Dans le même temps, on fit la même chose dans divers points de la République.

« Un jour, déclara-t-elle, j'ai dit à tous les humbles de notre patrie que la justice sociale adviendrait inexorablement et, en ce jour, nous sommes en train de le démontrer. J'ai voulu rendre cet hommage à la vieillesse pour vous dire que vous pouvez être assurés que là où est Eva Perón, il y a une ferme volonté de servir. Tous mes rêves, toutes mes illusions, toutes les préoccupations sont consacrés exclusivement au service des gens humbles de notre patrie. »

Pour Eva Perón, l'assistance sociale était un devoir collectif de ceux qui travaillent à l'égard de ceux qui en sont empêchés, quelle que fût l'origine sociale des uns et des autres. Cette conception, exprimée à différentes reprises, la place au rang des précurseurs de la sécurité sociale moderne dont elle eut l'intuition avec plusieurs décennies d'avance. Le « plan Beveridge » était fondé sur des principes semblables.

La sécurité sociale implique, notamment, une organisation hospitalière.

C'est pourquoi, en même temps que les foyers d'accueil, les

foyers-écoles, les bâtiments universitaires et les asiles de vieillards, furent construits dans de nombreux points de l'Argentine des hôpitaux, des polycliniques et des dispensaires dotés d'un équipement moderne.

L'Argentine était trop vaste pour que ce réseau hospitalier couvrît la totalité des régions ou suffît à ses besoins ; beaucoup de villages et de grandes zones rurales restèrent oubliés. Il y eut — c'était là une des tares de la fondation — un gaspillage ostentatoire dans certains hôpitaux et des carences graves dans d'autres. Mais la chose se fit. Santiago del Estero, Salta, Jujuy, Mendoza, San Juan furent choisis comme centres d'assistance pour l'intérieur du pays. Un train sanitaire de neuf wagons doté d'un équipement chirurgical moderne et d'un personnel médical de quarante-six membres parcourut pendant plusieurs mois les provinces du Nord. Grâce à une gigantesque campagne sanitaire, le paludisme, jusqu'alors endémique dans le nord de l'Argentine, fut éliminé. Ce fut l'un des succès spectaculaires de la fondation.

La polyclinique d'Avellaneda, inaugurée le 24 février 1951, fut l'un des plus importants établissements médicaux créés par la fondation. Eva, ternissant par des paroles imprudentes et inutiles l'image d'une œuvre digne d'éloges, affirma alors : « Quelle que soit la somme d'argent qu'il paie, aucun membre de l'oligarchie, ne pourra être aussi bien reçu et aussi bien soigné, dans aucun établissement du pays, que les malades dans la polyclinique de la fondation. » Qu'aurait-elle fait si un opposant avait eu un besoin urgent des services médicaux de l'un des hôpitaux de la fondation ? Par ailleurs, tous les opposants n'appartenaient pas à l' « oligarchie » ; il y en avait aussi chez les pauvres.

Elle avait parfois des attitudes fort contradictoires : à la même époque, elle insista pour envoyer aux Etats-Unis un petit garçon frappé de paralysie infantile, dont le cas avait été jugé désespéré car il avait la moelle épinière endommagée. Aux médecins qui s'opposaient à ce voyage, Eva répondit : « Je vais le faire partir quand même parce que si je ne le fais pas, son pauvre père continuera à penser que si son fils reste à jamais paralysé, c'est parce qu'il n'a pas les moyens de le faire soigner. En revanche, s'il va là-bas et qu'il se rend compte qu'on ne peut plus rien pour l'enfant, il aura au moins ce réconfort de savoir que tout a été tenté et cela lui donnera la force de supporter un tel fardeau. »

Eva offrit à la ville de Santa Cruz en Bolivie une centaine de lits, des matelas et des instruments chirurgicaux qui permirent l'ouverture d'une maternité qui fut, à juste titre, baptisée « Eva Perón ». Cet hôpital, modeste don d'Eva, fut un des rares qui continuèrent et continuent encore à porter son nom alors que les changements politiques firent débaptiser les hôpitaux de son propre pays.

La « maternité Eva Perón » rend toujours de précieux services aux pauvres gens de Santa Cruz. Une des religieuses de l'ordre monastique de Sainte Anne, qui gère l'institution, déclara à un journaliste argentin : « La maison est simple parce qu'Eva n'a pas eu le temps de nous envoyer plus. Elle nous avait promis des vêtements, des couvertures et d'autres choses. Mais elle est morte et depuis nous n'avons plus rien reçu. »

Quand l'Equateur fut ravagé par un tremblement de terre, en septembre 1948, la fondation envoya cinq avions chargés de matériel sanitaire et de personnel médical. Evita attendait à l'aéroport un des avions qui revenait de cette mission. L'appareil prit feu et tomba près de Castilla, localité proche de Buenos Aires ; tous ses occupants moururent. Eva resta une nuit entière à l'hôpital Rivadavia et des gens la surprirent en train de pleurer. Pour la remercier de son aide, les syndicats équatoriens lui décernèrent le titre de « citoyenne de l'Amérique ». En 1950, elle distribua des secours aux victimes d'un tremblement de terre en Colombie. Le nombre de dons que la fondation envoya en dehors d'Argentine est incalculable car des demandes arrivaient des coins les plus reculés du monde. Une fois même, Eva envoya de la pénicilline à une vieille paysanne d'Iran !

Environ neuf cents jeunes Argentines et une centaine de jeunes étrangères obtinrent leur diplôme d'infirmière à l'école du « 7-Mai » fondée par Eva Perón. Ces diplômes étaient reconnus par l'Université et il existait un cursus de spécialisation où l'on enseignait l'anesthésie, les soins aux nouveaux-nés, les travaux de laboratoire, la radiologie, la transfusion sanguine et le maniement instrumental.

On comptait par dizaines les dispensaires et les crèches construits par la fondation auxquels il faut ajouter un hôpital d'épidémiologie infantile à Buenos Aires, une polyclinique pour enfants à Catamarca ainsi que des refuges pour les mères et des cliniques d'accueil pour les nouveaux-nés.

Bon nombre de ces établissements disparurent graduellement après la mort d'Eva.

Cette période de construction d'édifices hospitaliers brève mais intense fut commentée en ces termes — avec quelque emphase — par Eva lors d'une réunion de gouverneurs en 1951 : « En trois ans, la fondation a construit 86 édifices dans le pays dont le plus petit est l'hôpital de Catamarca qui a une capacité de 200 lits. En six mois d'organisation, nous avons ouvert des centres jusqu'à la région la plus australe du monde, la Terre de Feu. »

Au cours de la réalisation du premier plan quinquennal, 350 000 logements ouvriers furent édifiés. Eva voulait inaugurer un logement toutes les huit minutes mais ce rythme ne put être atteint.

En avril 1949, elle inaugura le quartier « Evita » dans les alentours de l'aéroport de Ezeiza, à Buenos Aires ; en mai, un foyer-école à Santiago del Estero et le même mois, à Resistencia un ensemble d'habitations populaires. En juin, ce furent deux quartiers, un foyer-école et des travaux de pavement de rues. Elle trouva alors le temps d'inspecter les travaux du gazoduc qui devait réunir Comodoro Rivadavia à Buenos Aires. Au mois de novembre, elle se rendit à Mendoza et à Córdoba pour poser les premières pierres de divers édifices.

Les premiers logements que la fondation attribua à des familles dans le besoin étaient des appartements sous-loués à Buenos Aires et équipés de meubles ainsi que des ustensiles nécessaires. Si la famille était nombreuse, on lui attribuait, en même temps que l'appartement, une bourse d'études pour l'aîné des enfants.

Comme cette première expérience ne donna pas toute satisfaction, la fondation décida de construire des quartiers entiers. En septembre 1948, par exemple, cent vingt familles de Sarandí, dont les foyers avaient été détruits par un incendie, furent transportées dans des logements neufs. Ce même mois, on inaugura, dans les alentours de Buenos Aires, deux quartiers neufs qui venaient remplacer des faubourgs détruits sur l'ordre exprès d'Eva.

Erminda Duarte raconte que lors d'une visite à Flores, tout près de Buenos Aires, Eva fut confrontée à une misère particulièrement épouvantable. Beaucoup de gens passaient la nuit à l'intérieur d'épaves d'automobiles et cela dans une promiscuité répugnante. Comme Eva entrait dans une sordide masure, elle remarqua un enfant malade couché sur un grabat. De la chevelure du bambin s'échappait un nuage de mouches comme si « son épouvantable crinière se mettait à tourner autour de sa tête ». Horrifiée, Eva décida le transfert immédiat de la population dans des locaux mis à sa disposition par la municipalité de Buenos Aires. Dans l'après-midi, elle revint à Flores et fit incendier les baraques. Lorsqu'elle apprit que les relogés arrachaient le parquet de leurs nouvelles habitations pour en faire du bois de chauffe, elle s'écria : « Pauvres gens ; remettez le parquet en place et expliquez-leur qu'il ne faut pas l'enlever... Ils doivent apprendre à vivre et j'ai bon espoir qu'ils y parviendront. »

Des interventions épisodiques de ce type n'apportèrent pas de solution au problème du logement populaire en Argentine mais montrent bien dans quel climat émotionnel Eva Perón agissait en faveur des déshérités. « Elle luttait, écrivit le père Benítez, avant tout pour que le pauvre cesse d'être pauvre et que l'exploité cesse d'être exploité. »

Suivant une tradition inaugurée en 1945 par le secrétariat d'Etat au Travail, chaque année, au moment de Noël, on distribuait des centaines de milliers de colis de pâtisseries, de cidre et de jouets. Ces présents arrivaient jusque dans les régions les plus reculées de l'Argentine accompagnés d'un petit message d'Eva. Ce fut l'un des gestes qui eut l'impact le plus durable dans la conscience populaire comme symbole d'une époque et d'une personne. « Du temps d'Evita, déclara une ancienne concierge de Buenos Aires un jour de 1971, je recevais une pâtisserie et une bouteille de cidre pour Noël. Maintenant, je ne reçois plus rien. » Cette femme conservait à la tête de son lit une effigie en couleur d'Eva Perón souriant de ses yeux tristes.

Pour la Noël de 1950, elle s'adressa à la radio à son peuple : « Aujourd'hui, dans cinq millions de foyers argentins, on trinque avec le cidre et on mange les gâteaux de Perón et d'Evita. De cette façon, nous sommes à table avec toutes les familles d'Argentine. »

Elle avait trouvé dans le sentimentalisme profond des classes populaires la devise de la fondation : « Charité, non. Justice sociale, oui. » Malgré ses gaspillages, son désordre et son arbitraire, la fondation sut toucher l'imagination populaire qui découvrit en Eva une femme hors de pair. De 1947 à 1952, les humbles virent leurs rêves devenir quotidiennement réalité grâce à la hâte d'Eva Perón à faire le bien, de la façon dont elle l'entendait. Qu'importait alors que la fondation fût impuissante à détruire les causes de l'injustice sociale et se limitât à pallier à ses conséquences ; qu'importait qu'elle fût utilisée comme un instrument au service de la politique péroniste. Ce qui plaisait à beaucoup de gens, c'était l'intention, l'esprit, le style. On avait l'intuition que la fondation était une expérience sans précédent d'action sociale empirique et populiste qui fut possible dans l'Argentine prospère de ces années-là grâce à la ténacité d'une femme et à sa dévotion à un idéal. On savait que c'était une entreprise fragile à cause de sa démesure et vulnérable du fait de son audace. Eva était la fondation ; l'avenir de l'institution était lié au sien propre et elle était l'otage d'une maladie mortelle.

A travers l'action de la fondation, Eva se révéla et elle eut cette chance qu'une conjoncture exceptionnelle lui permît de lancer, à une échelle qu'elle n'avait jamais imaginée même dans ses songes les plus chimériques, une croisade pour défendre les déshérités, les faibles et les vaincus.

Il est à peine exagéré de dire qu'Eva brûla sa vie sur l'autel de son œuvre sociale. Elle y consacra tous ses soins, son énergie, sa volonté inébranlable, sans tenir compte de sa mauvaise santé.

A ceux qui se préoccupaient de son aspect maladif et lui suggéraient de se reposer ou au moins de réduire son activité, Eva répondait : « Je sais que, comme n'importe quelle femme du peuple, je suis plus forte que je n'en ai l'air et que ma santé est meilleure que ce que croient les médecins... Peut-être qu'un jour, quand je m'en irai définitivement, on dira de moi ce que les enfants des milieux populaires disent de leurs mères quand elles meurent : c'est maintenant que nous nous rendons compte à quel point elle nous aimait. »

L'authentique Eva, dont l'image est lumineuse, c'est celle qui dans ces moments-là écoutait avec patience et tendresse les plaintes des humiliés et des offensés. Le vieillard, l'enfant handicapé, la prisonnière, le chauffeur de taxi, la mère célibataire... Ces êtres constituaient son peuple. Ceux-là ne l'ont jamais oubliée parce qu'ils ont compris à quel point elle les aimait.

Et si ce n'était que parce qu'Eva a su les accueillir avec le sourire ou leur prodiguer des paroles de consolation, quelles qu'aient été ses erreurs ou ses fautes, elle aura certainement mérité la miséricorde divine.

CHAPITRE X

Vingt vérités et un mensonge

> *« Tout pouvoir corrompt. Le pouvoir*
> *absolu corrompt absolument. »*
>
> Lord ALSTON.

Pour spectaculaire et ostentatoire qu'elle fut, la fondation Eva Perón n'était qu'un élément — et certainement pas le plus puissant — de l'appareil politique péroniste qui était actif dans bien d'autres domaines que le secteur social.

Le parti travailliste, créé dans la précipitation, dans l'euphorie de l'assemblée populaire du 17 octobre 1945, eut une existence brève. Conçu par Perón comme un simple instrument électoral qui absorba une fraction dissidente du parti radical, le parti travailliste cessa de lui être utile une fois qu'il eut triomphé aux élections.

Lorsque en décembre 1946, Cipriano Reyes, Luis Gay et d'autres dirigeants syndicalistes furent écartés et rejoignirent l'opposition, Perón devint le chef incontesté du mouvement qu'il rebaptisa parti unique de la révolution. Ce n'était qu'une étape de transition car son but était de créer un organisme hiérarchisé et monolithique qui se plierait aveuglément à sa volonté. C'est ainsi que naquit le parti justicialiste ou péroniste dont les statuts furent approuvés par un congrès convoqué en décembre 1947. Le nom de « justicialiste » fut suggéré par Eduardo Stafforini, l'un des conseillers techniques de Perón. Eva s'y opposa : « Le parti, déclara-t-elle, s'appellera " péroniste ". »

Ces changements se déroulèrent à un rythme accéléré ; ils

furent couronnés par la prise de contrôle de l'appareil d'Etat par Perón.

En apparence les structures traditionnelles furent respectées : le pouvoir législatif et judiciaire, la liberté de vote, l'existence des partis politiques. En fait, les restrictions et les pressions furent si sévères et si fortes qu'elles ne purent fonctionner librement et perdirent efficacité et pouvoir.

La démocratie ne régnait pas non plus au sein du parti justicialiste. L'idéologie justicialiste, qui n'avait pas le caractère d'une doctrine politique bien précise, l'apparentait vaguement à certains des aspects positifs du fascisme.

Sa structure pyramidale culminait en la personne de son leader ou guide — c'était naturellement Juan Domingo Perón — dont les décisions étaient sans appel. Tout commençait et prenait fin avec lui.

« Une Argentine socialement juste, économiquement libre et politiquement souveraine », telle est le programme que Perón avait assigné au justicialisme dans une sorte de bréviaire, *Les Vingt Vérités du Justicialisme,* dont il donna lui-même lecture depuis le balcon de la Casa Rosada, le 17 octobre 1950.

Il n'y avait pas grand-chose d'original dans cette suite de maximes ; ces lapalissades ne pouvaient prétendre constituer une philosophie cohérente. En voici quelques exemples : « La véritable démocratie, c'est celle où le gouvernement fait ce que veut le peuple » ; « Pour un justicialiste, il n'y a rien de mieux qu'un autre justicialiste ». Une de ces formules : « Dans l'Argentine nouvelle, les seuls privilégiés sont les enfants » suscita ce commentaire ironique d'un député de l'opposition : « Quel est donc l'âge de monsieur Juan Ramón Duarte ? » (On sait que le frère de Eva Perón usait et abusait des privilèges et des profits, licites et illicites, dont jouissaient les fidèles du régime.) Le trait fit mouche.

Le péronisme accusait certaines ressemblances avec le fascisme : le contact direct entre le chef et les militants, un pouvoir absolu, la suppression de toute manifestation d'opposition et même de toute divergence, une propagande politique incessante et omniprésente, la persécution de toute expression qui n'était pas dans la ligne officielle et enfin la tentative de créer des organisations corporatives. « Le fascisme italien, déclara Perón, a amené les organisations populaires à une réelle participation à la vie nationale dont le peuple avait toujours été écarté. Jusqu'à l'arrivée de Mussolini au pouvoir, il y avait la nation d'un côté et, de l'autre, le travailleur ; et ce dernier n'avait aucun rôle à jouer. J'ai découvert la renaissance des corporations et je les ai étudiées à fond. »

Pressés de faire fortune et d'acquérir pouvoir et influence, les opportunistes affluèrent dans ce nouveau parti qui n'exigeait comme condition d'admission que la soumission au chef et la déférence à l'égard de sa despotique épouse.

Pour atteindre son objectif principal, l'intégration du mouvement ouvrier, Perón concentra ses attaques sur les communistes et les socialistes en attisant les dissensions internes à ces deux mouvements. Une fraction communiste resta fidèle à l'Union soviétique et dut se réfugier dans la clandestinité ; une autre s'écarta de ses convictions initiales et se soumit à la politique péroniste. Le sort du parti socialiste ne fut pas meilleur. Objet de pressions incessantes, il vit son organe *Vanguardia* suspendu et ses locaux saccagés.

On aurait pu imaginer que Perón manifesterait quelques égards pour les rares chefs syndicalistes, comme Cipriano Reyes et Luis Gay, qui avaient participé à la journée du 17 octobre. Ce ne fut pas le cas. Devant l'attitude intransigeante de ces dirigeants qui luttaient pour conserver leur indépendance, fortifier le parti travailliste et mener à bon terme le programme de nationalisations et de réformes fiscales, Perón manœuvra pour les réduire à l'impuissance d'abord puis les persécuta.

Insensible à la flatterie, défiant les menaces, Cipriano Reyes fut victime d'un acharnement furieux. « Au début, disait de lui Perón, il se comportait bien. Il était de ce genre d'individu sans principe qui peuvent indifféremment se conduire bien ou mal. Homme sans morale, mais homme d'action, sans aucun doute. »

En septembre 1948, Reyes fut arrêté sous l'accusation de comploter contre Perón. Pendant qu'on le torturait, on avait mis un poste de radio à son volume maximum pour étouffer ses cris. Reyes refusa de signer un document pour reconnaître sa culpabilité. Mis en liberté par un juge intègre (qui paya de sa destitution cette probité), Reyes fut arrêté à nouveau et condamné à une peine de prison d'une durée indéfinie. Il ne sera libéré qu'à la chute de Perón en 1955. Cipriano Reyes n'était pas rancunier. Ces lignes

que, des années plus tard, il consacra à Eva Perón le prouvent :
« Personne ne peut mettre en doute les convictions ferventes,
l'ardeur, l'effort incessant de María Eva Perón pour ouvrir à
l'humanité un chemin vers un monde meilleur. »

Après avoir consolidé sa position à l'intérieur, Perón chercha à
étendre son influence au-delà des frontières de l'Argentine.

Il le fit avec légèreté, avec maladresse et sans avoir, à l'avance,
l'ombre d'un plan ni de stratégie à long terme.

La campagne de subversion internationale lancée par le GOU
au début des années quarante n'eut de résultats positifs qu'en
Bolivie où un groupe de militaires membres de la loge maçonnique
Radepa, « Razón de patria » (Raison de la patrie), liés aux
politiciens pro-nazis du Mouvement nationaliste révolutionnaire de
Víctor Paz Estensoro, renversèrent en décembre 1943, grâce à
l'appui financier du GOU, le gouvernement en place. En 1946, à la
chute du président Gualberto Villaroel, membre de la loge
Radepa, les civils et les militaires qui le soutenaient se réfugièrent
en Argentine où ils furent accueillis par Perón déjà président. A
Buenos Aires, la conspiration reprit ; elle aboutit aux sanglants
événements du 9 avril 1952 qui amenèrent Paz Estensoro au
pouvoir. Mais à cette époque, Perón avait déjà dilapidé les
ressources financières du pays et ne put fournir au satellite bolivien
l'aide qu'il réclamait. Paz tomba rapidement dans l'orbite nord-
américaine et Perón se désintéressa de cet allié versatile en quête
d'un autre parrain.

Le maigre succès de ses manœuvres politiques en Bolivie le
conduisit à renouveler ses tentatives au Paraguay, le pays qu'il
préférait. Mais le Paraguay, soumis aux pressions antagoniques du
Brésil et de l'Argentine, réussit à rester à égale distance de ses deux
voisins et évita habilement les tentatives d'infiltration qui venaient
de Río de La Plata.

Les relations avec l'Uruguay devinrent de plus en plus
difficiles. A cette époque l'Uruguay était un modèle de respect des
libertés individuelles et des droits de l'homme ; il était un refuge
pour les exilés politiques argentins qui s'opposaient à Perón. La
presse et la radio uruguayennes n'hésitaient pas à critiquer vive-

ment le « tyran de La Plata » ; Radio Colonia diffusait des informations interdites en Argentine et le périodique socialiste *La Vanguardia* était imprimé à Montevideo. En représailles, Perón interdit dès 1949, aux touristes argentins de se rendre en Uruguay et rompit les relations diplomatiques. A sa manière, Eva Perón suivit l'exemple de son époux. Lors d'une conférence interaméricaine sur la sécurité sociale qui se tenait à Buenos Aires sous sa présidence, elle interrompit au cours d'une séance le délégué uruguayen par ces mots : « Vous n'avez aucun droit à donner votre avis parce que vous venez d'un tout petit pays. »

En 1951, Perón lança l'idée d'une union économique entre l'Argentine, le Brésil et le Chili, premier pas vers la création d'un bloc politique antinord-américain, l'ABC, qui tenterait par la suite d'incorporer le Paraguay, la Bolivie et l'Uruguay. Comme le Brésil ne dissimulait pas ses réticences, Perón reporta ses espoirs sur le Chili.

Une fraction de l'opinion publique chilienne, animée par le président de la République, le général Carlos Ibáñez del Campo, ne rejetait pas l'éventualité d'un rapprochement politique avec l'Argentine. Mais d'imprudentes déclarations de Perón firent capoter le projet. « Je crois, déclara-t-il en effet, que l'union chiléno-argentine, union non pas partielle mais totale, il faut la faire complètement et tout de suite. Une simple union économique ne suffirait pas. Elle pourrait être détruite ou anulée. Il faut être audacieux. Il faut d'abord réaliser l'union et ensuite, chemin faisant, résoudre les problèmes. C'est comme quand on prend une douche froide. Si on tâte l'eau du doigt, on hésite. Il faut se mettre tout entier sous la douche et on se débrouille. » Le style oratoire du général, parfait pour les réunions de « descamisados », ne convenait guère dans une délicate négociation diplomatique. Les Chiliens, qui étaient d'un nationalisme sourcilleux, s'alarmèrent et, dès cet instant, le plan andin était condamné à l'échec. Echec auquel contribua la ratification par les Etats-Unis et le Brésil du pacte d'assistance militaire signé pendant la Seconde Guerre mondiale. Perón comprit le message et mit une sourdine à ses vélléités d'union avec le Chili.

Depuis les incidents avec l'ambassadeur Braden, Perón était d'un antiaméricanisme viscéral. Il n'oublia jamais qu'il avait été contraint de déclarer la guerre à l'Allemagne sous la pression du département d'Etat. Il avait obéi à la consigne mais n'admit pas qu'on lui ait forcé la main. « Les Américains, écrivit-il, ne veulent pas d'amis ; ils veulent les acheter. Acheter un ami c'est comme acheter une prostituée. »

La position antiaméricaine de Perón dépassait le ressentiment personnel pour prendre une plus vaste dimension. Comme beaucoup de Latinoaméricains, il réagissait contre l'hégémonie nordaméricaine sur les Etats du continent, l'exploitation de leurs richesses, le mépris de la diplomatie de Washington pour ce qui se passait au sud du Río Grande et la brutalité dont usaient les Etats-Unis dans leurs relations avec les gouvernements. Son mérite fut de ne pas cacher ce qu'il en pensait.

Logique avec sa conception des relations internationales, Perón réanima donc les relations diplomatiques avec l'Union soviétique et les autres pays socialistes et énonça la théorie de la « troisième voie » qui fut exposée pour la première fois en 1947 par Eva lors de sa tournée en Europe.

Le 9 juillet 1947, dans la ville de Tucumán, Juan Perón proclama « l'indépendance économique de l'Argentine » et lança son premier plan quinquennal de développement économique, expérience dirigiste qui tendait essentiellement à promouvoir une politique de réduction des importations, de diversification des exportations, de rapatriement de la dette publique extérieure, de nationalisation des services publics et de rééquilibrage de l'économie nationale. En théorie, le plan était parfait.

Jusqu'en 1943, l'Etat se contentait d'un rôle fiscal et d'une intervention très limitée dans le processus de développement économique. L'unique entreprise publique d'importance, même si elle n'occupait pas une position de monopole, était l'industrie pétrolifère ; le reste de l'économie relevait du secteur privé.

Le premier plan quinquennal décida la création d'industries de base comme la sidérurgie — on commença par la construction des hauts fourneaux de Zapla à Jujuy —, la production d'énergie électrique et de combustible, et le soutien d'une industrie manufacturière fragile. Parmi les objectifs, on relevait aussi la nationalisation des chemins de fer, du téléphone et du gaz, l'étatisation de la

Banque Centrale et la création d'une marine marchande. Dans le domaine social, l'élargissement du système de sécurité sociale et une politique des revenus en faveur des classes populaires.

« Quand, raconte Perón dans son style très particulier, j'ai analysé les projets des gouvernements antérieurs en matière de planification, j'ai eu la surprise de constater qu'on n'avait jamais, en Argentine, établi aucun plan. C'est pourquoi je me suis proposé de préparer un plan complet pour cinq ans. Nous nous y sommes mis et j'ai peiné, dur, dur, dur ; je n'ai eu de cesse d'en avoir terminé. »

Bon militaire et politicien de génie, Perón avait une conception très empirique de l'économie, faiblesse aggravée par un simplisme qui allait jusqu'à la puérilité et une audace proche de l'irresponsabilité. L'Argentine payera fort cher dans les décennies suivantes le tempérament de son guide.

Grâce à d'énormes ressources, un niveau d'instruction élevé et le contrôle de l'appareil d'Etat, la classe latifundiaire imposait son hégémonie à toutes les catégories sociales. Cette structure sociale fut bouleversée par la Seconde Guerre mondiale qui provoqua la chute des importations de produits manufacturés d'outremer et l'expansion de l'économie nationale argentine. C'est ainsi que s'enrichit une bourgeoisie industrielle issue des classes moyennes qui, à son tour, prépara l'irruption dans la vie nationale du prolétariat urbain.

Alarmée par les insolites initiatives sociales de Perón et par la manifestation populaire du 17 octobre, une fraction de cette bourgeoisie décida d'apporter un soutien conditionnel au péronisme. Cette évolution aboutit à la création de la « Confédération générale économique » (CGE), à laquelle adhérèrent des milliers de petits industriels et commerçants de la capitale et de l'intérieur du pays. Organisation rivale, l' « Union industrielle », ultra-conservatrice, regroupait les grandes sociétés.

Perón accepta l'appui de la CGE et la fit participer à la réalisation du premier plan quinquennal. Pour concrétiser cette transaction, un fabricant de boîtes de conserves, Miguel Miranda, fut catapulté à la présidence du Conseil économique national, de la Banque centrale et de l'Institut argentin pour le développement des échanges (IAPI) ; il devint le tzar de l'économie argentine.

Miranda était un Catalan d'origine modeste, naturalisé argentin, le prototype du « self-made-man ». Il avait commencé sa carrière comme employé avec un salaire mensuel de quatre-vingt-dix pesos ; il créa ensuite une affaire de commerce de ferraille et amassa une fortune appréciable. Perón le découvrit en 1944 quand il réunissait une équipe de collaborateurs pour le Conseil national de l'après-guerre. « La première fois où nous avons parlé ensemble, raconta Perón, nous en sommes presque venus aux coups ; nous avions tous les deux le sang chaud. Je me suis rendu compte, cependant, que c'était un homme de grande valeur. Après cette rencontre, je lui ai téléphoné et je lui ai dit : " Assez joué, l'ami. Allons prendre un café et parlons. J'ai besoin de vous ". Il a compris tout de suite parce qu'il était intelligent, capable et de bonne volonté. »

L'opinion de Miranda sur Perón était plus réservée : « Perón est un politicien habile. Il m'a utilisé ; il a utilisé Evita ; il a utilisé les ouvriers contre les militaires et les militaires contre les ouvriers. »

Eva Perón le défendait sans réserve : « Miranda nous trouve le fric. Il donne un coup de pied et le fric sort et avec ce fric nous faisons la justice sociale. »

Tel était l'homme à qui Perón confia, de 1946 à 1949, la conduite de l'économie argentine. A cette date, Miranda tomba en disgrâce et dût s'enfuir en Uruguay où il mourut en 1953. Au faîte de sa gloire, Miranda était un véritable autocrate dont le pouvoir de décision ne le cédait qu'à celui de Perón. En tant que chef de l'IAPI, organisme tout puissant de contrôle des importations et des exportations et, théoriquement, chargé de protéger l'agriculture et l'industrie argentine contre les fluctuations des prix sur les marchés internationaux, Miranda fut l'un des responsables du chaos, du gaspillage des ressources et de l'aventurisme qui caractérisèrent la politique économique péroniste.

L'Etat confia le monopole de l'achat et de la commercialisation de la viande, des céréales et des sous-produits, tant sur le marché intérieur qu'extérieur, à l'Institut argentin de développement des échanges (IAPI), créé en 1946, puis à l'Institut national des céréales et de l'élevage (INGE). Ces deux organismes percevaient la différence entre le prix — fixé par l'Etat — des achats aux producteurs et les cours internationaux. Ce système provoqua à la longue une grave chute de la production et fut à l'origine de malversations et de détournements des fonds publics.

Jusqu'en 1943, par exemple, l'Argentine produisait plus de lin que les Etats-Unis, l'Union soviétique et l'Inde. Les prix imposés par l'IAPI firent s'écrouler la production. De 3 500 000 hectares semés en 1936, on en revint à 739 300 en 1954. Les exportations de viandes qui, en 1947, atteignaient 428 710 tonnes redescendirent à 96 175 tonnes en 1952.

Les bénéfices substantiels réalisés par l'IAPI furent pour l'essentiel dilapidés dans l'importation de vieux bateaux, de véhicules et de machines hors d'usage, acquis sous le prétexte de promouvoir l'industrialisation du pays.

Il y eut un moment où l'IAPI acheta le blé argentin à 16 pesos la tonne et le revendit à 60. La manipulation des taux de change fut aussi une source d'enrichissement pour beaucoup de gens. Perón déclarait, en novembre 1947, aux gouverneurs des provinces : « J'ai toujours pensé que dans le domaine économique, nous ne connaîtrions aucune crise pendant les six ans de mon gouvernement. Aujourd'hui, je m'appuie sur des études récentes pour vous dire que nous pouvons compter sur soixante années sans crise économique. »

Un bon exemple du manque de scrupule de Perón et de Miranda dans la gestion des intérêts argentins est l'achat du réseau de chemins de fer qui appartenait à des sociétés anglaises et, pour une moindre part, françaises. La politique de nationalisations était l'une des priorités du plan quinquennal ; les bénéfices de l'IAPI devaient être employés à réaliser cet objectif, considéré comme essentiel pour l'indépendance économique du pays.

D'aussi louables intentions furent dévoyées : l'achat des chemins de fer anglais fut une opération malhonnête. L'actif des chemins de fer avait été estimé par la direction nationale des transports à quarante-cinq millions de livres sterling. Le *Financial Times* l'avait, pour sa part, évalué à cent millions de livres.

Les Anglais étaient pressés de se défaire de ce réseau vétuste et mal entretenu. De plus la concession arrivait à expiration en 1949 et ils devaient à cette date tout remettre à l'Etat argentin sans aucune indemnisation.

Perón décida d'acheter les chemins de fer au prix de cent cinquante millions de livres, payés comptant.

« Perón, commente l'historien anglais H. S. Ferns, accepta de payer cent cinquante millions de livres sterling, prix considérablement supérieur à la valeur en Bourse des entreprises et bien supérieur à la valeur d'inventaire. Indéniablement cette transaction fut une très mauvaise affaire pour les Argentins. »

Mieux encore, l'Etat argentin prit en charge les obligations sociales de l'entreprise — étrennes, retraites et pensions, augmentations rétroactives de salaires, contentieux divers, etc. — qui s'élevaient à trente millions de livres, somme qui vint s'ajouter au prix de vente.

Miranda déclara, sans aucune gêne, que l'Argentine payait ce prix démesuré « pour des raisons sentimentales et par gratitude à l'égard de l'Angleterre ». Ce ministre défendait une conception très particulière de l'éthique d'un fonctionnaire d'Etat. Quand on avait découvert, un peu auparavant, qu'à l'occasion de l'achat des chemins de fers français un pot-de-vin de trois cents millions de pesos avait été versé, il avait fait savoir « qu'il ne comprenait pas pourquoi on protestait puisque cette somme restait dans le pays ».

L'achat des chemins de fer s'effectua dans d'étranges conditions. « Les Anglais, déclarera plus tard Perón avec une désinvolture déconcertante, ont proposé à Miranda un pot-de-vin de cent millions de dollars, déposés dans des banques anglaises au nom de Miranda et au mien, si nous leur achetions les chemins de fer au prix de cent cinquante millions de livres. » Devant cet aveu inouï, on se demande ce qui est le plus extravagant : le culot des négociateurs britanniques qui proposent un pot-de-vin à un chef d'Etat ou le ton naturel, réjoui même, dont use Perón pour raconter ce qui constitue une insulte à sa dignité et à son honneur.

Comme on pouvait s'y attendre, la presse péroniste qualifia cette transaction de « grande conquête nationale ». Le périodique socialiste *La Vanguardia,* qui circulait clandestinement, fut le seul à protester : « L'Italie, pouvait-on y lire, a payé trois cent vingt-cinq millions de dollars en tout au titre des réparations de guerre, nous, nous avons payé trois cent soixante-quinze millions de plus pour des raisons sentimentales. »

Le gouvernement étouffa toute manifestation de protestation ou de critique. Le 1er mars 1948, jour de la signature de l'accord, on organisa une gigantesque réunion publique sur la place Retiro. Perón, qui subissait ce jour-là une opération de l'appendicite, adressa ce bref message : « Je vous demande solennellement de fêter ce qui nous a tant coûté et d'être très gais et très heureux ce soir. » Eva prononça un discours à la radio : « Mes chers " descamisados "... Recevez l'accolade de votre camarade de lutte, de votre camarade de joie en ce jour, où, grâce à notre guide, le général Perón, les Argentins peuvent fêter la récupération des chemins de fer qui étaient injustement tombés entre les mains du capital étranger. »

Ces mots qui risquaient d'entamer la crédibilité d'Eva prouvaient qu'elle ignorait l'escroquerie ou qu'elle y participait. La seconde hypothèse est la plus probable.

Quand l'énormité de l'opération fut évidente, Perón tenta de la justifier en prétendant que les chemins de fer n'avaient pas coûté un sou au trésor public, du fait de la plus-value produite par les immeubles acquis avec le matériel roulant et les voies ferrées et parce qu'une partie du paiement avait été réglée en envois de viande à la Grande-Bretagne. Cette argumentation fallacieuse montrait le peu d'estime que Perón avait pour l'intelligence des Argentins : « Nous avons acheté les chemins de fer sans donner un sou, déclara-t-il, sans rien dépenser. Maintenant nous avons leurs chemins de fer, qui sont de grande valeur. Et oui, c'est ainsi que nous nous faisons toutes nos affaires. De bonnes affaires. Et cela nous rapporte énormément d'argent grâce auquel nous finançons tout le plan quinquennal. Et après cela, il nous reste encore de l'argent ! »

Résultat concret : l'Etat argentin paya, pour des chemins de fer en déficit et un matériel croulant, un prix au moins trois fois supérieur à la valeur réelle. Il faut ajouter à cela que, à partir de cette date, l'exploitation du réseau nationalisé produisit un déficit qui, en 1977, fut estimé par *The Economist* de Londres à cinq cent mille livres sterling par jour.

Tout cela n'empêcha pas, en cette nuit du 1er mars 1948, la foule péroniste réunie sur la place Retiro de danser et de chanter pour fêter la nationalisation de cette antiquité. Par ignorance ou par duplicité, Eva Perón, l'avocat des pauvres, se faisait complice

d'un des attentats les plus iniques commis contre les intérêts du
peuple argentin.

Une fois les chemins de fer nationalisés, Perón décida de créer
une marine marchande.

On confia à l'Italie la construction de trois bateaux destinés au
transport du frêt et des passagers sur la ligne Buenos-Aires-New
York. On résolut, en outre, de nationaliser la compagnie argentine
de navigation « Dodero S.A. » qui comptait essentiellement de
vieux navires du type « Liberty » construits à la hâte par les Etats-
Unis pendant la Seconde Guerre mondiale et vendu plus tard à des
prix de liquidation.

La compagnie Dodero qui accusait un déficit de deux cent
mille pesos réussit à vendre ses navires à l'I.A.P.I. au prix tout à
fait exagéré de cent quatre millions de pesos auxquels il faut ajouter
cent millions de pesos en plus correspondant au passif de la firme.
Alberto Dodero, homme d'affaires avisé, était un ami personnel de
Eva Perón ; il l'accompagna durant son voyage en Europe.
« Dodero, raconte Perón, était un des hommes les plus riches
d'Argentine. Quand je suis arrivé au pouvoir, j'ai tout de suite fait
appel à lui parce que je le considérais comme un bon conseiller
économique. Nous ne pouvions vendre notre viande à l'étranger à
un juste prix parce que nous n'avions pas de bateaux pour la
transporter. A cause de cela, les Anglais nous payaient le prix qu'ils
voulaient. J'ai convaincu Dodero de s'en occuper et il l'a fait très
bien. Il admirait Eva et souvent, en fin de semaine, il venait jouer
au rummy avec elle. Beaucoup plus tard, quand il est mort, nous
avons découvert qu'il avait légué par testament deux maisons à
Evita. »

« Dodero, écrit Mary Main dans son livre *La Femme à la
cravache,* projetait d'établir une ligne aérienne commerciale vers
l'Europe et avait investi des centaines de milliers de pesos pour
obtenir les autorisations nécessaires. Un jour, Eva s'extasia devant
la bague en diamants — une bagatelle d'un million de pesos — que
portait l'épouse de l'armateur. Dodero l'enleva du doigt de sa
femme pour l'offrir sur-le-champ à Eva. Toutes les difficultés pour
obtenir les autorisations disparurent comme par enchantement. »

On peut donc imaginer aussi que Dodero perdait toutes ses parties de rummy avec Evita.

Les maisons dont parle Perón étaient en réalité au nombre de trois. Un immeuble de huit étages entre les rues Gelly et Obes à Buenos-Aires, une résidence d'été en Uruguay (où Eva ne se rendit jamais) et une autre à Biarritz. Ces legs furent à l'origine d'une querelle judiciaire entre Perón et les héritiers de Dodero. On aurait pu en cette occasion utiliser une des formules favorites de Perón : « Quand l'aumône est démesurée même le saint se méfie. »

Les Argentins étaient intrigués par ces relations personnelles étroites entre Dodero et Eva Perón. C'était du « donnant-donnant ». Dodero apportait l'argent et l'espoir chimérique d'ouvrir les portes de la bonne société à Eva. De son côté, elle lui permettait d'être très influent au gouvernement et de réaliser de substantiels profits. Dodero mourut en 1954, à près de soixante-dix ans.

A l'achat des chemins de fer anglais et des vieux bateaux de Dodero s'ajouta la nationalisation du réseau téléphonique qui était la propriété de la firme nord-américaine International Telephone & Telegraph. Le gouvernement acquit les biens de la United River Plate Telephone Company (filiale de I.T.T.) pour la somme de trois cent dix-neuf millions de pesos, prix deux fois supérieur à la valeur réelle des installations. En même temps, on donna pour dix ans à la Standard Electric (une autre filiale de I.T.T.) le monopole de la fourniture de matériel à l'entreprise nouvellement nationalisée. Grâce à cet accord, I.T.T. continua à réaliser des bénéfices sans avoir à assumer de responsabilités sociales ou à investir.

Le contrat fut signé secrètement le 3 septembre 1946 et ratifié le 31 décembre de la même année malgré les critiques et les votes d'une minorité de parlementaires opposés à cette transaction ruineuse.

Un pays qui dilapidait si facilement son patrimoine devait naturellement attirer les grands aventuriers internationaux. En avril 1951 arriva à Buenos Aires le prince Bernardt, époux de la reine Juliana de Hollande. Accueilli avec de grands égards par le couple présidentiel, Son Altesse visita la fondation avec Eva et poussa l'amabilité jusqu'à assister à la première lecture de son livre,

Ma Raison de vivre. Bernardt la décora de la Grande Croix de la maison d'Orange et lui offrit des bijoux de prix ; quant à Perón il reçut un train baptisé « le Guide ». Exquises attentions ! Hélas ! une enquête effectuée en 1976, par le parlement hollandais sur les troubles transactions du prince Bernardt, révéla que, durant cette visite en Argentine, il avait vendu au gouvernement de Perón du matériel ferroviaire fabriqué par la société Werkspoor pour une valeur de cent millions de dollars. Pour obtenir ce contrat, la Werkspoor avait préalablement versé une commission de douze millions de dollars sur les comptes à numéros que Juan Perón et Eva possédaient en Suisse. Le parlement ne dévoila pas le montant du dessous de table touché par le prince à l'œillet blanc.

Quelques années plus tard, alors qu'il était déjà en exil, Perón eût l'occasion de mieux connaître le prince Bernardt. Il a raconté que, à l'occasion d'une escale en Guyane hollandaise, il avait envoyé un message urgent au prince qui se trouvait à Curaçao : « Il ne m'a même pas répondu. Cet homme était mon obligé. Quand il est venu en Argentine, représentant les intérêts de Philips, je l'ai traité avec tous les honneurs. Je m'attendais à ce qu'il se conduise en gentilhomme à cause de ses origines allemandes mais j'ai compris qu'il ne méritait même pas d'être allemand. Qu'est-ce que le prince Bernardt ? Une merde ! »

Pour le malheur de l'Argentine, Perón accéda au pouvoir à un moment où le pays disposait de fabuleuses réserves d'or et de devises étrangères accumulées durant la Seconde Guerre mondiale grâce aux exportations de viande et de blé. Perón s'en vantait en 1946 : « On ne peut plus, disait-il, traverser les allées de la Banque Centrale parce qu'elles sont bourrées de lingots d'or. »

On a vu quel usage il avait fait de ces immenses ressources. Mais le gaspillage ne se limita pas à l'acquisition des chemins de fer et de bateaux. Convaincu que la troisième guerre mondiale était imminente, Perón lança une politique démentielle d'achat de machines, de véhicules et de matériel industriel étrangers.

« Nous avions, dira Perón, quelques devises et beaucoup de richesses que nous pouvions transformer en argent. Bien sûr. Mais pourquoi aurions-nous voulu de ces monnaies qui se dévaluaient ?

Nous avons décidé de transformer ces monnaies en biens. C'est alors que nous avons commencé à acheter sans retenue. On a acheté près de vingt mille équipements industriels neufs ou de seconde main. Un jour, par téléphone, on a commandé soixante-dix mille camions. On a accumulé une grande quantité de matières premières et on a acheté toutes les machines et les outillages nécessaires aux travaux du premier plan quinquennal, tout spécialement des tracteurs pour la mécanisation de l'agriculture. Le directeur du port de Buenos Aires venait tous les jours nous supplier de nous arrêter parce qu'on ne pouvait plus rien mettre sur les quais et dans les hangars. Ça ne fait rien, lui disions-nous, empile les marchandises les unes sur les autres. »

La réalité était un peu différente. Cinq mille tracteurs, acquis pour la somme de vingt millions de pesos, restèrent pour la plupart invendus, rouillant dans des entrepôts à ciel ouvert. Les soixante-dix mille camions « achetés par téléphone » pour cent cinquante millions de pesos connurent le même sort. Ces véhicules, utilisés pendant la Seconde Guerre mondiale, avaient été ensuite cédés comme « surplus » de l'armée américaine à des trafiquants qui les revendirent dix fois plus cher ; ils allèrent directement à la ferraille avec quatre mille vieilles « jeeps » achetées au prix du neuf.

Ce fut une époque de vaches grasses pour les intermédiaires anglais et nord-américains revendeurs de vieux équipements inutilisables. Les nord-américains placèrent une centaine de tanks Sherman mis hors d'usage pendant la guerre. Les Anglais, quant à eux, vendirent à Perón une bonne quantité d'avions de modèles anciens ! Cent bimoteurs de chasse Glouster Meteor, trente bombardiers Avro Lincoln, quatorze Catalina et quatre-vingt-dix Havilland.

Des centaines de fidèles du régime péroniste tiraient profit de ces achats insensés mais les mieux servis étaient incontestablement Perón, Eva, son frère Juan Duarte et Jorge Antonio, un ex-infirmier devenu l'homme d'affaires et le prête-nom de Perón. « Tout comme Miranda fut la star de l'économie, dira Perón, Jorge Antonio fut celle des affaires privées. »

Au nombre des « affaires privées » de Jorge Antonio, il faut relever une opération commerciale qui ne pouvait se dérouler que dans cette extravagante cour péroniste. Il obtint du gouvernement une autorisation spéciale pour importer dix-sept mille Mercedes,

Chevrolet, Pontiac et Mercury, véhicules dont la vente en Argentine était contingentée. Il en vendit six mille à des commerçants ayant pignon sur rue. Le reste fut réparti entre des sociétés créées à cet effet par des proches de Jorge Antonio. Le bénéfice réalisé oscillait entre soixante-dix et cent vingt mille pesos par véhicule soit, au total, quelque sept cent soixante-dix millions de pesos. Une commission d'enquête du ministère des Finances établit, en 1955, un rapport sur cette affaire : « Une grande partie de cette somme, pouvait-on y lire, revint sans aucun doute au dictateur, à son épouse et à son homme de paille, Jorge Antonio. »

« Nous n'avons jamais donné un sou à Jorge Antonio, précisera Perón. Il gagnait de l'argent en travaillant. Il représentait les grands intérêts allemands. Et moi, je voulais que les grandes entreprises allemandes viennent en Argentine. C'est facile de comprendre pourquoi. Quand les yankees envoient un dollar, il y a un cuirassé derrière. Les Allemands n'ont pas les moyens d'en faire autant... »

Tout au long de sa carrière politique, Perón entretint des liens permanents, discrets et mystérieux avec l'Allemagne.

Il ne cachait pas ses sentiments germanophiles ni ses sympathies pour le Troisième Reich. Il échoua cependant dans son projet de devenir le « gauleiter » de l'Amérique du Sud. A la chute du régime nazi, il qualifia d'inique le procès de Nuremberg et accueillit nombre de fugitifs allemands ; certains traversèrent l'Atlantique dans des sous-marins U-530 et U-532. Les ambassades argentines en Europe reçurent des instructions pour organiser et faciliter le départ des Allemands vers l'Argentine. « N'est-ce pas une excellente affaire pour la république argentine, déclara Perón, que d'attirer des scientifiques et des techniciens ? Ce qui nous coûte un billet d'avion a coûté à l'Allemagne des millions de marks pour leur formation. »

Selon son propre témoignage, l'Argentine accueillit ainsi plusieurs milliers d'Allemands, cinq mille Croates opposés à Tito et la quasi-totalité du contingent polonais stationné en Angleterre pendant la guerre. Cette politique humanitaire contraste singulièrement avec l'indifférence de la Grande-Bretagne qui remit à Tito des milliers d'ex-combattants croates qui furent immédiatement massacrés. Ce fait peut être rapproché de l'incroyable décision prise à Yalta de livrer à Staline — qui les « liquidera » — près de cinq millions de Russes réfugiés ou prisonniers de guerre. Par la suite, les mêmes puissances parleront de « droits de l'homme » avec une vertueuse indignation. Il faut reconnaître que, malgré ses bouffonneries, Perón avait de ces droits une conception plus honorable.

Adolf Galland et Otto Ulrich Ruddel, as de la Luftwaffe, engagés par Perón, prirent la direction d'une usine d'avions militaires à Córdoba. On a dit que Otto Skorzeny, le fameux libérateur de Mussolini, était venu en 1947 en Argentine pour organiser la garde personnelle de Perón.

Au milieu de ces immigrés d'élite, se glissa un farceur : le « professeur » Ronald Richter. Parfaitement inconnu dans les milieux scientifiques européens, Richter arriva en Argentine en août 1948 et réussit à persuader Perón qu'il était capable de provoquer des réactions thermonucléaires en chaîne et de faire de l'Argentine une puissance atomique. Perón, qui avait tendance à traiter sérieusement les questions subalternes et à prendre à la légère les problèmes sérieux, lui répondit : « Eh bien, allez-y. » Il ordonna qu'on mette à la disposition du scientifique allemand tous les moyens nécessaires. En juin 1949, fut créé le centre de Huemul, près de Bariloche, qui fut placé sous la direction du « professeur » Richter qu'assistaient de nombreux collaborateurs allemands mais aucun Argentin. Une petite garnison militaire fut détachée pour protéger les laboratoires et assurer le secret des expériences. Perón croyait tenir son *Peenemunde*.

A peu de temps de là, il y eut une pénurie d'électricité à Buenos Aires. Avec un grand sourire, Perón déclara : « Ne vous en faites pas. D'ici peu Buenos Aires et le pays tout entier auront de l'énergie en surabondance grâce à ce que nous sommes en train de faire à Huemul. Nous la vendrons en bouteilles d'un litre et d'un demi-litre pour l'usage familial et industriel ; on pourra s'en servir pour l'éclairage, aussi bien que pour faire la cuisine ou chauffer le fer à repasser. »

Le 24 mars 1951, Juan Perón annonça triomphalement au monde la nouvelle : les laboratoires argentins de Huemul avaient provoqué des réactions thermonucléaires « dans des conditions techniques contrôlées ». Il remit à Richter la médaille péroniste de la loyauté « pour sa découverte transcendentale de la libération contrôlée de l'énergie atomique ». Le recteur de l'université de Buenos Aires conféra au technicien allemand le titre de « docteur honoris causa ».

Au cours d'une cérémonie solennelle, en présence du corps diplomatique et de la presse étrangère, Perón, sanglé dans un resplendissant uniforme blanc, annonça : « Ce qui est important, c'est que quand je dis quelque chose, je sais ce que je dis ; je le dis avec sérieux et je m'assure préalablement de l'exactitude des informations que je donne. Ainsi ce que je dis est totalement digne de foi et vrai. Les Etats-Unis ont obtenu la bombe atomique et l'énergie nucléaire sous la pression de la nécessité et de la guerre. L'Argentine, pendant cette même période, a consacré tous ses efforts à ouvrir un chemin nouveau qui va la conduire à des résultats supérieurs. Contrairement à ce qui se fait ailleurs, les techniciens argentins travaillent à provoquer des réactions thermonucléaires identiques à celles grâce auxquelles l'énergie atomique se libère dans le sol. »

Débordant de satisfaction, il s'adressa en ces termes au Congrès argentin : « Si les expériences continuent à se réaliser au rythme actuel, la République Argentine possédera avant deux ans les grandes usines atomiques capables de fournir de l'énergie électrique à tout le réseau national. La nation argentine détiendra définitivement l'instrument d'une richesse extraordinaire qui est une récompense que Dieu nous envoie parce qu'il pense qu'elle ne pourrait pas être en de meilleures mains que celles du peuple argentin. »

Quand Perón sortit du Parlement avec Eva, leur chauffeur entendit celle-ci lui dire, sur un ton mi-sarcastique mi-admiratif : « Toi alors, tu es un artiste... »

Les milieux scientifiques internationaux accueillirent avec septicisme les prodiges annoncés par le président argentin. Le principe de l'énergie d'origine thermonucléaire était connu depuis longtemps mais on mettait en doute le sérieux de Richter et la capacité de la technologie argentine à mener à bien un projet d'une telle complexité. Malgré cela, on attendit la suite.

Comme les semaines et les mois passaient sans que Richter fournisse de preuves palpables de ses progrès, le doute gagna d'abord la direction nationale de l'énergie atomique puis Perón lui-même. Le 6 mars 1952, eut lieu la première expertise scientifique des expériences qui étaient menées à Huemul. Les experts conseillèrent « la suspension de l'appui moral et matériel ». Six mois plus tard, une seconde commission révéla que « il n'y avait aucune preuve d'expériences nucléaires ». En novembre 1952, les expériences furent interrompues et le centre de Huemul fermé quand on eut la preuve que Richter manquait de compétences professionnelles nécessaires. L'aventure avait coûté soixante-deux millions de pesos au pays. Pendant ce temps, les ménagères de Buenos Aires continuaient à attendre le jour où elles pourraient acheter de l'énergie en bouteille d'un litre et d'un demi-litre.

Ce qui est incroyable, c'est qu'après tant d'échecs économiques, d'escroqueries prouvées, malgré cet aventurisme sans scrupule, une bonne partie du peuple argentin continuait à croire en Perón, ne ménageait pas son adhésion irréfléchie et sentimentale au régime, oubliait les erreurs et pardonnait les fautes. Perón et Eva bénéficiaient d'une impunité inexplicable si l'on tient compte du fait que les Argentins sont l'un des peuples les plus évolués d'Amérique latine (l'Argentine a le taux d'alphabétisation le plus élevé du continent), que la classe moyenne est cultivée et le prolétariat conscient. Un jour, le pays manqua de dollars. Perón apparut au balcon de la Casa Rosada, devant des milliers de travailleurs. Sur un ton ingénu et roublard, il lança : « On dit qu'il y a pénurie de dollars en Argentine ? Et alors ? Quelle importance ? Vous avez déjà vu un dollar, vous ? Vous vous en êtes déjà servis ? »

Il ne servait à rien que les rares voix indépendantes dénoncent ces subterfuges. Les Perón pouvaient exagérer, tergiverser sans que leur crédibilité en soit affectée. Le peuple refusait la vérité et croyait ce que Perón voulait qu'il croie. Il suffisait que Eva apparaisse souriante aux côtés de son époux pour qu'éclatent les acclamations et que se dissipent les doutes. Ces réactions illogiques tenaient à une alchimie subtile de propagande incessante et d'indéniable charisme. Le couple avait hypnotisé le peuple argentin.

Fort de cette dévotion populaire, Perón avait toutes les

audaces. De qui d'autre aurait-on toléré, par exemple, des affirmations de ce style : « Chaque tonne de pétrole extrait du sol argentin nous coûte un dollar alors que chaque tonne de pétrole importé des Etats-Unis nous rapporte un dollar quinze. Il est plus avantageux pour nous d'importer du pétrole que de le produire sur place. » Certes, il n'allait pas jusqu'à expliquer pourquoi le pétrole national coûtait plus cher que le pétrole d'importation.

Lorsqu'il prit le pouvoir, le 24 février 1946, Juan Domingo Perón hérita d'une bonne situation économique. La Banque Centrale disposait de réserves monétaires de un milliard six cent soixante millions de dollars et il y avait une forte demande de viande et de céréales dans le monde. A la fin de 1952, ces réserves s'étaient évanouies (il ne restait plus que quatre cent cinquante millions de dollars en 1955) sous l'effet de la politique de pillage du régime péroniste. Ayant effarouché les investisseurs étrangers, l'Argentine découvrit qu'elle n'avait plus aucun crédit à l'extérieur ni d'épargne à l'intérieur. Cette dernière, qui n'avait jamais été considérable, était erodée par l'inflation. Comble de malheur, les récoltes de blé de 1952 et 1953 furent si catastrophiques que, pour la première fois dans son histoire, le peuple argentin dut manger du pain noir.

En 1946, la dette publique extérieure s'élevait à deux cent trente millions de dollars et consistait essentiellement en obligations à long terme, soumises à des taux d'intérêt bas. A la fin de 1955, la dette publique avait atteint sept cent quatre-vingt-dix-sept millions de dollars, avec des échéances à court terme et des intérêts très élevés. Le rapatriement de la dette extérieure effectué dans les premières années du gouvernement de Perón n'avait servi à rien.

Selon H. S. Ferns, « 50 % des investissements effectués par le secteur public entre 1945 et 1951 n'avaient pas de caractère économique et, pour l'essentiel, étaient gaspillés ».

Les exportations de grain et de viande ont diminué de 50 % entre 1950 et 1955. En procédant à une redistribution du revenu national qui, en apparence, favorisait le prolétariat industriel, Perón déstabilisa les classes moyennes et la population des campagnes et bouleversa dans ses fondements l'économie argentine. Dans un rapport présenté à la CEPAL (Commission économique pour l'Amérique latine), organisme des Nations unies, l'économiste argentin de réputation mondiale Raul Prebisch indiqua que entre

1890 et 1931, l'agriculture et l'élevage argentins avaient conservé les mêmes capacités mais qu'en 1955 ils étaient pratiquement ruinés.

Jusqu'en 1955, les transports et en particulier les chemins de fer fonctionnèrent très mal à cause de la vétusté du matériel roulant et du manque d'entretien des voies ; en outre, dans ce secteur, la bureaucratie s'était développée dans des proportions qui n'ont jamais été dépassées depuis. Le réseau routier connut la même décadence. L'Argentine continua à ignorer ce qu'est une autoroute moderne et la plus grande partie de ses routes ne pouvaient même pas souffrir la comparaison avec les routes internationales de deuxième catégorie. En 1943, il y avait 61 050 kilomètres de routes ; en 1955, il en restait 60 185.

Jusqu'en 1960, on ne produisit en Argentine ni acier, ni soude caustique, ni acide sulfurique ; la production de ciment stagnait à deux millions de tonnes par an.

Perón avait la possibilité historique exceptionnelle de faire de l'Argentine un Etat moderne. Investies avec prudence et honnêteté, les réserves monétaires dont il avait hérité et les revenus substantiels d'un pays prodigieusement riche auraient permis de donner l'impulsion décisive à la mise en place d'infrastructures comme un réseau d'autoroutes pour relier entre eux les différents pôles de l'économie nationale, mais aussi de développer des industries de base, la sidérurgie, la pétrochimie, la pêche, la production hydro-électrique... En somme il s'agissait de suivre l'exemple de nations comparables comme le Canada, l'Australie ou la Nouvelle-Zélande qui ont su profiter d'une conjoncture similaire et réussir leur décollage économique. Il ne le fit pas. A cause de Perón, l'Argentine perdit son rôle historique de nation pilote de l'Amérique latine et sa chance d'accéder au rang de moyenne puissance mondiale.

Le premier indice de l'échec de la politique financière et économique du régime apparut dès 1950 quand Perón se vit contraint de solliciter un emprunt de cent trente millions de dollars auprès de l'Export & Import Bank. Peu auparavant, il avait juré « qu'il se couperait un bras plutôt que de demander une aide économique aux Etats-Unis ».

CHAPITRE XI

« La Señora » et Evita

> « *On doit le respect aux vivants. Et la vérité aux morts.* »
>
> VOLTAIRE.

Eva Perón a eu une action d'une importance historique telle qu'elle suffirait à la faire figurer parmi les héros de l'histoire américaine mais, pour ses erreurs et ses faiblesses, elle s'est exposée aux critiques les plus violentes.

Paradoxalement, la montrer telle qu'elle fut — non pas une divinité mais un être de chair et de sang — loin de ternir sa mémoire la grandit parce que, tout bien pesé, le bilan est largement positif. Son combat politique était animé par un désir violent de promouvoir la justice sociale ; elle manifestait une telle authenticité dans ses sentiments et dans ses actes qu'elle est devenue un modèle révolutionnaire bien vivant. Même après sa mort.

Ses terribles cris de rébellion, son anticonformisme, et son ultime sacrifice ont profondément marqué l'Argentine.

Il serait malhonnête et arbitraire de distinguer l'œuvre sociale d'Eva Perón de son militantisme politique puisque ils sont inextricablement liés à travers la personne de Perón et le phénomène péroniste.

Avec une sorte d'aveuglement, Eva consacra sa vie à Perón, convaincue qu'ainsi elle servait les intérêts du peuple. Ce choix fut à l'origine d'une confusion entre le social et le politique, les affaires publiques et les intérêts privés, le licite et l'illicite, la générosité et l'arbitraire. Un de ses adversaires, le parlementaire socialiste Américo Guioldi porta ce jugement : « Au cours de sa brillante carrière, Eva Duarte apprit à exercer des fonctions publiques, à ménager la clientèle, à s'occuper de bienfaisance et à satisfaire aux exigences de la démagogie. Elle y apporta son énergie capricieuse, son ambition dominatrice, son goût pour manœuvrer les hommes. Naturellement grossière, elle parlait une langue crue incorrecte, pleine de licences, mais pas précisément celle dont use le folklore poétique. Un robot électronique aurait pu la remplacer. »

Manuel Penella de Silva, le « nègre » d'Eva pour *Ma Raison de vivre,* est moins virulent mais son opinion sur le fond, coïncide avec celle de Guioldi : « Je pense que la pauvre se laissait utiliser ; je crois même que parfois elle s'en rendait compte. »

La remarque de Penella de Silva, qui vécut un moment dans l'intimité du couple, amène à s'interroger : Est-ce Perón qui utilisa Eva ou le contraire ? Y avait-il entre eux une sorte de pacte implicite de solidarité qui devint de la complicité ? Quelles furent leurs responsabilités respectives ?

Il est impossible de supposer qu'Eva ait pu ignorer les détournements, les malversations et le gaspillage des fonds publics dont se rendaient coupables, à des degrés divers, tant Perón que son frère Juan Ramón et certains de leurs proches. Il est probable qu'Eva en était complice : elle accumula une fortune colossale (on parla de trois cents millions de dollars) qui, d'ailleurs, après sa mort, sera la cause d'un violent conflit entre sa famille et Perón.

Eva commença par s'occuper de sa famille.

Maman Juana reçut d'importantes sommes d'argent qui lui permirent de mener une existence fastueuse. Elle fit l'acquisition d'un appartement dans un quartier aristocratique de Buenos Aires, abandonna pour toujours la « Singer » et assuma avec volupté le rôle de mère d'une femme célèbre. Au casino de Mar del Plata — station balnéaire où elle passait une bonne partie de son temps — elle avait en permanence une table réservée. Elle ne fut jamais acceptée par la bonne société de Junín, et se fabriqua un petit univers à elle. Pour un temps, elle vécut heureuse et adulée.

Elisa s'érigea en « cacique » politique à Junín, ce qui mettait

Eva en fureur : « Tu te prends pour un petit chef, lui lançait-elle, mais je vais te rabaisser le caquet. Tu dois comprendre que tu n'es que la sœur de l'épouse du président de la République et rien de plus. »

C'est Elisa qui fit disparaître l'acte de naissance d'Eva où elle figurait sous le nom de Ibarguren. Elle était aussi autoritaire que sa sœur mais n'avait pas son charisme. Condamnée de fait à un rôle secondaire, elle acceptait de mauvais gré la prééminence de sa sœur. Elle était, cependant, incapable de déloyauté. On disait que Elisa était la plus jolie des sœurs Duarte. Elle avait le teint clair, des traits harmonieux et une silhouette élancée. Selon le témoignage d'un contemporain, « probablement agitée par des pensées secrètes et indicibles, souvent, elle serrait ses lèvres fines en une moue subtile mais d'une évidente cruauté ». Elle fut la première à mourir. Son époux, le major Arrieta, fut désigné comme sénateur de la République, à l'instigation d'Eva.

Blanca, plus réservée que ses sœurs, continua sa carrière d'enseignante ; son mari, le docteur Alvarez Rodríguez, également propulsé par Eva, devint membre de la Cour suprême de Justice.

Erminda, la troisième sœur, épousa un fonctionnaire, Orlando Bertolini, qu'on éleva jusqu'au poste de directeur général des douanes. C'était la plus proche d'Eva. Vingt ans plus tard, elle rassembla ses souvenirs dans un opuscule intitulé *Ma Sœur Evita* qui racontait des épisodes intimes et peu connus de l'enfance des sœurs Duarte.

Juan Ramón, le seul garçon de la famille, compagnon inséparable et confident d'Eva, fut nommé secrétaire privé de Perón bien qu'il passât la majeure partie de son temps au service de sa sœur. Il fut un collaborateur docile mais en même temps un de ceux qui l'utilisèrent le plus pour en tirer profit. Mis avec recherche, avec cette élégance un peu voyante des classes moyennes de Buenos Aires, « Juancito » lutta pour une reconnaissance sociale qu'il n'obtint jamais malgré l'influence et les ressources dont il disposa quand sa sœur accéda au pouvoir. Entouré de courtisans mais dépourvu d'ami, il resta célibataire et eut des aventures amoureuses innombrables et banales.

Après Eva, Juancito est la figure la plus pathétique de la famille. Il brillait de la lumière irradiée par sa sœur et s'éteignit avec elle.

Grâce au destin météorique d'Eva, les Duarte, toujours solidaires malgré quelques querelles familiales, connurent gloire et prospérité. Unis par le souvenir des années difficiles de General Viamonte et de Junín, incapables de surmonter leur complexe social, ils s'obstinèrent à tenter de faire disparaître les traces de leurs origines modestes qui n'avaient cependant rien de honteux.

Eva fut la seule à ne pas renier ce passé. Sans entrer dans le détail de son enfance et de sa jeunesse, elle se vanta de son origine de « femme du peuple » et, en particulier, quand elle comprit qu'elle n'appartiendrait jamais à la bonne société comme elle en avait rêvé à ses débuts.

Les courtisans et la docile presse péroniste se mirent à l'appeler avec déférence « Madame » ou « Madame Eva Duarte de Perón » ou encore « Madame la présidente » mais elle préférait le diminutif affectueux de « Evita » que lui donnait le peuple.

« Quelques jours par an, disait-elle, je joue le rôle d'Eva Perón et je crois que je le joue de mieux en mieux parce qu'il ne me paraît ni difficile ni désagréable. Mais, en revanche, la plupart du temps, je suis Evita, une passerelle entre les espérances du peuple et l'action de Perón. » Son espoir le plus cher était qu'un jour le peuple, son peuple, regretterait « Evita » plutôt que « la Señora ».

« Je confesse, écrivait-elle, que j'ai une ambition, une seule. Une grande ambition personnelle : je voudrais que le nom d'Evita figure quelque part dans l'histoire de ma patrie. Je voudrais qu'on dise d'elle, même si ce n'est que dans une petite note, au bas du chapitre merveilleux que l'avenir dédiera sans aucun doute à Perón, quelque chose de ce genre : " Il y eut aux côtés de Perón une femme qui se consacra à transmettre au président les espoirs du peuple, pour qu'il les transforme en réalités. " Et je me sentirais parfaitement, surabondamment récompensée si la note se terminait ainsi : " De cette femme, nous ne savons qu'une chose, c'est que le peuple l'appelait affectueusement Evita ". »

A chacune de ses deux identités, correspondait une personnalité différente.

« La Señora » était désagréable et rancunière. Ainsi elle ne pardonna jamais à l'ambassadeur Radío un retard involontaire à l'aéroport de Barajas. Elle convoqua un jour des acteurs de la radiodiffusion parmi lesquels se trouvaient plusieurs de ses anciens camarades : Quartucci, Raccioppi et quelques femmes. Elle les reçut debout sur une estrade et, sans prononcer un mot, dévisagea l'un après l'autre ses visiteurs. Une actrice pour qui elle n'avait aucune sympathie, se précipita vers elle et la supplia : « Madame, on ne me donne pas de travail ! » Eva lui répondit sans élégance : « Mais, comme ils sont mauvais ces oligarques qui ne donnent pas de travail à une actrice de votre talent. Ne vous en faites pas, nous allons voir ces méchantes gens et les insulter. »

En entrant dans une exposition organisée par la Société rurale, Perón et Evita furent hués par un groupe de jeunes gens et de jeunes filles de « l'oligarchie ». Perón se contenta de reprocher au ministre Lagomarsino de l'avoir exposé à une telle offense. Eva fut plus rancunière. Les garçons furent emprisonnés et soumis à de mauvais traitements ; quant aux filles, on les enferma plusieurs semaines à l'asile San Miguel, réservé aux prostituées. Devant leurs protestations, on les menaça d'examens médicaux, de prises de sang et de piqûres contre les maladies vénériennes. L'écrivain Victoria Ocampo, une aristocrate millionnaire opposée au péronisme comme toute l'intelligentsia argentine, eut à subir de semblables vexations pendant qu'elle était incarcérée au même endroit. Borges, gloire des lettres américaines, fut destitué de son poste à la bibliothèque municipale de Buenos Aires et nommé « inspecteur des poulaillers ».

Quand elle était atteinte dans l'intime de son être, Eva ne respectait ni rang ni position. Un jour, en 1949, au cours d'une réunion de diplomates, l'ambassadeur d'Espagne, le comte Motrico, eut la légèreté de raconter une anecdote savoureuse sur le passé d'Eva Perón (« Cette femme de mince origine et à la vaste couche... »). Comme les services de renseignement de Perón avaient des antennes partout, ces paroles revinrent aux oreilles de « Madame ». Elle convoqua immédiatement l'ambassadeur à son bureau. Après l'avoir fait attendre plus d'une heure, d'une pièce voisine, elle s'écria, d'une voix suffisamment forte pour être entendue par le diplomate : « Dites à ce fils de pute de Gallicien que je n'ai pas le temps de le recevoir. » Motrico rentra en Espagne où il diffusa une version un peu différente de l'incident.

Les colères d'Eva étaient légendaires. Le ministre des Travaux publics, le général Juan Pistarini, avait conçu le projet exotique de construire un mausolée pharaonique pour Juan et Eva Perón. Elle lui lança : « Mais tu es fou ? Tu veux nous enterrer tous les deux ? Laisse tomber ! »

Le pouvoir personnel grandissant d'Eva, renforcé par l'atmosphère d'adulation et de crainte qui l'entourait, la transformait peu à peu en despote. Seuls les humbles et les deshérités échappaient à ses emportements qui n'épargnaient pas même Perón. Elle n'admettait ni d'être contredite ni d'attendre. Un coup de téléphone de son secrétariat suffisait pour balayer les lenteurs de l'administration, résoudre un conflit syndical ou obtenir un don pour ses œuvres de bienfaisance. Elle gouvernait l'Argentine à la manière de ces « Héroïnes de l'Histoire » dont les aventures avaient enchanté son enfance.

« Quand nous sommes venus exposer nos problèmes à Evita, raconte Amado Olmos ex-secrétaire général du syndicat de la Santé, les dirigeants de la CGT qui étaient présents tentèrent de présenter l'affaire comme réglée. — Non, dit Evita, nous allons discuter jusqu'à ce que nous trouvions une solution à ce problème. Elle comprenait très vite les arguments de chacun. Elle ne faisait aucun cas des formalités et des règlements. Nous étions reconnus comme travailleurs adhérents à la CGT et dès lors nous pouvions militer tranquillement. »

Là où Perón atermoyait ou hésitait, Eva décidait sans tergiverser. En commettant parfois des erreurs mais en abordant presque tous les problèmes intuitivement, Eva Perón parvint à exercer une autorité comme peu de gouvernants argentins avant elle. Elle savait ce qu'elle voulait et comment imposer sa volonté.

Contrairement aux apparences, Perón était d'un tempérament faible et indécis alors qu'Eva était énergique et combative. « Quand Perón a les couilles qui traînent par terre, je les lui relève à coups de pied », avait-elle coutume de dire crûment lorsqu'il l'exaspérait. Il faut distinguer l'adoration qu'elle manifestait en public au héros et sa conduite dans l'intimité.

Eva, qui proclamait sans cesse son allégeance à Perón, lui désobéissait à l'envi. Il voulait qu'elle travaille moins et qu'elle s'occupe plus de sa santé. Elle donnait sur ce point l'impression de prendre plaisir à le contrarier. Souvent, lorsque Perón l'avait

obligée à rentrer à leur résidence en fin de journée, elle réapparais-
sait à la fondation en pleine nuit quand Perón dormait ou feignait
de dormir. Plusieurs témoins ont rapporté que Perón était déjà
debout lorsque Eva rentrait sur la pointe des pieds après avoir
assisté à une réunion syndicale ou à une pseudo-veillée littéraire.
« Evita, témoigne Oscar Ivanisevich, ministre de l'Education,
travaillait jusqu'à l'aube. Tous les jours. Elle recevait tous ceux qui
venaient la voir et faisait preuve d'une activité surprenante qui
nécessitait une condition physique exceptionnelle. Sa journée de
travail ne s'arrêtait jamais. Evita essayait, parfois jusqu'à l'excès,
de faire tout ce qu'elle pouvait pour les humbles. »

L'emploi du temps surchargé de Perón joint à l'incessante
activité d'Eva ne permettaient pas au couple d'avoir une vie privée,
au sens bourgeois du terme. Excepté en fin de semaine, Juan et Eva
Perón passaient très peu de temps ensemble chaque jour, et c'était
en général à l'heure du dîner. La rareté de ces rencontres n'était
pas le signe d'un éloignement mais soulignait l'étrangeté de la
relation qui unissait ces deux êtres propulsés à une place où toute
véritable intimité était impossible. La leur consistait essentiellement en une association volontaire, d'ordre intellectuel. Eva devait
se charger du secteur syndical et être la propagandiste de l'œuvre
de Perón. Souvent, cependant, elle dépassait ce rôle.

Sous cet angle, on comprend mieux ce qu'elle disait : « Oui, je
suis fanatiquement péroniste ! Mais je ne saurais dire qui j'aime le
plus : Perón ou son combat. Ce qui pour moi revient au même. Je
n'ai qu'un seul amour. Et quand, dans mes discours ou dans les
conversations, je dis que la cause de Perón c'est la cause du peuple
ou que Perón c'est la patrie et le peuple, je ne dis rien d'autre que
ceci : ma vie entière est consacrée à un seul amour. »

Fort peu de choses filtraient de la véritable vie conjugale de
Perón et d'Eva. Un témoignage isolé, une phrase, une attitude ou
un geste surpris par hasard émergeaient parfois du torrent de
propagande à usage externe qui faisait écran à leurs véritables
sentiments. Pour Manuel Penella Silva, « jamais Eva ne s'est bien
entendue avec Perón ».

Juana Duarte, Juan Ramón, les sœurs, le colonel Mercante, le
père Benítez et d'autres familiers furent sans doute témoins de faits
révélateurs mais n'en firent jamais mention.

Les destins parallèles de Perón et d'Eva rendaient impossible une vie normale ; les transports passionnels étaient exclus de cette relation à cause des exigences de la mission qu'ils s'étaient imposés.

La constitution politique de 1853 qui régissait l'Argentine était d'inspiration libérale ; elle reconnaissait les droits civiques essentiels comme l'égalité devant la loi, la libre expression des idées, le droit au travail et à exercer des activités licites, le suffrage universel. La Constitution avait aboli l'esclavage et avait condamné les privilèges qui tenaient à la naissance, vestiges de l'époque coloniale. Enfin, en stipulant de façon explicite que les étrangers jouissaient des mêmes droits que les autochtones, elle avait créé le cadre institutionnel indispensable pour attirer l'émigration d'origine européenne appelée à transformer le pays.

Cette charte fondamentale, presque centenaire, était adaptée au degré d'évolution politique du pays mais elle contenait un principe insupportable pour Perón : la non-rééligibilité du président de la République. Comme il était partisan des solutions radicales, il convoqua une assemblée constituante chargée de réformer la constitution de 1853, ou mieux, d'en préparer une nouvelle.

Perón confia à Eva le soin de mener une campagne électorale pour obtenir le soutien populaire à l'initiative réformiste, en mettant en avant l'effort social qu'elle conduisait. C'est ainsi, que, au milieu de l'année 1949, Eva entra fougeusement dans l'arène politique en tant que dirigeante des femmes péronistes.

Le 30 juillet de la même année, elle fut proclamée présidente de la branche féminine du parti péroniste. « Depuis l'époque où je n'étais qu'une femme du peuple comme les autres, déclara-t-elle, j'ai rêvé d'un mouvement politique comme celui que nous avons le bonheur de connaître aujourd'hui. Avec la participation de toutes les femmes " descamisadas " et de la commission féminine de la CGT, je suis certaine du succès de ce parti qui, je l'espère vivement, sera l'orgueil du général Perón. »

Les élections pour l'assemblée constituante donnèrent les résultats prévus et Perón obtint le remplacement de la constitution de 1853. Quelques-uns des principes de la nouvelle charte marquaient des progrès : reconnaissance de la fonction sociale de la propriété, du capital et de l'activité économique, respect des droits de l'individu avec l'introduction de l'habeas corpus, droits du travailleur, de la famille, des personnes âgées, droits à l'éducation et à la culture.

Comme on pouvait s'y attendre, les législateurs donnèrent au président le droit d'être à nouveau candidat à la magistrature suprême. C'était le principal objectif de Perón. La nouvelle charte permettait aussi l'existence de partis politiques d'opposition ; elle ne limitait pas la liberté d'expression et ne supprimait pas le principe de la liberté du droit d'association. En théorie, du moins, elle garantissait la coexistence et l'indépendance des trois pouvoirs et énonçait les règles de leur fonctionnement.

La docilité avec laquelle l'assemblée constituante se plia à la volonté de Perón augurait bien de sa future soumission. L'asservissement du pouvoir législatif précéda celui du pouvoir judiciaire. En 1946, l'offensive péroniste fut dirigée contre la Cour suprême de la nation et le procureur général qui avaient jugé que les délégations régionales du secrétariat d'Etat au Travail étaient contraires à la Constitution parce qu'elles violaient le statut fédéral. Perón vit dans cette décision le signe d'une hostilité à sa politique sociale et, au mois d'octobre de la même année, il attaqua en justice quatre membres de la Cour suprême qui furent remplacés par des gens dociles. A de rares exceptions près, la magistrature se soumit à la volonté de Perón. Un juge à qui, un jour, on reprochait sa partialité, répondit avec amertume : « Mais, je ne suis pas un juge ; je suis un pantin qui obéit aux ordres de Subiza, le ministre des Affaires politiques. »

Dans les semaines qui précédèrent les élections, Eva Perón avait parcouru les provinces argentines. A Tucumán, elle inaugura deux quartiers de logements populaires, des foyers écoles et des travaux de pavement. Elle couronna la reine de la campagne sucrière mais ne se rendit pas sur les plantations de canne où elle aurait rencontré des ouvriers agricoles exploités et mal nourris. Elle alla ensuite à Córdoba et à Mendoza. Là comme ailleurs, elle fut accueillie par des foules immenses. « Le général Perón, proclamait-elle, pour récompenser la fidélité et l'esprit de sacrifice de l'humble peuple de la patrie, va lui donner une constitution qui sera à son service et non, comme celle de 53, au service de l'impitoyable oligarchie qui traite le peuple de populace. »

Elle voulait ardemment jouer un rôle politique complémentaire de son action sociale et espérait que, en récompense de ses efforts, l'Assemblée constituante l'inviterait à participer à ses délibérations bien qu'elle n'exerçât pas de fonctions représentatives. C'était trop demander. Même à une assemblée soumise comme celle de 1949. L'éloquence de parlementaires radicaux et socialistes de l'opposition parvint à contenir la pression gouvernementale. Eva ne renonça pas. « Je vais parler à l'Assemblée constituante, menaça-t-elle au cours d'une réunion syndicale, pour que l'opposition ne se vante pas de m'avoir empêchée de parler. »

Eva ne supportait aucun obstacle à ses desseins. Alfredo Palacios, Ernesto Sanmartino, Ricardo Balbín et d'autres députés d'opposition qui se risquèrent à la contrer furent harcelés sans relâche et finalement expulsés du Parlement. Sanmartino, qui connaissait l'origine de ces persécutions, eut le courage de protester à la tribune de la Chambre : « Nous ne sommes pas ici pour obéir à la cravache ni pour danser sur l'air de Madame Pompadour. Ce lieu n'est pas un cabaret élégant ni l'antichambre d'un palais mais le parlement d'un peuple libre et il faut que nous disions clairement, ici et maintenant, que la Chambre n'obéira pas aux ordres de colonels insolents ni aux avis parfumés qui sortent de l'alcôve des gouvernants. »

Cette tirade prenait une saveur particulière ; en effet, les adversaires d'Eva faisaient courir le bruit que, par le passé, Sanmartino avait compté au nombre de ses amis intimes. Arrêté par la police, il fut libéré sur l'intervention d'Eva qui envoya son automobile personnelle pour l'amener de la prison jusqu'à un refuge d'où, peu après, il put gagner l'Uruguay.

Des sursauts de rébellion comme celui de Sanmartino étaient très rares chez les parlementaires argentins de ces années-là. On exigeait des députés officiels qu'ils signent des lettres de démission, non datées, qui restaient entre les mains de Perón et d'Eva pour être utilisées selon leur bon plaisir. Ceux qui ne respectaient pas les consignes données, étaient exclus du parti ou privés de leur mandat.

En revanche, les parlementaires obéissants étaient récompensés généreusement. La commission d'enquête, créée en 1955 — après la chute de Perón —, a établi que sur 419 parlementaires péronistes, 202 étaient arrivés à la Chambre sans aucune fortune

personnelle et accumulèrent en très peu de temps des biens « dont
la valeur était estimée, en 1955, à plus de deux cent six millions de
pesos, sans tenir compte des indemnités parlementaires ni des
bénéfices réalisés par leurs parents, associés ou prête-noms ».

Dans la logique de cette politique, les candidats de l'opposition
rencontraient toutes sortes d'obstacles, recevaient des menaces qui
rendaient très difficile leur élection. En 1946, une des premières
décisions de Perón fut de décréter l'intervention fédérale dans la
province de Corrientes qui avait élu un candidat radical. Par la
suite, plus aucun opposant ne put être élu dans cette province. La
méthode fut ensuite appliquée à l'échelon national.

La majorité des députés et des sénateurs étant péroniste, les
débats parlementaires s'en trouvèrent considérablement simpli-
fiés : l'action législative se réduisit à l'enregistrement automatique
des directives en provenance de la Casa Rosada. C'est ainsi que le
parlement ratifia des lois répressives comme celle dite de « défense
nationale » qui conférait à l'exécutif des pouvoirs extraordinaires
dont Perón usa à sa guise. A partir de 1951, cette loi permit, de fait,
de supprimer toutes les garanties constitutionnelles puisqu'elle
autorisait l'exécutif à faire détenir des citoyens sur simple notifica-
tion administrative sans ouverture d'une procédure judiciaire.

En septembre 1949, fut votée la loi de « l'outrage » qui
punissait sévèrement toute offense à la dignité des hauts fonctionnaires de l'Etat et des membres de leur famille. Prévu pour
endiguer la multiplication des commentaires injurieux visant le
couple présidentiel, ce texte eut l'effet contraire : ils ne firent que
redoubler. Une autre disposition qui obligeait les fonctionnaires du
gouvernement à s'affilier au parti péroniste souleva certaines
résistances.

La propagande officielle, organisée à l'échelon national,
tendait à étouffer toute expression d'opposition dans les journaux,
les revues, à la radio, dans tous les moyens de communication de
masse. Le 3 janvier 1950, soixante périodiques d'opposition furent
fermés. On avait mis en application la première partie d'un plan
d'appropriation — par expropriation ou confiscation pure et simple
— des principaux organes de presse.

La prise de contrôle de *La Prensa* de Buenos Aires est un exemple fameux des méthodes gouvernementales alors en vigueur.

La Prensa, quotidien conservateur fondé en 1869 par José C. Paz, était devenu l'un des dix meilleurs journaux du monde ; il pouvait rivaliser avec le *Times,* le *Monde,* le *Frankfurter Allgemeine Zeitung,* le *Corriere della Sera* ou l'*Excelsior.*

La Prensa, de par l'objectivité de ses informations, le ton pondéré de ses éditoriaux, l'importance de sa rédaction, était plus qu'un quotidien, une institution. Son orientation traditionaliste et conservatrice, était critiquée par de vastes secteurs de la société argentine mais tout le monde respectait son honnêteté et son obstination à défendre les libertés individuelles contre les excès du pouvoir. Dans l'atmosphère d'intolérance qui régnait alors en Argentine, il n'y avait guère que *La Prensa, Vanguardia* et quelques autres rares publications à avoir le courage et le dangereux privilège de combattre l'autoritarisme présidentiel.

Perón et Eva, plus habitués aux flatteries, réagirent vigoureusement à ces constantes critiques : amendes, impôts supplémentaires, provocation de grèves, jets de pierres contre le siège du journal, sabotages dans les ateliers de fabrication, et pour finir attaques à main armée contre les employés et les ouvriers qui continuaient à travailler (au cours d'une de ces expéditions, un ouvrier fut tué et quatorze autres blessés). On suscita une revendication absurde du syndicat des revendeurs de journaux : ils exigèrent la suppression des succursales de vente et des abonnements ainsi que vingt pour cent des recettes brutes provenant des petites annonces. Comme *La Prensa* ne cédait pas, le ministre des Finances lui infligea une amende de trente-deux millions de pesos pour une fraude imaginaire : l'importation sans acquitter de droits de douane de papier journal. La presse argentine jouissait traditionnellement de cette franchise.

Lorsqu'il se rendit compte qu'aucune de ces manœuvres ne réussissait à ruiner *La Prensa,* le gouvernement, le 26 janvier 1951, la ferma purement et simplement, fit occuper ses locaux et en expulsa les propriétaires. Les installations furent ensuite cédées à la CGT ; elle relança une *Prensa* épurée qui fut mal accueillie par l'opinion publique.

Les protestations que ce coup de force provoqua dans le monde entier n'empêchèrent pas le gouvernement de fermer *La*

Vanguardia organe du parti socialiste, *El Intransigente,* le prestigieux quotidien de Salta, *El Pueblo* de Buenos Aires et plusieurs
dizaines d'autres publications dans le reste du pays.

Eva Perón était impliquée dans cette persécution systématique
de la presse libre d'Argentine : elle devint, directement ou par
personne interposée — en général son frère Juan Ramón —,
l'actionnaire majoritaire de seize entreprises de presse créées sur
les dépouilles de nombreuses sociétés privées. Cet empire comprenait aussi les réseaux Azul & Blanca d'émetteurs de radio et leurs
vingt et une stations réparties sur l'ensemble du territoire ainsi que
Radio Belgramo et Radio Splendid et leurs dix-huit stations de
retransmission. Il y avait encore L'Agence latine d'informations qui
était implantée dans dix pays latinoaméricains. Les publications, les
radios, et l'agence de presse appartenaient en apparence à l'Etat
mais en fait étaient sous le contrôle direct du sous-secrétariat à
l'Information et à la Presse, c'est-à-dire de la Casa Rosada, c'est-à-
dire d'Eva Perón.

De 1949 à 1951, ce sous-secrétariat distribua sur le territoire
argentin et dans divers pays étrangers 2 132 273 ouvrages de
propagande péroniste, 14 millions de brochures, 2 859 000 portraits
en couleur de Perón et d'Eva, 6 767 000 cartes postales à leur
effigie. Sur les murs des villes d'Argentine on colla 1 272 000 affiches et, dans les rues, on distribua 5 551 000 tracts. Les producteurs
de cinéma argentins furent contraints de tourner, au moins une fois
par an, un long métrage d'inspiration « justicialiste » et les stations
de radio de réserver chaque jour des émissions à la propagande
officielle.

En 1950, le secrétariat à l'Information admit, avec une certaine
impudeur, qu'il contrôlait l'ensemble des stations de radio et
soixante-dix pour cent de la presse écrite. Cela ne suffisait pas
encore. Sur instruction directe de la Casa Rosada, les députés
Decker et Visca, hommes-liges de Perón, animèrent une commission parlementaire chargée d'imposer la ligne officielle aux journaux de province qui avaient réussi à conserver quelque indépendance. Quelques mois plus tard, il n'y avait plus de presse
d'opposition et les journaux survivants se contentaient de repro-
duire des communiqués officiels abondamment illustrés de photographies montrant les moindres faits et gestes de Perón et de son
épouse.

L'Etat s'arrogea ensuite le monopole de l'importation du papier journal, mesure qui acheva de mettre à la merci du gouvernement toutes les publications, les journaux et l'édition.

Sur les six principaux quotidiens démocrates de l'intérieur du pays, deux devinrent péronistes, trois durent rendre quotidiennement hommage à l'action de « la Señora » et le dernier fut fermé. La presse de gauche fut supprimée sur ordre de la commission pour activités « anti-argentines », c'est-à-dire non péronistes.

Privés de travail, un grand nombre de journalistes se virent contraints d'émigrer ou de changer d'activité ; quelques-uns cédèrent aux pressions et continuèrent d'écrire dans la presse officielle. Jusqu'à cette époque, l'Argentine s'enorgueillissait de posséder la meilleure presse écrite et parlée d'Amérique latine. L'avènement du péronisme la fit disparaître pour longtemps.

Les outrances de la propagande en faveur du couple présidentiel, la démesure dans l'éloge, l'absence de la moindre critique finissaient par dissimuler les indéniables mérites de l'action sociale d'Eva. Pour user d'un terme du vocabulaire de la photographie, l'image d'elle qu'on offrait au public était « surexposée ». Eva embrassant des enfants, Eva serrant des vieillards dans ses bras, Eva recevant des fleurs ; l'inévitable photo d'Eva, tous les jours, dans tous les journaux, cela agaçait au lieu de convaincre.

Autour d'Eva régnait l'atmosphère de servilité typique des régimes autocratiques. En 1950, quelqu'un eut l'idée de fonder le club littéraire « Eva Perón » ; ses membres se réunissaient chaque vendredi soir au « foyer de l'employée ». Eva présidait ces veillées où il était de rigueur de ne débattre que de Perón et du péronisme. Le club rassemblait un petit groupe de poètes et d'écrivains, à la fois acolytes et thuriféraires, qui faisaient assaut de cynisme et de démesure dans l'éloge de « la Señora ». Il attirait des flagorneurs anxieux de se ménager la protection d'une femme aussi puissante ou craignant des représailles si leur absence venait à être constatée.

Même si elle n'était pas dupe de ces bassesses et de ces flatteries, Eva se plaisait dans ces réunions de divinification et y restait parfois jusqu'à l'aube.

Naturellement, au cours d'une de ces assemblées littéraires

quelqu'un suggéra à Eva d'écrire un livre. Pourquoi n'éclairerait-elle pas le peuple argentin sur le sens de son combat, son idéal, son expérience ? Pourquoi ne pas lui offrir une sorte de catéchisme civique qu'on lirait dans les écoles et les usines ?

Il ne fut pas nécessaire de faire violence à Evita pour la convaincre. Il y avait longtemps qu'elle caressait ce projet. Selon son habitude, elle mit immédiatement l'affaire en chantier.

Le livre d'Eva Perón, *Ma Raison de vivre,* rédigé par le journaliste espagnol Penella de Silva, fut mis en vente le 15 octobre 1951, jour même où l'auteur s'alita, sérieusement malade. On le tira à trois cent mille exemplaires et le parlement vota une loi qui en rendit la lecture obligatoire dans les écoles. Les syndicats, les organismes publics, les entreprises nationalisées et les services gouvernementaux rivalisèrent de zèle pour acheter de grandes quantités de l'œuvre.

Ma Raison de vivre exaltait avec quelque exagération le militantisme d'Eva, mais c'était surtout une action de grâces sans mesure à Perón. « Je crois, pouvait-on lire, que Perón appartient à cette catégorie de génies inventeurs de nouvelles religions ou de nouvelles philosophies... Je ne commettrais pas l'hérésie de le comparer au Christ mais je suis certaine que, comme le Christ, Perón ressent un amour profond pour l'humanité et ceci, plus que tout autre chose, le grandit, le grandit magnifiquement. »

Des louanges aussi excessives étaient embarrassantes, même pour Perón. Entourée exclusivement de courtisans, Eva manquait de conseillers assez honnêtes pour lui indiquer où il fallait s'arrêter. « Perón, écrivait-elle encore, est un condor gigantesque qui vole très haut dans les nuages, tout près de Dieu. »

Abstraction faite de ces excès rhétoriques, *Ma Raison de vivre* est à la fois une confession intimiste et une œuvre de propagande, écrite dans un style plat, parfois émouvante, souvent exaspérante. « C'est un cri d'indignation contre l'injustice », déclarait l'auteur.

L'intervention de nombreuses personnes dans la rédaction finale de l'ouvrage n'empêcha pas que, à travers les pages de *Ma Raison de vivre,* transparaisse la personnalité puissante d'Eva Perón, ses métamorphoses, son idéalisme, sa combativité et sa loyauté à Perón.

Pour qui lit les écrits et les discours attribués à Eva Perón, il est parfois difficile de faire la part de ce qui est authentique. Peut-on, par exemple lui attribuer ces « tropicalismes » relevés dans l'*Histoire du mouvement péroniste* ?

« Nous autres les Argentins, peut-on y lire, et surtout les péronistes, nous avons le privilège de posséder un génie, je parle ici du général Perón ; n'oublions pas que comme le disait Napoléon, le génie est un météore qui se consume pour illuminer son siècle. » Plus loin, pour situer Perón en tant que créateur, elle l'apparente à Alexandre le Grand, Confucius, Saint Thomas d'Aquin, Rousseau, Napoléon et « même à Marx ». Elle ajoutait : « Lycurge fut l'un des précurseurs du péronisme. Le général Perón a dit l'autre jour que c'est Lycurge qui, le premier peut-être, a mis en application l'idéal péroniste qui est que la terre doit être à celui qui la travaille. »

Eva Perón lisait certains de ses discours ; elle en apprenait d'autres par cœur mais en improvisait la plupart. Ses harangues les plus mémorables sont celles qui naissaient d'élans spontanés. Dans ces occasions elle semblait entrer en transes et les mots se pressaient sur ses lèvres emportant l'adhésion de l'auditoire.

Ce fut dans une de ces occasions où elle était complètement livrée à elle-même qu'elle eut cette parole prophétique : « Je reviendrai et je serai des millions. »

Ces expressions sybillines — dont le sens caché n'allait pas tarder à être révélé — faisaient partie d'un plan qui depuis quelques temps agitait l'âme combative d'Eva : l'organisation de milices féminines armées destinées à soutenir, en cas de péril, le courage vacillant des hommes dont elle avait une piètre idée, persuadée que, dans une situation critique, il ne fallait rien attendre d'eux. Elle avait une plus grande confiance dans l'énergie des femmes.

Eva visita en mai et juin 1950 les provinces de Rosario, Jujuy et Tucumán où elle organisa des réunions politiques, inaugura des réalisations sociales et surtout fanatisa les organisations féminines naissantes. Son goût pour la politique s'était développé ; elle ne se posait naturellement pas en rivale de Perón mais n'était déjà plus dans son ombre. Au cours de ces tournées qu'Eva entreprit, seule et en son nom propre, à travers le pays, la présence du guide n'était plus indispensable.

Elle avait atteint la pleine maîtrise scénique ; ses discours enthousiasmaient les foules de plus en plus nombreuses et houleuses qui se rassemblaient sur les places publiques et devant les gares de campagne pour l'entendre. Elle ne craignait plus du tout de prendre la parole en public. Dans la ville de Mendoza, face au monument du libérateur San Martín, elle prononça ce discours « improvisé » :

« Notre seul regret, c'est que le peuple " descamisado " n'ait pu être présent quand le Capitaine prit le chemin de l'exil pour échapper aux pièges, à la méchanceté et aux intrigues de l'oligarchie qui régnait à Buenos Aires. Mais, alors, n'était pas encore venu le temps des peuples, comme aujourd'hui, où les peuples peuvent imposer leur volonté. Nous autres, les femmes, nous aurions tiré San Martín des griffes de l'oligarchie comme nous avons sauvé Perón et nous aurions permis qu'il devienne le grand dirigeant de l'Argentine. »

Cette naïveté, qui n'était pas exempte de fanfaronnade, est révélatrice de la conscience croissante qu'elle prenait de sa dimension historique. Un élan rénovateur et révolutionnaire s'était emparé de son esprit impétueux et indomptable.

Débarrassée de sa timidité, elle affirmait un peu plus à chaque apparition publique ses talents latents de tribun : l'apparence physique, les gestes, le ton de la voix, l'emphase déclamatoire, les pauses dramatiques, les attaques et l'ironie, tels étaient les moyens employés pour subjuguer les multitudes qui se pressaient pour la voir et l'adorer. Elle se laissait emporter par sa propre fougue ; ses discours étaient violents et passionnés, lourds de rancœur contre l'oligarchie et truffés de proclamations de solidarité avec le destin du peuple. Si une incohérence gramaticale lui échappait elle était instantanément couverte par les clameurs : Evita ! Evita ! Evita !, qui, comme le mugissement de la mer, montaient de la foule vociférante amassée dans les rues et sur les places. Chacune de ses apparitions en public déclenchait des acclamations puissantes, tout spécialement de la part des femmes qui attendaient parfois des heures entières pour contempler quelques instants son sourire radieux, ses bijoux étincelants et ses vêtements élégants.

Perón, lui-même, lui disait, ironiquement :

« Pour une " descamisada ", vous n'êtes pas mal, non ? »

Eva aimait s'habiller luxueusement (« J'aime les chiffons », disait-elle) mais il s'agissait aussi d'une manœuvre politique : démontrer que « une femme du peuple » pouvait rivaliser avec les dames de l'oligarchie. Elle vengeait les filles du prolétariat. Les accusations lancées par les opposants qui lui reprochaient de dilapider les fonds publics avec une telle légèreté, loin de lui faire du tort, accroissaient sa popularité. Le défi avait pour nom Evita. Mais elle allait évoluer.

« Ce fut surprenant, raconte un témoin. Eva Perón avait subi une transformation totale. Sa diction, son vocabulaire, sa façon de se déplacer avaient changé. » Sans renoncer à une coquetterie innée, elle modifia graduellement la coupe de ses vêtements, simplifia sa tenue sans cesser pour autant d'être élégante et apprit à s'habiller en fonction des circonstances. Elle avait une garde-robe fabuleuse qui faisait pâlir d'envie les dames du Barrio Norte. Ses apparitions publiques faisaient sensation et suscitaient une foule de commentaires dans les milieux féminins où l'on était attentif aux moindres détails de sa tenue.

Pourtant, il était de notoriété publique que les pseudo-soirées littéraires du club « Eva Perón ou les réunions syndicales étaient plus de son goût que les réceptions mondaines.

Perón recevait les dirigeants syndicaux le vendredi après-midi, en présence d'Eva. « J'essaie de faire, disait-elle, que chaque corporation voie le général au moins une ou deux fois par an. »

Ces manœuvres subtiles de séduction des travailleurs se convertirent, au cours des années, en une pratique systématique de corruption des dirigeants syndicaux.

C'est Eva qui s'en chargea. La CGT avait étouffé toute velléité d'indépendance, soutenait tous les excès officiels et spécialement la répression des syndicats dissidents. Malgré cela, il fut impossible de faire taire les résistances. De juin 1946 à octobre 1949, éclatèrent trois cent vingt conflits du travail dans les secteurs qui avaient su repousser les tentatives de séduction et les pressions officielles : plombiers, égoutiers, employés du téléphone, coupeurs de canne, marins. Dénoncées par la CGT, ces manifestations d'insoumission furent combattues vigoureusement. Certains dirigeants rebelles furent torturés, d'autres condamnés à de longues peines de prison. On interdit le droit de réunion et le droit au travail aux ouvriers récalcitrants qui se virent condamnés à la misère.

En janvier 1951, éclata une grève dans les chemins de fer, la plus dure depuis que Perón était au pouvoir. Les travailleurs réclamaient une augmentation de salaire pour les garde-barrières et d'autres catégories d'employés mal payés.

Perón convoqua la direction de la CGT « pour discuter du problème » et fit semblant de les consulter alors qu'il était certain de leur appui. « Nous avons fait tout ce qui était possible leur déclara-t-il. Avec l'argent de l'Etat, on a construit des polycliniques, des hôpitaux. Mais, ils demandent une énormité qui nous mène droit à un déficit de mille millions de pesos dans les chemins de fer. » Puis, après leur avoir annoncé la révocation, par voie administrative, des membres du comité syndical des chemins de fer qui menait la grève, il s'enquit de savoir si l'un des dirigeants présents s'opposait à la sanction. Evidemment, personne ne broncha.

Plus directe, Eva, protégée par deux gardes du corps, parcourut les foyers de grève de minuit à quatre heures du matin en enjoignant rudement aux ouvriers de reprendre le travail. Quand elle rencontrait des résistances, elle recourait à l'insulte. C'est ainsi qu'elle entra dans la guérite d'un garde-barrières et pendant qu'elle le bourrait de coups de pieds hurla : « Et moi, je te dis que tu es un communiste, charogne. »

L'incident fit scandale. Interrogée le lendemain par des journalistes sur sa promenade de la nuit précédente, Eva répondit avec satisfaction : « J'ai été voir ce qui se passait avec les ouvriers en grève. J'y ai été comme une amie et comme amie je n'ai pas à me montrer craintive ni à prendre de précautions. D'ailleurs, je n'ai plus jamais peur. Ils n'auraient jamais pu imaginer que j'arriverais à cette heure-là. »

Pour une fois, l'intervention d'Eva fut sans effet. La grève continua et on vit apparaître sur les murs de certaines gares cette inscription peinte en noir : « Vive Perón. Veuf. » En représailles, trois cents cheminots furent emprisonnés et le gouvernement décréta la mobilisation militaire de tous les employés du chemin de fer. Le décret de mobilisation resta en vigueur jusqu'à la chute de Perón, en 1955.

Le syndicalisme argentin, en même temps qu'il renonçait à son indépendance, abandonna le système électif démocratique. Dans

chaque corporation apparut un « cacique [1] » entouré d'une cama-
rilla avide et protégé par une bande de gros bras aux mines
patibulaires. Les assemblées syndicales se firent de plus en plus
rares et tournèrent à la farce car toutes les décisions étaient prises
d'avance. Le congrès de la CGT de 1950 modifia les statuts du
syndicat pour le soumettre encore plus à l'autorité de Perón.
Voyages à l'étranger, nomination d' « attachés syndicaux » dans les
ambassades argentines, délégations dans les conférences internationales, gestion des fonds syndicaux, devinrent les enjeux de sordides
batailles que se livraient les dirigeants pour « tenir le manche ».

Tous essayaient de plaire à Eva et la couvraient d'hommages.
Médailles, décorations, contributions pour la fondation, éloges
hyperboliques, photographies d'elle immensément agrandies sur
les murs des bâtiments du centre de Buenos Aires, bustes en
marbre, articles de complaisance dans la presse au moment de son
anniversaire, tout était bon pour célébrer « la Señora ».

Eva accueillait ces flagorneries avec mépris et réservait à leurs
auteurs le traitement qu'ils méritaient. Son appui ou son veto
étaient sans appel pour la nomination des dirigeants de la CGT. De
1946 à 1951, c'est elle qui désigna les secrétaires généraux qui se
succédèrent à la tête de l'organisation.

La plus grande partie de ces dirigeants s'enrichirent à une
rapidité vertigineuse et accédèrent à un statut social plus proche de
celui de la bourgeoisie que du prolétariat qu'ils étaient censés
représenter. Leur obséquiosité ne trompait guère Perón et Eva,
experts en la matière, qui toléraient ou facilitaient leurs escroqueries parce qu'elles servaient leurs propres desseins.

Cette collusion tacite, bénéfique pour les deux parties se faisait
sur le dos des travailleurs qui, sans ignorer complètement les faits,
restaient fidèles à Perón et à la « reine des " descamisados " ».

---

1. Notable qui, à l'échelon local, exerce une excessive influence politique et
administrative (*N.d.T.*).

CHAPITRE XII
La flamme qui s'éteint

> *« Je sais bien qu'à la fin vous me mettrez à bas.*
> *N'importe ! Je me bats ! Je me bats. »*
>
> Cyrano de BERGERAC.

Une ombre torturante accompagnait sa vie, perturbait ses plaisirs et approfondissait ses chagrins, disparaissait parfois pour réapparaître à l'improviste : le cancer.

Au cours de son voyage en Europe, en 1947, Eva Perón avait senti la menace se préciser. Aux cernes et à la pâleur du visage étaient venus s'ajouter accès de fièvre, évanouissements et hémorragies. « Evita portait en elle, me semble-t-il, le mal terrible qui mettrait fin à son existence », écrivit le comte Motrico. Opinion partagée par le marquis de Broglie qui la rencontra pendant une réception parisienne : « La première dame de l'Argentine est très belle mais la mort se reflète dans ses yeux et sur sa figure. »

Elle s'efforçait de cacher sa maladie, attribuait à la fatigue ses défaillances et les malaises fréquents. A son retour en Argentine, les symptômes devenant de plus en plus insistants, elle devina la gravité de son état. Une autre femme se serait écroulée moralement ; pas elle ; son indomptable volonté la jeta en avant, dans l'accomplissement de son destin frénétique.

Perón était désespéré : « Depuis le jour où Evita est tombée malade, j'ai essayé de la garder à la maison et de l'empêcher de sortir. C'était très difficile, car elle ne désirait qu'une seule chose, travailler. Je lui disais de bien se soigner, d'abord, et qu'ensuite elle pourrait beaucoup mieux s'occuper du secrétariat au Travail et de la Fondation. Pauvre petite ! Je savais bien qu'elle ne guérirait jamais, mais je le lui répétais pour la retenir chez moi. »

Perón, ses sœurs ou ses amis insistaient vainement ; Eva négligeait les remontrances. « Je n'ai pas le temps, maman, les médecins sont pour les inactifs. Pas pour moi. J'ai trop à faire. »

Ses heures étaient comptées, elle accéléra donc le rythme de ses activités, entreprit fiévreusement de nouvelles œuvres sociales, se dépêcha de résoudre les conflits du travail, de gagner des adeptes pour le péronisme, de construire des écoles, de veiller à la bonne marche de la fondation, de secourir les miséreux. Elle était toujours dans son bureau, sauf quand la douleur et l'épuisement la tenaient prostrée dans son lit, et consacrait fort peu de temps à sa famille, à l'exception de Juan Ramón, son frère.

Dans un message adressé au pays le 1er janvier 1949, elle déclarait : « Je donnerai tout, parce qu'il y a encore des pauvres dans ma patrie, parce qu'il y a des gens tristes, parce qu'il y a des désespérés, parce qu'il y a des malades. J'ai abandonné mes rêves en chemin pour prendre soin des rêves des autres ; j'ai épuisé mes forces physiques pour ranimer les forces du frère vaincu. Mon âme le sait, mon corps l'a éprouvé. A côté de l'âme du peuple je mets mon âme. Je lui offre toutes mes énergies pour que mon corps soit comme un pont tendu vers le bonheur de chacun. Franchissez-le, le pas ferme, le front haut, vers le destin suprême de la nouvelle patrie. » Sous la déclamation et le discours embrasé, on voyait poindre l'angoisse de la mort prochaine.

Pour l'obliger à se reposer, Perón l'emmenait dans sa propriété de San Vicente, lieu paisible détesté par Eva.

« Nous l'avions acheté parce qu'elle était très isolée, raconte Perón. La pampa commençait à cet endroit. Le village devait se trouver à un kilomètre. Quand nous étions là, nous ne voulions avoir personne, et c'était elle, Evita, qui faisait les lits ; moi je l'aidais surtout dans la cuisine. Je suis un bon cuisinier. C'est une chose que j'avais apprise à la caserne. »

Evita était d'un avis différent :

« C'est une prison. Avec tant de silence, je ne peux pas me reposer. »

L'usage intensif du téléphone lui donnait l'illusion de rompre

sa solitude. Quand Perón le fit mettre hors d'usage, Eva réussit à le
réparer en cachette. « Elle m'avait ordonné de le recouvrir d'un
coussin afin que le général n'entendît pas la sonnerie. Je marquais
les appels sur des petits billets et je les lui passais discrètement »,
rapporte sa femme de chambre.

Le 6 février 1949, Eva accepta pour la première fois de rester
couchée. Les médecins avaient prescrit dix jours au minimum, elle
en supporta trois.

Elle était trop populaire pour cacher ses absences et le peuple
commençait à s'alarmer. Les gens remarquaient son visage émacié,
les cernes profonds et l'épuisement. Quel était le degré de gravité
de sa maladie ? Les explications des services officiels d'information
s'avéraient impuissantes à rassurer l'opinion publique : « Madame
se détend... souffre d'une légère grippe... d'un léger surmenage dû
à ses tâches harassantes... »

On prétendait occulter au pays, et à elle-même, le mal
irrémissible qui la rongeait, un cancer de la matrice déjà très
avancé.

Les symptômes réapparurent à partir de 1949, de plus en plus
fréquents et inquiétants. Le 9 janvier 1950, lors de l'inauguration
du local syndical des chauffeurs de taxis, Eva s'évanouit en pleine
cérémonie. « Chaleur excessive », selon la version officielle. Son
docteur personnel et ministre de l'Education, le professeur Oscar
Ivanissevich conseille de procéder de toute urgence à une hystérec-
tomie. « Pas d'opération », proteste Eva. Juan Perón parvient à la
faire hospitaliser et l'on évoque une opération de l'appendicite,
mais le peuple n'est pas dupe, il se rassemble dans les églises pour
prier. Après avoir trouvé des tissus néoplasiques dans l'utérus,
Ivanissevich confirme le diagnostic fatidique.

Quinze jours plus tard, Eva regagna le secrétariat au Travail
où l'attendaient de nombreux syndicalistes et leurs revendications.
Une manifestation populaire défila devant ses balcons au cours de
l'après-midi et acclama son nom. Chétive et affaiblie, Eva eut un
sourire las, leva une main en guise de salut et, contrairement à son
habitude, ne proféra aucune parole. Elle était comme absente.

Ivanissevich la pressa de se soumettre à une intervention

chirurgicale. La colère d'Eva fut telle — elle soupçonnait une manœuvre visant à l'écarter de la politique — qu'elle frappa au visage son médecin-ministre. Sans dire un mot, Ivanissevich se rendit aussitôt dans le bureau de Perón et lui remit sa démission.

Débarrassée de la surveillance de son docteur et sourde aux conseils de Perón — l'opération aurait peut-être allongé ses jours —, Eva se plongea dans un tourbillon qui commençait vers neuf ou dix heures du matin et ne s'achevait que le lendemain à l'aube.

Pour les uns, Eva ignorait la gravité de sa maladie ; pour d'autres, un sentiment superstitieux lui faisait espérer qu'elle échapperait au danger par quelque miracle : Dieu ne pouvait abandonner celle qui veillait sur les pauvres ; à moins — troisième hypothèse, la plus vraisemblable — qu'elle n'essayât de réaliser son œuvre dans le peu de temps qui lui restait à vivre.

Au cours du second semestre de 1950, elle vit défiler dans son bureau des groupes innombrables de l'intérieur du pays, des centaines de délégations étrangères, politiciens, ministres, diplomates, délégués syndicaux, journalistes, sportifs renommés, femmes et enfants. Elle multiplia ses visites dans les locaux du foyer de l'employée et de la cité des enfants, surveillant leur bon fonctionnement. Elle se rendit au Congrès pour accélérer le vote des lois sociales. Elle fut couverte de décorations — hommages posthumes anticipés, et par là même un peu sinistres — par les gouvernements de la République Dominicaine, de la Bolivie, du Paraguay, de la Colombie, d'Haïti, du Liban, du Pérou, de l'Equateur, du Mexique et de Hollande, sans compter l'Ordre de Malte et les médailles, plaques et diplômes provenant du monde entier. Au fur et à mesure que la maladie se propageait, le rythme de ses activités devenait plus frénétique. En juin 1950 elle assista à une conférence des gouverneurs où elle déclara : « Je crois que le meilleur hommage que je rends chaque jour à Perón consiste à brûler ma vie au nom du bonheur des humbles. A tenter de mettre en pratique son idéal de patriote et à collaborer, modestement, jusqu'à la mort s'il faut. » En août, elle préside le septième congrès national de chirurgie ; en septembre elle inaugure l'école d'infirmières « 7 de Mayo » ; en janvier 1951, quarante écoles syndicales ; en mars elle préside la troisième réunion de la conférence interaméricaine de Sécurité Sociale ; en avril elle rencontre Golda Meir, ministre des Travaux publics et futur Premier ministre d'Israël ; le même mois elle crée les magasins justicialistes, tentative manquée pour combattre la pénurie alimentaire dont souffrait alors l'Argentine.

Comme si sa santé défaillante engendrait une euphorie suicidaire, en une seule semaine de février 1951 elle assiste au dernier tour d'une compétition sportive juvénile ; reçoit un groupe de sénateurs au foyer de l'employée ; distribue les logements du quartier ouvrier « Juan Perón » à Saavedra ; accorde un entretien à Edward Miller, secrétaire adjoint pour les affaires latino-américaines du département d'Etat ; part aussitôt pour La Plata afin d'y inaugurer le parc « Les Droits du Vieillard », puis, de là, se rend dans la province d'Entre Ríos et y dirige la campagne pour les prochaines élections législatives. La maladie l'empêche de poursuivre sa tournée jusqu'aux localités prévues, Junín, Pergamino et San Martín. On la retrouve, livide, dans une loge officielle du théâtre Colón, pour une assemblée de l'institut national de prévision sociale, et quelques heures plus tard à la faculté de Buenos Aires, présidant une cérémonie de l'Ecole Syndicale Argentine. En avril 1951 elle accorde une audience aux délégués de la conférence des ministres de l'Education et inaugure le congrès argentin de kinésithérapie. En une seule journée, le 20 avril, elle prend la parole au cours de la séance de clôture du congrès national de la CGT, visite les cités d'urgence de l'île Maciel, qui ont été détruites par un incendie, reçoit des journalistes brésiliens, se rend à la fondation et à la cité des enfants, trouve le temps nécessaire pour envoyer un salut aux gardiens de prisons du pays et répondre à des appels téléphoniques incessants.

Dévorée par un feu intérieur, Eva devenait de plus en plus sévère et intolérante. Son allure était grave et elle avait renoncé aux coiffures compliquées pour ramener en arrière ses cheveux soyeux, les oreilles dégagées. Elle portait généralement des vêtements d'une coupe sobre et aux couleurs éteintes, quelques bijoux fabuleux mais sans la profusion d'autrefois. Même le ton de sa voix s'était modifié, profond et avec des trémolos, les discours étaient déchirés et violents, proches du cri et parfois du sanglot. Tout retard dans l'accomplissement de ses ordres provoquait en elle des accès de colère, la faisait s'exprimer dans un langage brutal quel que fût l'interlocuteur, Perón y compris. « Les ennemis du péronisme la redoutent davantage que le général », déclarait Renci. Alors que l'association ouvrière textile choisissait ses dirigeants, avec de bonnes chances pour la liste communiste, Eva trompa la vigilance de Perón, s'échappa de son lit de malade et apparut soudain au milieu de l'assemblée. Tremblant de rage, elle apostropha les travailleurs : « Abrutis ! Je n'admettrai pas que l'on critique Perón et fasse l'éloge d'un maréchal russe ! » Elle n'eut pas à en dire plus : l'irruption de cette femme au regard de gorgone et qui tenait à peine debout galvanisa ses partisans ; la liste péroniste l'emporta. Perón l'attendait à la résidence d'Olivos, réprobateur.

« Ecoute, Juan — dit-elle — il est plus important de défendre ces *grasitas* que de me soigner. »

Un journaliste lui demanda :

« Madame, on prétend que vous avez eu des évanouissements, des malaises.

— Pas du tout, ce sont des choses qui arrivent aux dames de la bonne société. Je me suis sentie un peu malade à cause de mon travail désordonné, mais je me remets. De plus, je fais tout cela par amour pour mon peuple qui m'a offert son affection. Une affection vaut plus qu'une vie. »

Un autre facteur nourrissait l'acidité croissante de son caractère : sa stérilité maintenant définitive. C'était la mère de tous les enfants argentins à l'exception de celui qu'elle aurait voulu avoir, l'irremplaçable. Ni Perón ni elle ne firent jamais part de cette déception en public, il suffisait cependant d'observer une des nombreuses photographies où Eva apparaissait entourée d'enfants, cette tendresse retenue ne devant rien aux impératifs de la propagande.

Eva n'eut aucune amie intime et rares étaient ses relations féminines ; parmi ses sœurs, seule Erminda avait accès à ses confidences.

A partir du jour où elle s'unit à Perón, la morale privée d'Eva devint irréprochable, même ses ennemis les plus acharnés ne trouvèrent plus rien à redire. Sévère avec elle Eva en réclamait autant aux gens de son entourage. Ainsi, quand un haut fonctionnaire épousa une entraîneuse du cabaret Tabaris, le couple fut exclu des cérémonies officielles sur ordre d'Eva. « Je n'accepte pas d'artistes dans le gouvernement, une seule suffit amplement », déclara-t-elle avec humour. Son vieil ami Mercante n'échappa nullement à cette austérité ; apprenant qu'il avait une maîtresse, Isabel Ernst, elle manifesta bruyamment sa réprobation ; il était vrai qu'elle avait eu des relations de cette nature avec Perón mais Mercante était époux et père.

Elle redoublait de violence contre les « oligarques haïs », ses discours distillaient des imprécations au vitriol contre « ces bêtes immondes réfugiées dans leurs caves », coupables à ses yeux de tous les malheurs passés du peuple argentin.

Le geste altier, la voix rauque, emportée par son propre verbe, elle prêchait la lutte des classes sans s'en rendre compte, dépassant en cela Perón qui était beaucoup plus accommodant et partisan de la paix sociale.

Au cours des dernières années de sa vie, Eva penchait instinctivement vers un extrémisme dont l'objectif était la destruction des classes supérieures et la prise du pouvoir par le prolétariat. Perón incarnait — ou prétendait incarner — l'évolution, Eva représentait tout simplement la révolution ; la mort précoce d'Eva empêcherait tout conflit entre ces deux positions dissemblables et Perón, comme toujours, pourrait continuer une politique empirique et fluctuante, inconsistante au plan idéologique.

Malgré son anticommunisme vociférant, et ses simagrées religieuses, Eva aurait pu se retrouver à l'extrême-gauche, entraînée par sa soif de justice sociale. « Le péronisme sera révolutionnaire ou ne sera pas », disait-elle. Et Penella de Silva observe : « Si Eva Perón avait vécu quelques années de plus, je suis sûr qu'elle se serait séparée politiquement de son époux. Le couple était très différent quant au caractère et à l'appréciation politique. Eva était plus sensible à son peuple. Formellement, ils luttaient pour la même cause, mais leurs tactiques divergeaient. »

L'anticonformisme de classe d'Eva s'exprima dans le mot *descamisado,* qualificatif qu'elle comprenait et qu'elle parvint à s'approprier dans une certaine mesure. Pour elle, le *descamisado* correspondait à l'essence du peuple argentin, « l'émotion d'un éveil des âmes et la poussée d'un peuple en marche, assuré de son destin ». Le *descamisado* était réincarnation et sublimation du *gaucho,* défenseur de ce qui lui appartenait, ennemi du juge mais aimant la justice, avant-garde de l'argentinité, expression du courage au combat et de l'identité nationale. « L'apparition du *descamisado,* écrivit-elle, commence, développe et étaye une politique liquidant la terrible contradiction de notre passé récent. » Autrement dit, la libération d'un état de dépendance interne et externe, l'affirmation nationaliste et de la conscience de classe. Pour Eva Perón, le *descamisado* s'opposait à l'oligarque ; les oligarques constituaient une catégorie hermétique, égoïste, spoliatrice des travailleurs, c'est-à-dire ceux qui n'adhéraient pas à la doctrine et à la pratique péronistes, les membres de l'Union Démocratique, les grands propriétaires, la bourgeoisie industrielle, l'aristocratie et même les simples adversaires. Devant eux se dressait le *descamisado,* quintessence des vertus péronistes qu'il ne fallait pas confondre avec le parasite bureaucrate incrusté dans le parti. Le manichéisme d'Eva était absolu.

Elle se situait rageusement aux côtés des humbles et des opprimés, contre les oppresseurs et les orgueilleux. « Je suis indignée jusqu'aux limites extrêmes de ma révolte et de mes haines par tout ce qui se heurte au peuple », s'écriait-elle, peu de temps avant sa mort. Sans nuances ni dogmes, pénétrée de certitudes fondamentales, sans jeter un regard en arrière ou sur ses flancs, sans se soucier d'être seule ou accompagnée, certaine de mourir bientôt, elle se jetait contre les murailles qu'elle voulait renverser.

Lors d'une réunion des gouverneurs provinciaux, elle lançait cet appel véhément à la violence :

« Les seuls mouvements durables sont ceux des fanatiques du bien. Nous devons oublier un peu ceux qui parlent de prudence et être fanatiques. Ceux qui proclament la douceur et l'amour oublient que le Christ a dit : " Je suis venu apporter le feu à la terre parce que je veux qu'elle brûle davantage. " Il nous a donné l'exemple du fanatisme et c'est pourquoi nous devons être fanatiques, avec Perón, jusqu'à la mort. »

Pour la version arabe de son livre, *Ma Raison de vivre,* elle envoya ce texte en guise de prologue :

« Amitié particulière et affection pour les peuples du monde arabe, qui ont lutté et continuent à lutter pour la justice et la liberté. La nuit s'est enfin achevée et l'aurore est proche. Le jour des peuples est sur le point de naître parmi nous. Il arrivera peut-être entouré de sang et de douleur, mais il arrivera irrémédiablement, quel qu'en soit le prix et quelles que soient les victimes.

Alors, toute oppression et toute exploitation seront dominées et vaincues. »

Femme aguerrie et dominatrice, capable des pires incartades, Eva débordait de compassion pour les enfants, les vieillards et les femmes déshéritées. Malgré la propagande péroniste qui déformait la portée de ses actes, malgré la mort qui rôdait autour d'elle, Evita était sincère quand elle affirmait vouloir donner sa vie pour soulager les souffrances des pauvres. Elle savait que la plupart des gens qui l'approchaient, la bouche remplie de flatteries, n'étaient menés que par l'égoïsme, mais cette atmosphère servile ne suffisait pas à combler la solitude d'une femme désirant être aimée pour elle-même et non pour ce qu'on espérait en obtenir. Elle cherchait à se fondre dans l'âme multiforme du peuple, en tant que porte-drapeau de ses aspirations et paladin de ses droits.

On pourrait avancer qu'Evita fut pervertie par Perón, non pas explicitement mais par des moyens détournés, propres à cette ambiance courtisane. Bien que le général lui eût accordé une ample marge de manœuvre — plutôt conquise que reçue —, l'idéalisme d'Evita ne s'accommodait guère du septicisme et du cynisme de son mari et de ses sycophantes. Sous ses tonitruantes proclamations sociales se cachaient les trafics financiers des Miranda, Dodero, Jorge Antonio et même Juan Ramón, son propre frère ; dans le monde syndical, ses interventions autoritaires servaient à décapiter toute velléité d'opposition ou de simple indépendance. On la trouvait toujours en première ligne, faisant face, compromise en fin de compte par les intrigues nouées dans son ombre.

Eva se rendait compte qu'elle était utilisée et acceptait de l'être par fidélité à l'égard de Perón, confondant peut-être la solidarité avec la complicité ; elle succombait en outre à cette tentation permanente, retirait de cette situation des bénéfices pour elle-même, sa famille et ses proches.

Au cours des trois dernières années, Evita s'efforça de donner à sa vie — à ce qu'il en restait — l'impulsion et la signification dictées par un esprit altruiste et révolutionnaire qui, enfin débarrassé des stimulations égoïstes et matérielles, la poussait à la lutte sociale. Sans contredire Perón, elle imprégnait sa conduite personnelle d'une authenticité et d'une vigueur absentes dans un péronisme voué aux calculs et à la corruption.

Eva devinait que Perón, et son mouvement, seraient enclins à développer leurs pires défauts. « Je sais que l'oligarchie, celle qui se trouva sur la place San Martín, ne reviendra jamais au gouvernement ; mais ce n'est pas cela qui m'inquiète. Je redoute que nous ne soyons gagnés à nouveau par l'esprit oligarchique. J'ai peur de cela, et très peur, et pour l'éviter je dois lutter aussi longtemps qu'il me restera un peu de vie — et je dois beaucoup lutter — pour que personne ne se laisse tenter par la vanité, par le privilège, par l'orgueil et par l'ambition. »

Son militantisme devenait plus intransigeant à mesure que ses forces déclinaient, la mort semblait la rendre clairvoyante quant à l'avenir. Son agressivité s'abreuvait au désespoir. Un jour, quelques instants avant de recevoir une transfusion de sang, elle fit acheter — sans que Perón en fût informé — des armes pour le peuple.

Elle connaissait mieux que quiconque les abîmes secrets de Perón, sa loyauté ne l'empêchait pas d'adopter certaines précautions, au point de déclarer, même : « Vous savez combien j'aime Perón, mais il y a longtemps que je ne me considère pas comme sa femme. »

Elle rêvait à une guerre sainte d'extermination de l'oligarchie : « De façon sanglante ou non, la race des oligarques exploiteurs de l'homme périra au cours de ce siècle, et périront aussi tous les concepts qu'ils ont créés. J'ai eu l'honneur de détruire, par mon œuvre, quelques-uns de ces vieux concepts. »

La période constitutionnelle de la présidence de Perón, quatre années, allait s'achever, le gouvernement convoqua à de nouvelles élections pour le mois de mars 1952.

La réélection du général étant assurée, l'intérêt se porta sur la vice-présidence. Et c'est alors — l'été de 1951 — que la CGT et le parti péroniste féminin proposèrent la candidature d'Eva Perón.

A l'évidence, Eva n'ignorait pas leurs intentions, sans doute les avait-elle suggérées. Perón voyait d'un mauvais œil ce caprice mais n'osait pas s'y opposer ouvertement ; il savait que les militaires ne voulaient pas d'une femme dans la vie politique et se souvenait de l'épisode de l'île Martín García, épisode précipité par une initiative malheureuse d'Eva. L'hostilité de certains milieux de l'armée à son encontre n'avait pas diminué. Quand Perón s'était autorisé à briguer une nouvelle présidence grâce à la réforme constitutionnelle de 1949, ces officiers s'étaient regroupés dans une loge secrète, « Soleil de Mai », visant à le renverser. L'éventualité d'une vice-présidence d'Eva augmentait leur irritation, l'idée d'une Eva Duarte présidente de la République — en cas de mort de Perón — et comme telle chef suprême des forces armées leur était insupportable. Une femme, celle-là, supérieur hiérarchique du haut commandement, octroyant les promotions et présidant les défilés du 25 mai et du 9 juillet ? Inacceptable !

Se doutant de l'attitude de son mari, Eva lui demanda conseil ; elle espérait en fait lui arracher son consentement.

« C'est à toi de prendre la décision », répondit évasivement Perón ; elle comprit et se mordit les lèvres.

Elle comprit, mais ne renonça pas, encourageant par son silence ceux — les femmes et les travailleurs — qui avaient avancé son nom.

La CGT voyait dans la vice-présidence d'Eva une bonne occasion pour s'affirmer au pouvoir et l'emporter sur l'armée ; elle décida donc de précipiter les événements.

Avec le proverbial déploiement de propagande des manifestations populaires péronistes, la CGT organisa le 22 août 1951 un grand rassemblement dans l'avenue 9 de Julio.

L'Argentine était mobilisée depuis le jour antérieur. Trains, autocars et taxis convergeaient sur Buenos Aires. Le transport était gratuit, payé par la fondation et par la CGT. La compagnie de navigation Dodero, récemment nationalisée, logea et nourrit mille quatre cents personnes ; elle offrit aussi trente-deux mille petits déjeuners à la foule réunie depuis la veille dans l'avenue. Les provinciaux recevaient des vêtements, des jouets, des vivres et une abondante littérature péroniste.

Les rues et les édifices publics ou privés étaient couverts du slogan « Perón — Eva Perón » ; des milliers d'affiches multicolores montraient les visages souriants de Perón et de son épouse. La nuit, répondant à l'appel des tambours, des groupes de jeunes gens parcouraient les rues en chantant des couplets à la gloire d'Eva ;

aucun moyen n'était négligé, il s'agissait de créer une atmosphère d'émotion qui neutraliserait les militaires et lèverait les réserves de Perón.

Sans être étrangère à ces préparatifs — rien ne se faisait en Argentine sans son assentiment —, Eva hésitait entre l'envie de se voir désignée candidate à la vice-présidence et la peur de contrarier son mari.

Le 21 août, des centaines de milliers de personnes participèrent à une veillée préparatoire à la concentration massive du lendemain. Le 22 août, c'étaient près d'un million de manifestants qui se pressaient sur l'avenue, agitant pancartes, banderoles et drapeaux. Eva, très nerveuse, assistait au spectacle depuis une fenêtre du ministère des Travaux publics.

Le soir tombe ; sur une estrade dressée à l'intersection des avenues 9 de Julio et Mayo, Perón apparaît d'abord, puis Eva au milieu des acclamations.

La foule frémit en l'apercevant : émaciée, livide, de toute évidence épuisée, Eva se tient à grand-peine debout.

Ce jour-là il n'y a pas de discours enflammé, et Eva ne réussit qu'à pleurer ; réclamée par le peuple, elle balbutie ensuite d'une voix sourde et entrecoupée :

« ... Pendant toutes ces années de ma vie, j'ai consacré mes jours et mes nuits à m'occuper des humbles de la patrie, sans me soucier ni des jours, ni des nuits, ni des sacrifices, tandis qu'eux, les intrigants, les lâches et les médiocres, la nuit ils ourdissaient leurs complots, et leurs infamies le jour suivant. Moi, une humble femme, je ne pensais à rien ni à personne, mais aux souffrances que je devais supprimer et consoler en votre nom, mon général, car je connais la profonde tendresse que vous éprouvez pour les *descamisados* qui le 17 octobre me donnèrent la vie, la lumière et l'âme en me donnant le général... » Evita éludait le fond du problème : accepter la vice-présidence ou y renoncer devant les réticences de Perón.

La foule devient de plus en plus pressante.

« ... Il y a cinq ans, j'ai dit que je préférais être Evita plutôt que la femme du président ; si cette Evita a servi à soulager quelque douleur de ma patrie, je répète maintenant que je préfère être Evita. »

La multitude n'est pas apaisée par ces phrases ambiguës, les cris redoublent : « Evita vice-présidente ! Evita ! Evita ! »

Certain de son ascendant, Perón s'empare du micro, mais c'est la première fois que le peuple lui témoigne de l'impatience ; à plusieurs reprises il est interrompu au beau milieu de son intervention : « Nous voulons entendre la camarade Evita ! »

Perón reste muet d'étonnement devant tant d'audace. Il cède le micro à Evita qui reprend d'une voix hésitante : « Je demande à la Confédération Générale du Travail et à vous, en raison de l'affection que nous nous portons mutuellement, pour une décision si importante dans la vie de cette humble femme, je vous demande de me donner au moins quatre jours. »

« Non... Non... Nous voulons une réponse tout de suite ! »

Un dialogue surréaliste s'engage alors, concevable seulement en ce lieu et à cette époque péronistes. Sur l'estrade, Eva déconcertée et au bord de l'évanouissement, Perón hors de lui, exigeant à grands cris la suspension de l'assemblée. Devant eux, emplissant l'immense avenue, la multitude comme agitée par la houle.

« Camarades... Camarades. Je ne renonce pas à mon poste de combat. Je renonce aux honneurs... »

« Accepte Evita ! Sinon nous arrêtons le travail ! Grève générale ! »

« Je ferai, en fin de compte, ce que décidera le peuple. »

Paroles mal interprétées qui déchaînent un tonnerre d'applaudissements. Evita s'empresse de rectifier : « Vous croyez que si le poste de vice-président avait été une charge, et moi la solution, je n'aurais pas déjà répondu oui ? »

Nouveaux hurlements de déception. Evita implore plus pâle que jamais : « Camarades : par l'affection qui nous unit, je vous supplie de ne pas m'obliger à faire ce que je ne veux pas faire. Je vous le demande comme amie, comme camarade. Je vous demande de vous disperser. »

Personne ne lui obéit. Le grondement des tambours s'ajoute aux clameurs, la kermesse menace de se transformer en émeute.

Eva finit par réclamer deux heures de délai. Nouvelles protestations. « Nous resterons ici jusqu'à la réponse de la camarade Evita. Nous ne bougerons pas ! »

« Je ne m'attendais pas à cela... Dans mon cœur d'humble

femme argentine, je n'ai jamais pensé que je pourrais accepter ce poste… Laissez-moi le temps d'y réfléchir. J'annoncerai ma décision par la radio… »

Dans cette cohue, peu de personnes notent que Perón a été relégué au second plan. Nul ne le consulte et nul ne l'acclame ; ironie du sort, la seule défaite oratoire de sa carrière lui est infligée par la femme qu'il a formée.

Au milieu de la confusion et de la déception générale, Perón saisit Evita par le bras, l'aidant à abandonner l'estrade ; les manifestants se dispersent bruyamment après la tombée de la nuit, l'avenue est jonchée de déchets de nourritures et de boissons.

Le lendemain, la presse péroniste — habituée à glorifier les activités les plus banales d'Eva — réduit son intervention de la veille à six mots : « Je ferai ce que le peuple voudra », l'un des couplets de Perón quand il adoptait une décision impopulaire ; aucune mention n'est faite de l'insistance de la foule et de leur dialogue dramatique : tous comprennent que Perón ne veut pas d'Eva comme vice-présidente.

Dans un dernier sursaut de combativité plus formelle que réelle, la CGT et le parti péroniste féminin proclament la candidature d'Eva le 28 août ; cette fois-ci Perón ne peut plus attendre ; inquiet du vent de fronde qu'il sent monter chez les militaires, il persuade Evita de renoncer.

Cette dernière cède : « Je veux communiquer au peuple argentin ma décision irrévocable et définitive de refuser l'honneur dont les travailleurs et le peuple de ma patrie ont voulu me faire bénéficier lors de l'assemblée historique du 22 août. Je déclare que cette détermination surgit du plus profond de ma conscience, et c'est pourquoi elle est totalement libre et possède toute la force de ma volonté définitive », déclare-t-elle par la radio.

Cet épisode du 22 août marqua une date capitale dans la vie d'Eva, la fin de son ascension politique et le naufrage de ses ambitions. Perón lui avait fixé ses limites et elle avait dû s'incliner, elle n'atteindrait jamais le sommet de la montagne.

On ignore les circonstances exactes de cette renonciation, les arguments dissuasifs employés par Perón ; sans doute en appela-t-il davantage à sa loyauté d'amie qu'à sa soumission d'épouse, sans doute Eva éprouva-t-elle aussi une immense amertume à découvrir que certains niveaux lui étaient interdits, que sa mission se résumait en somme à soutenir un homme dans des proportions délimitées par celui-ci. Mais malgré sa défaite elle restait une bonne combattante, sur la brêche jusqu'à la dernière minute de sa vie :

« Je ressens des désirs irrépressibles de brûler ma vie, si je pouvais, en la brûlant, illuminer le chemin du bonheur du peuple argentin ! » La flamme commençait à s'éteindre après cet ultime crépitement. Eva disposait de moins d'une année de vie pour recevoir, indifférente, les hommages posthumes anticipés, pour souffrir physiquement et mourir.

A l'instar de ces sociétés primitives qui couvrent leurs victimes de cadeaux, Perón et les péronistes rivalisaient de dévotion, c'était à qui déposerait aux pieds d'Eva les offrandes rituelles les plus extravagantes. Le 18 octobre fut consacré à « Sainte Evita », comme le 17 l'avait été à « Saint Perón » ; les dirigeants de la CGT proposèrent que le 22 août fût officiellement dénommé « Jour de la renonciation » ; réuni en session extraordinaire, le Congrès lui conféra la « grande médaille péroniste » et décida que la province de La Pampa serait rebaptisée « Eva Perón ». On la décora aussi du collier de l'ordre de San Martín, le libérateur, un bijou serti de sept cent cinquante-trois pierres précieuses : diamants, émeraudes et rubis. Une loi de l'Etat stipula l'érection de monuments dans la capitale fédérale et dans les capitales de province ; la Cour Suprême donna à la bibliothèque du palais de justice le nom d'Eva Perón et le sénat décréta que *Ma Raison de vivre* serait obligatoirement enseigné à l'école. On organisa des concours de poésie ayant pour thème la glorification du « sacrifice » d'Eva Perón.

Dans un discours prononcé le 31 octobre, Perón s'efforça d'atténuer la blessure : « ... Eva Perón, honorée par les citoyens argentins, a voulu nous donner à tous l'exemple le plus merveilleux qui soit : son renoncement. J'ai reçu de merveilleuses leçons de cette jeune femme qui, malgré le peu d'années écoulées, a vécu intensément et avec le cœur voué aux intérêts et à la défense de son peuple. »

Des funérailles de première classe. Mais Evita n'avait que faire désormais des titres et des honneurs. Privée de son bâton de maréchal, la vice-présidence, elle cédait maintenant au découragement et son mal s'aggravait de jour en jour.

Les apparitions en public s'espacèrent, Evita s'évanouissait dans une sorte de brume hivernale.

Elle souffrait tellement qu'elle accepta un strict régime de réclusion dans la résidence présidentielle ; une biopsie de l'utérus confirma les progrès inexorables de la maladie mais on en cacha les résultats à Eva elle-même et à l'opinion publique : « La maladie dont souffre madame Eva Perón est une anémie d'intensité moyenne soignée à l'aide de transfusions sanguines, de repos absolu et d'un traitement général », affirmait le bulletin de santé du 28 septembre 1951. Si grande était la haine de ses ennemis que les dames élégantes du quartier Nord prétendirent que l'on utilisait, pour ces transfusions, le sang des enfants accueillis à la fondation.

Le peuple n'était pas dupe. Pèlerins pathétiques, d'humbles habitants de l'intérieur de la République campaient au voisinage de la résidence, en silence « pour ne pas réveiller Evita ». Un jour, les chauffeurs de taxis et de camions de Buenos Aires, plus de mille véhicules au total, effectuèrent des dizaines de rotations autour de la demeure, comme s'ils voulaient tracer un cercle incantatoire qui conjurerait le mal ; on célébrait dans le pays des centaines de messes et de prières publiques, les unes patronnées par les autorités et les autres à l'initiative spontanée du peuple. « Beaucoup parcouraient l'intérieur à la recherche de sorcières, de jeteurs de sorts et de guérisseurs. On lui envoyait sans arrêt amulettes, pierres miraculeuses et images aux propriétés curatives. C'était incroyable », se souvient Atilio Renci. Des lettres arrivaient à Buenos Aires en provenance des pays les plus éloignés. En Turquie, le chef suprême des musulmans, Eyup Sabri, demanda aux fidèles de prier « pour le rétablissement de madame Perón, car il s'agit d'une femme très respectable, une croyante qui a aidé les musulmans ».

En juin 1952, à Genève, les représentants des gouvernements, organisations patronales et travailleurs de plus de soixante pays, réunis pour la conférence annuelle de l'OIT (Organisation Internationale du Travail), approuvèrent une résolution exaltant l'œuvre sociale d'Evita. Un exemple suivi par de nombreux syndicats latino-américains. Ces manifestations étaient parfois inspirées par les conseillers d'ambassade péronistes, mais le plus souvent elles répondaient à un sentiment de pitié devant la mort inéluctable

d'une femme, femme dont l'action sociale avait franchi les frontières de l'Argentine.

Le 28 septembre 1951 éclatait à Campo de Mayo une rébellion
militaire avec à sa tête le général Benjamín Menéndez, ancien
membre du GOU, appuyée par le soulèvement des bases aériennes
de El Palomar, Morón et Punta Indio. (Parmi les insurgés figurait
un jeune major de cavalerie, futur président de l'Argentine,
Alejandro Agustín Lanusse.) Privé de l'appui populaire et abandonné au dernier moment par la marine, l'aviation et d'autres
unités compromises, le soulèvement échoua au bout de quelques
heures d'incertitude, sans aucun affrontement armé entre les
rebelles et les groupes de travailleurs mobilisés sur la Plaza de
Mayo.

Une fois le danger écarté, à trois heures et demie de l'après-
midi, Perón y prit la parole :

« ... Les chefs de cette mutinerie, hommes malhonnêtes et
sans honneur, ont agi comme agissent tous les lâches, laissant leurs
forces livrées à leur sort. Aucun d'entre eux n'a été capable de
lutter et de se faire tuer à son poste. Nous, les soldats, nous savons
que notre rôle est unique : mourir pour notre honneur, et le
militaire qui n'est pas capable de mourir pour son honneur n'est pas
digne d'être un militaire, ni d'être argentin. »

Evita restait prostrée dans son lit, ignorante des événements ;
elle comprit cependant, au soir, que quelque chose d'étrange se
produisait. La nouvelle la fit se lever ; elle ne tenait pas debout mais
insistait pour sortir dans la rue et il fallut l'intervention de Perón
pour l'en dissuader.

Cette nuit-là, à neuf heures, les Argentins entendirent une
voix méconnaissable et éteinte :

« Le général Perón vient de m'informer de ce qui s'est passé
aujourd'hui. C'est pourquoi je n'étais pas cet après-midi avec mes
descamisados, sur la Plaza de Mayo de nos gloires. Mais je ne veux
pas que s'achève cette journée mémorable sans leur faire parvenir
mes paroles de remerciement et d'hommage... Je les remercie tous
au nom des humbles, des *descamisados,* pour lesquels j'ai laissé en
chemin des lambeaux de ma santé mais non de mon drapeau...

J'espère être bientôt avec vous dans la lutte, comme tous les jours de ces années heureuses de cette nouvelle Argentine de Perón, et c'est pourquoi je vous demande de prier Dieu afin qu'il me rende la santé perdue, non pour moi, mais pour Perón et pour vous, *mes descamisados.* » Les derniers mots se brisent dans un sanglot.

La tentative du général Menéndez inquiéta davantage Evita que son mari, et elle décida d'organiser l'autodéfense armée du gouvernement sans le consulter. « Si Perón ne veut pas, le peuple le défendra », s'écria-t-elle devant ses intimes. Elle le connaissait assez pour savoir qu'il ne se battrait pas malgré ses fanfaronnades.

Elle convoqua en secret le général Sosa Molina, commandant en chef de l'armée, et les dirigeants de la CGT, et ordonna l'achat, avec les ressources de la fondation, de cinq mille pistolets automatiques et de mille cinq cents mitrailleuses destinés aux milices ouvrières. L'opération s'effectua en Hollande, par l'intermédiaire du prince Bernardt, expert dans ce genre de transactions rétribuées. La cargaison arriverait trop tard, après la mort d'Eva, et Perón remettrait les armes à la gendarmerie.

Ce jour-là elle dut subir une nouvelle transfusion sanguine. Le 17 octobre 1951, fête péroniste, fut l'une des dernières fois où le peuple argentin contempla Evita vivante. On lui fit une piqûre de morphine pour qu'elle pût assister à la cérémonie depuis un balcon de la Casa Rosada. Perón la soutenait par la taille, dans son visage amaigri et livide seuls les yeux irradiaient l'éclat d'autrefois ; le sourire s'était transformé en un rictus douloureux.

Perón multiplia les éloges sur sa compagne « femme incomparable de toutes les époques », qui rassembla assez de forces pour balbutier : « ... Je ne compte pas pour ce que j'ai fait, je ne compte pas pour ce que j'ai refusé, je ne compte ni pour ce que je suis, ni pour ce que j'ai. Une seule chose compte en moi, je l'ai dans mon cœur, elle me brûle l'âme, me fait souffrir dans ma chair et se consume dans mes nerfs. C'est l'amour pour mon peuple et pour Perón. Je vous remercie, mon général, de m'avoir appris à vous connaître et à vous aimer. Si ce peuple exigeait ma vie, je la lui donnerais en chantant, parce que le bonheur d'un seul *descamisado* vaut plus que ma vie tout entière. »

Ensuite elle demanda à la foule de crier avec elle, pendant une minute : « La vie pour Perón ! »

Slogan repris en chœur par des centaines de milliers de poitrines. La fin du discours fut entrecoupée de sanglots :

« ... Je voudrais vous dire beaucoup de choses, mais les médecins m'ont interdit de parler. Je vous laisse mon cœur et je vous dis que je suis sûre, parce que je le veux, d'être bientôt au combat, avec plus de force et plus d'amour, afin de lutter pour ce peuple que j'aime tellement, comme j'aime Perón. Et je vous demande une seule chose : je suis sûre d'être bientôt parmi vous, mais si ce n'était pas le cas à cause de ma santé, restez fidèles à Perón. » Tous comprirent le sens de ces derniers mots ; Eva savait qu'elle se mourait et que la mystérieuse complicité entre ses *descamisados* et elle touchait à sa fin.

Elle se retira le visage baigné de larmes, en murmurant : « Je suis la femme la plus heureuse du monde. Je dois guérir vite afin de continuer à travailler pour Perón et pour mes *descamisados*. »

On fit venir un spécialiste des Etats-Unis, le docteur George Pack qui ôta la tumeur cancéreuse moyennant une somme de dix mille dollars. L'opération, à laquelle participa aussi un médecin argentin, Ricardo Finochietto, eut lieu le 5 novembre 1951 dans la polyclinique d'Avellaneda qui avait été fondée par Eva.

Trop tard. Le cancer avait envahi des organes vitaux non opérables.

Entre-temps, Perón remporta les élections présidentielles du 11 novembre 1951 avec plus de deux millions de voix d'avance sur son adversaire, Ricardo Balbín, de l'Union Civique Radicale. L'ampleur du succès s'expliquait par un appui féminin massif : les femmes votaient pour la première fois et s'étaient souvenues qu'elles le devaient à Evita. Eva participa au scrutin depuis son lit d'hôpital. La pluie torrentielle n'empêcha pas des dizaines de femmes, rassemblées devant la clinique, de s'agenouiller et de baiser l'urne où elle avait déposé son suffrage. Eva commençait à se dépouiller de sa substance corporelle, un culte populaire naissait.

Apprenant le triomphe de Perón, elle s'adressa à son peuple par radio : « Aujourd'hui, je pense enfin que je peux mourir tranquille, parce que chaque péroniste assume comme étant le sien mon propre travail de surveillance constante de la révolution. Ma vie sera un hommage permanent pour que la cause du peuple se consolide dans notre terre tellement chérie, et qu'elle annonce à tous les peuples et à tous les temps le merveilleux commencement d'une ère nouvelle dans l'histoire du monde : l'ère définitive des peuples, des humbles, des travailleurs, des enfants, des vieillards. L'ère où les hommes ne seront pas menés par quelques marchands de faim et de guerre ; l'ère où les peuples prendront les rênes de leur destin, disposés à vivre en paix à l'ombre de la véritable justice et de la véritable liberté. »

Le 14 novembre 1951, Èva quitte la polyclinique pour la résidence présidentielle sans connaître le résultat négatif de l'intervention pratiquée par le docteur Pack. Multipliant allusions et questions indirectes, elle s'efforce de déchiffrer dans les paroles et sur les visages de ses intimes son état de santé. Sous prétexte de se renseigner quant au fonctionnement du parti, elle convoque des dirigeants qui ne peuvent dissimuler leur inquiétude. Eva commente après leur départ : « Je ne dois pas aller très bien, j'ai vu des larmes dans les yeux de Delia Parodi. »

Elle invite ensuite à déjeuner son frère Juan et Raul Apold, sous-secrétaire à l'information. « Hier soir, j'ai fait un rêve. J'ai rêvé que j'étais morte et que toi, Raul, tu appelais les directeurs des quotidiens et leur ordonnait de grandes manchettes », dit-elle à Apold, tandis qu'elle observe l'effet produit par ses mots.

C'est un jeu dramatique entre Eva, à la recherche de son effroyable vérité, et ses proches essayant de la tromper par tous les moyens, par exemple en truquant la balance sur laquelle elle se pèse chaque matin. La découverte de la ruse la fait s'écrier, pleine de fureur : « Vous me mentez comme si j'étais une lâche. Je sais que je suis dans un puits et que personne ne m'en sortira. »

Retenu par les tâches présidentielles Perón lui consacre de brefs moments quotidiens. « Pour ne pas embêter Juan » Eva demande à être installée dans une petite chambre à l'écart, donnant sur le parc de la résidence. Les meubles Louis XV sont remplacés par un lit médical et quelques fauteuils tapissés de brocart rose. Eva porte des pyjamas de soie aux tons pastel, un déshabillé de tulle blanc et retient ses cheveux avec un petit ruban bleu. Elle est photographiée ainsi à un moment où la douleur physique s'est apaisée. Elle est soignée par une équipe permanente d'infirmières qui sont souvent à son chevet : en raison des insomnies et des douleurs aiguës on doit lui administrer des doses de plus en plus fortes de calmants. Toujours soucieuse de son apparence elle réclame chaque matin les services de son coiffeur et de sa manucure. Les yeux s'enfoncent dans les orbites, elle continue à maigrir, trente-sept kilos maintenant. Elle se réduit aux dimensions d'une fillette de quatorze ou quinze ans, les bras et les jambes deviennent presque squelettiques. Un jour, regardant une photographie où elle apparaissait dans toute sa splendeur, elle murmure comme si elle se parlait à elle-même :

« ... ce que j'ai réussi à être, et voyez comme je suis... Penser que j'ai fait tant de sacrifices pour avoir des jambes minces, et quand je vois ces petites jambes, j'ai peur. »

Le 1er mai 1952, par un effort surhumain, Eva exige d'assister au défilé et à la concentration populaire de la Plaza de Mayo. Personne ne pouvait l'empêcher de prononcer son dernier discours :

« Je demande à Dieu qu'il ne permette pas à ces insensés de lever la main sur Perón car malheur à ce jour ! Malheur à ce jour !... Ce jour-là, mon général, je surgirai avec les femmes du peuple, je surgirai avec les *descamisados* de la patrie, vivante ou morte, pour ne pas laisser debout une seule brique qui ne soit pas péroniste... Je veux que mon peuple sache que nous sommes disposés à mourir pour Perón, et que les traîtres sachent que nous irons nous faire justice, de nos propres mains ! »

La silhouette est aussi fantômatique que les paroles sont violentes. La peau transparente, les yeux enflammés, la voix rauque, presque masculine, les blonds cheveux tirés en arrière ; elle porte une simple jupe gris foncé avec une petite veste de la même couleur et un ceinturon noir. Cadavérique, le souffle vital concentré dans le regard et le ton menaçant, Eva ressemble à une déesse vengeresse. Une photographie immortalisera le geste altier, la bouche tordue en un rictus cruel, la main droite à la hauteur du visage, la paume tournée vers l'intérieur comme pour une offrande rituelle. Telle est l'image que son peuple gardera d'elle.

Le 4 juin 1952 elle parvient à assister à la cérémonie publique ouvrant le second mandat présidentiel de Perón.

Perón n'a pas osé la contrarier, il a envoyé Raul Apold pour la convaincre de rester chez elle. » Elle veut aller à la prestation de serment ! quelle folie ! »

Nouvelle colère d'Eva :

« Le général vous a envoyé pour que je n'aille pas à la prestation de serment. Mais écoutez-moi bien : je n'irai pas si je suis morte. Et j'irai même en voiture découverte, je veux saluer le peuple. »

Espérait-elle capter de ce peuple un fluide magique qui lui rendrait sa santé perdue, ou voulait-elle le saluer une dernière fois, à l'instar des gladiateurs romains avant de mourir ?

On lui administre des piqûres analgésiques dans les jambes et dans la nuque ; elle convoque son coiffeur et sa manucure, se maquille généreusement, revêt son plus somptueux manteau de vison, monte péniblement dans la voiture découverte où l'on vient d'installer une armature de plâtre et de fil de fer pour l'aider à se tenir droite. Elle parcourt ainsi six kilomètres, souriante et presque euphorique, depuis la résidence présidentielle jusqu'à la Casa Rosada. C'est un spectacle d'épouvante : Evita, transfigurée et agonisante, mortellement pâle sous le fard, recevant son dernier bain de foule. En arrivant à la Casa Rosada il faut lui donner de nouveaux calmants, elle est au bord de l'évanouissement. Elle réapparaît au balcon et salue la foule ; le peuple argentin l'acclame et agite des milliers de mouchoirs blancs en guise d'adieu. Il ne la reverra plus jamais vivante. C'est le 4 juin 1952.

Quelques heures plus tard, de rares intimes ont le douloureux privilège d'entendre sa plainte :

« Je m'en vais. Je pars sans rémission, confesse-t-elle à son vieil ami Nicolini. Je le sais, je fais semblant de vivre dans un assoupissement permanent afin qu'ils imaginent que j'ignore la fin. »

Remarquant le désespoir de sa mère, elle l'encourage de ces mots : « Regarde, tu es magnifique ! Je vais demander à Dieu d'être comme toi quand je serai vieille ! »

Et à sa sœur Erminda : « Viens, Chicha, écoute ce perroquet... » Mais quand elle se retrouve seule avec son confesseur, le père Benítez : « Il n'y a pas de quoi pleurer. Je me sens immensément heureuse. Dieu a comblé tous mes désirs. Il m'a donné tout ce qu'on peut donner dans ce monde. A moi, une pauvre fille. Je peux mourir maintenant. Ce sera le dernier cadeau de Dieu. »

La douleur physique qui la tourmente devient plus aiguë par la faute d'un médecin : il lui brûle la peau en lui infligeant une séance trop longue de radiothérapie (sa sœur Erminda conservera long-temps ce morceau de peau). Folle de souffrance, Eva laisse échapper ce cri : « Si c'est pour me guérir et pour que je puisse continuer à agir pour mes pauvres, je résiste. Sinon, mon Dieu, que cela vienne vite. Je suis très petite pour une si grande douleur. »

Indifférente à toute vanité, sa pensée se réfugie dans les souvenirs d'enfance : ses jouets, la poupée avec la jambe cassée, la photographie de la première communion, les cerfs-volants de Juan Ramón, les cachettes dans la forêt avec Erminda, la machine à coudre de sa mère. Images fugitives se bousculant, tumultueuses et incohérentes dans son cerveau qui défaille.

Elle profite d'un moment de répit pour demander à voir son film préféré, *Cyrano de Bergerac*.

Quand au cours de la dernière scène le héros, blessé à mort, continue à pourfendre ses ennemis, « le mensonge », « les soumis-sions », « la lâcheté », Evita se redresse sur son oreiller : « C'est ainsi que j'aimerais mourir, en luttant ! Qu'elle est belle la fin de Cyrano ! » Un membre de la famille, Erminda sans doute, note les phrases prononcées par Eva dans ses moments de lucidité :

Le 4 juin : « Je veux guérir pour m'occuper des pauvres. »

Le 11 juin : « Dieu sait ce qu'il fait. Il y a des gens qui ne vivent que pour eux-mêmes et meurent sans souffrances. Moi j'ai toujours vécu pour les autres et voyez comme je souffre. Dieu me rendra justice plus tard. » « Si mes *descamisados* savaient combien je les aime ! »

Le 1er juillet : « Sauvez-moi. Pas pour moi, la vie m'a déjà donné tout ce dont je pouvais rêver : l'amour du Perón et l'affection de mon peuple. Mais c'est pour mon peuple que vous devez me sauver. Pour Perón qui se retrouve tellement seul et pour mon peuple qui a encore besoin de moi. Qu'arrivera-t-il aux pauvres ? »

Le 10 juillet : « Il ne faut pas dire à mes *descamisados* que je suis malade, ils s'inquièteraient. »

Le 16 juillet : « J'ai fait hier soir un examen de conscience et je suis en règle avec Dieu. Je n'ai fait rien d'autre que m'occuper des pauvres, des travailleurs, et aimer Perón. »

Le 18 juillet : « Dieu est juste. Que je sois la femme du président de la république ne l'a pas empêché de me soumettre à cette épreuve. » « Aidez-moi à prier. »

Le matin du 20 juillet deux spécialistes allemands de passage à Buenos Aires auscultent longuement la malade ; leur verdict est brutal : « La mort est inévitable et imminente. »

Perón ordonne au père Benítez de préparer le peuple. Ce même jour, au cours de l'après-midi, le jésuite célèbre une messe d'impétration du miracle devant l'obélisque de l'avenue 9 de Julio.

Transie de froid, une foule immense s'est rassemblée dans l'avenue sous une pluie battante. Plus sceptique, Perón a déjà fait appel à un médecin espagnol, le docteur Pedro Ara, pour qu'il embaume le cadavre d'Eva immédiatement après le décès. Les préparatifs macabres commencent sans plus attendre.

Le matin du 22 juillet, un communiqué officiel annonce : « L'état de santé de madame Eva Perón a sensiblement décliné. »

Une atmosphère d'attente et de tristesse a envahi Buenos Aires et de nombreuses activités se paralysent. La multitude silencieuse rôde autour de la résidence et des femmes prient agenouillées dans la rue. La Société Scientifique argentine — qui ne devait rien à Eva — retarde la célébration de son quatre-vingtième anniversaire. L'église — qui lui devait beaucoup — s'avère moins sentimentale : l'Institut Supérieur de Culture Religieuse refuse de suspendre les festivités prévues pour l'anniversaire du cardinal primat, monseigneur Santiago Luis Copello. Le haut clergé argentin avait depuis longtemps marqué ses distances avec l'épouse du président, tellement différente des riches dames de la bonne société.

Le 24, Eva appelle sa manucure, Sara Gatti et lui offre une médaille en or. Quand celle-ci essaye de la réconforter elle lui répond : « Ce n'est plus la peine, Sarita... Je sais que ce n'est plus la peine... »

Elle tient à se séparer de ses intimes un par un. A son médecin, le docteur Taquini, elle donne une montre-bracelet « pour qu'elle vous marque les heures heureuses, docteur ».

Le vendredi 25 elle reçoit l'extrême-onction des mains du père Benítez. Pie XII lui envoie sa bénédiction et l'indulgence apostolique. Evita mourra comme une bonne chrétienne. Des milliers de femmes prient dans toutes les églises du pays.

Elle appelle ses trois sœurs, Juancito et sa mère. Elle leur dit en se forçant à sourire :

« La maigre s'en va... Ecoutez-moi bien, n'oubliez pas de convoquer Alcaraz, le coiffeur, pour qu'il me peigne le moment venu ; je veux être belle... Occupez-vous de Juancito, il va peut-être vous causer la même frayeur que moi. »

La présence de sa famille semble éveiller une lueur d'espoir : « Aidez-moi à prier, si je passe cette semaine, je suis sauvée. »

Et délirant ensuite :

« Je voudrais retourner au secrétariat. Je crois que c'est nécessaire. Au début, je consacrerai trois heures par jour aux pauvres. Le mois prochain... Je veux vite guérir pour me consacrer aux pauvres. » Elle fait venir Perón au cours de la nuit, en s'excusant presque : « Juan, je voulais te voir un peu... Quoi qu'il arrive, je ne te demande qu'une chose : n'abandonne jamais les *grasitas*. »

Des hommes, femmes et enfants d'origine modeste se rassemblent depuis plusieurs semaines devant la résidence. Ignorant l'hiver, la foule attend là jour et nuit, consternée, se refuse à accepter la mort d'Evita et implore un miracle ; les plaintes des femmes se confondent avec les chuchotements des hommes qui parlent en sourdine, comme s'ils craignaient de perturber le repos de la moribonde.

Voici le samedi 26 juillet 1952.

Depuis dix heures du matin on a interdit toute visite dans la chambre à coucher d'Eva.

A quatre heures et demie de l'après-midi c'est un communiqué du sous-secrétariat à l'Information :

« L'état de santé de madame Eva Perón a sensiblement décliné. » Chacun en comprend aussitôt la signification.

A vingt heures autre communiqué laconique : « La malade est dans un état très grave. »

Ses dernières paroles ne seront pas adressées au peuple, ni à Perón, ni même à sa mère ; elle ne prononce aucune phrase épique, mais celle d'une simple chrétienne se préparant à mourir. Evita dit très doucement à sa femme de chambre : « Nous allons prier, Irma. »

A cinq heures de l'après-midi, elle est entrée dans le coma.

CHAPITRE XIII

Flambeaux de Buenos Aires

« Beaucoup meurent trop tard.
Quelques-uns trop tôt. »

NIETZSCHE.

Elle mourut le samedi 26 juillet 1952, à vingt heures vingt-trois. Elle était âgée de trente-trois ans.

A cet instant, le docteur Taquini qui lui tenait le poignet regarde Perón et murmure :

« Le pouls s'est arrêté. »

Perón, Juana Ibarguren, Blanca, Elisa et Erminda Duarte font le signe de croix et s'agenouillent, sanglotant en silence. Quant à Juan Ramón, il quitte la pièce en s'écriant :

« Il n'y a pas de Dieu ! Il n'y a plus de Dieu ! »

« Si, il y a un Dieu. Et telle a été sa volonté », répond Erminda. A vingt et une heures trente-six, les radios diffusent le bulletin officiel :

« Le sous-secrétariat à l'Information de la Présidence de la Nation a l'immense regret d'annoncer au peuple de la République que, à vingt heures vingt-cinq, madame Eva Perón, chef spirituel de la Nation, est entrée dans l'immortalité. Les restes de madame Perón seront conduits demain matin au ministère du Travail et de la Prévision où sera installée la chapelle ardente. »

Les services officiels ont préféré fixer l'heure du décès à vingt heures vingt-cinq, « plus facile à retenir ».

Un vent funeste se mit à souffler depuis la résidence présidentielle où gisait la dépouille d'Evita ; il frappa les carreaux des grandes demeures closes du Quartier Nord, abritant derrière leurs murs ceux qui tant de fois avaient désiré sa mort ; il continua vers le sud, frôla l'avenue Corrientes, voila les enseignes multicolores de ses théâtres, fit taire les avant-scènes et obscurcit les écrans de cinéma. Les tangos des cafés de l'avenue de Mayo s'arrêtèrent. La foule dense qui s'était répandue dans les rues centrales de Buenos Aires se dispersa rapidement, comme frappée de stupeur par l'imminence d'une catastrophe. Un mystérieux murmure recouvrit la ville, brisé seulement par la psalmodie rauque et déchirante des vendeurs de journaux : « Evita est morte... Sixième édition !... »

Les hauts fourneaux des usines d'Avellaneda s'éteignirent tandis que s'allumaient des milliers de cierges dans les maisons ouvrières ; les hommes et les femmes allaient et venaient, sans but, pleurant leur désespoir.

Le vent parcourut les salles blanches des hôpitaux destinés aux pauvres, les salles de classe des écoles pour enfants prolétaires, le foyer de l'employée, la cité des enfants, le parc réservé aux vieillards ; ses rafales mugirent ensuite dans la pampa obscure, dispersant dans le néant les feuilles flétries des gommiers, caroubiers et ombus, troublèrent les feux des farouches gauchos encore éveillés, interrompant la douce mélodie de leurs guitares et la rumeur de leurs histoires. Requiem pour la morte, un silence grave avait tout envahi. Les ouvriers agricoles qui pendant la journée avaient travaillé dans les forêts de Formosa, dans les vignobles de San Juán, dans les étendues désolées de Neuquén, furent recouverts d'un suaire de tristesse. A Buenos Aires une multitude somnanbule erra toute la nuit autour de la résidence. Les pauvres comprenaient qu'ils seraient dorénavant un peu plus pauvres.

Un rituel hallucinant se déroule depuis dix heures du soir à l'intérieur de la résidence présidentielle. L'embaumeur, le docteur Pedro Ara, manipule le corps d'Evita, remplaçant le sang par des alcools qui, à leur tour, cèderont la place à de la glycérine selon une méthode de son invention. Ara a pratiqué deux incisions dans le cadavre : au talon et à l'oreille droite ; la glycérine est injectée à une température de soixante degrés, elle se solidifiera en refroidissant ; ainsi le corps sera embaumé avec les organes et tissus intacts et — c'est Ara qui l'affirme, mais il se trompe — élastiques. Ara utilisera aussi des techniques complexes de déshydratation : la peau

deviendra presque transparente, le poids et le volume de la
dépouille se réduiront aux dimensions d'une fillette de douze ans,
sorte de poupée fantomatique et marmoréenne. Absorbé dans sa
tâche et ensorcelé par cette silhouette inerte, Ara ne pourra plus
jamais s'en détacher.

Le 27, à cinq heures du matin, le corps d'Eva, revêtu d'un
suaire de soie blanche, est placé dans un cercueil en cèdre massif
avec des moulures d'argent ; dans la partie supérieure une plaque
de verre laisse entrevoir le visage de la morte.

On le conduit ensuite en ambulance jusqu'au palais du
Concejo Deliberante, à l'angle de l'avenue Julio A. Roca et de la
rue Perú. Une bruine tenace grisaille les rues de Buenos Aires.

On dresse le catafalque au milieu du vestibule central, à une
hauteur qui permettra de contempler Eva depuis une distance de
trente centimètres. Les cadets du collège militaire, du lycée
militaire, les élèves des écoles des Arts et Métiers et les délégués
des corporations monteront une garde ininterrompue.

Le premier jour, une foule immense se bat pour entrer et
provoque des désordres graves à l'intérieur et à l'extérieur de
l'édifice ; il y a huit morts et des centaines de blessés. Perón décide
alors que la veillée funèbre se prolongera « jusqu'à ce que le
dernier citoyen de la République ait pu voir la camarade Evita ».

Venant des quatre coins de l'Argentine, plusieurs centaines de
milliers de personnes accoururent à Buenos Aires, par tous les
moyens de transport : trains, autocars, camions, quelques-uns à
cheval, beaucoup à pieds. Ouvriers agricoles du nord dans leurs
légers costumes tropicaux délavés par le soleil, les sandales
imprégnées de la poussière d'interminables chemins ; travailleurs
de raffineries de pétrole du sud, avec leur casque de protection et
leur uniforme bleu ; bergers de Patagonie, etc. Ils arrivaient sans
cesse, dépourvus de tout, de vêtements de rechange, de logement
et d'argent, souvent accompagnés de leur famille, en petits groupes
sombres et stupéfaits.

Les femmes étaient nombreuses : employées, ouvrières, maîtresses de maison, vieilles ou jeunes, se protégeant avec des
parapluies et des mouchoirs contre la pluie qui redoublait de
violence.

Il fallut mobiliser l'armée afin de fournir des couvertures, plus
de dix mille, des aliments chauds et une assistance médicale à tous

ceux qui s'évanouissaient après être restés dix ou quinze heures exposés aux intempéries, en d'interminables files longues de cinq ou six kilomètres.

Evita avait maintenant à ses pieds les fleurs de tous les jardins de Buenos Aires, des pompeuses couronnes officielles aux milliers de bouquets anonymes recouvrant le catafalque, les salons du palais, la façade, les rues et les avenues attenantes.

Chacun attendait en silence l'instant où il pourrait la contempler une dernière fois à travers la vitre du cercueil.

Sur ordre du gouvernement, les horloges publiques marquaient uniformément huit heures vingt-cinq. La plupart des hommes portaient des cravates ou des brassards noirs. Les poteaux électriques s'ornaient de crêpes noirs soulignant les portraits d'Evita de chaque côté des artères de la ville. On observait le matin plusieurs minutes de silence, Buenos Aires, la grande cité agitée et trépidante, s'arrêtait comme un cœur gigantesque et inerte.

Une nuit, on vit serpenter une rivière de flambeaux depuis les quartiers populaires jusqu'au palais du Consejo Deliberante : des dizaines de milliers d'hommes, de femmes et d'enfants brandissant des torches qu'ils éteignaient ensuite devant le cercueil. C'étaient « les flambeaux de Buenos Aires », l'adieu du peuple argentin à la femme qui l'avait tellement aimé.

Quelques jours plus tard, Perón rendit public le testament d'Eva : « Je veux vivre éternellement avec Perón et avec mon peuple. C'est ma volonté absolue et permanente et cela constitue donc ma dernière volonté... Car j'ai beaucoup souffert ; mais le bonheur de mon peuple méritait ma souffrance... Je n'ai pas voulu renoncer — je ne veux pas renoncer —, j'accepte de souffrir jusqu'au dernier jour de ma vie si cela sert à cicatriser une blessure ou à essuyer une larme... Dieu est témoin de ma sincérité ; et Il sait que je brûle d'amour pour ma race qui est le peuple. Tout ce qui s'oppose au peuple me scandalise jusqu'aux extrêmes limites de ma révolte et de mes haines. Mais Dieu sait aussi que je n'ai jamais haï personne pour lui-même, je n'ai combattu personne avec méchanceté, si ce n'est pour défendre mon peuple, mes ouvriers, mes femmes, mes pauvres *grasitas*[1] que nul ne défendit jamais avec

_____

1. De l'anglais *Greaser;* ceux qui ont des taches de graisse sur leurs vêtements, autrement dit les ouvriers (*N.d.T.*).

plus de sincérité que Perón et avec plus d'ardeur qu'Evita. »

Après avoir légué sa fortune à Perón et à un fond permanent d'aide sociale « quand des catastrophes collectives affectent les pauvres », elle demandait la création de bourses pour les enfants des travailleurs.

Le testament s'achevait ainsi :

« Enfin, je veux que tous sachent que si j'ai commis des erreurs, je les ai commises par amour, et j'espère que Dieu, qui a toujours vu dans mon cœur, me jugera non pour mes erreurs ou mes défauts, ni pour mes fautes qui furent nombreuses, mais pour l'amour qui a consumé ma vie. Mes dernières paroles seront celles du début : je veux vivre éternellement avec Perón et avec mon peuple. Dieu me pardonnera de vouloir rester avec eux parce qu'il se trouvera aussi parmi les humbles, et j'ai toujours vu que dans chaque *descamisado* Dieu me demandait un peu d'amour que je n'ai jamais refusé. »

Quatorze jours après, le 9 août, le cercueil fut transféré au Congrès pour les honneurs officiels, moins spontanés et sincères que l'hommage populaire.

Evita avait exprimé le désir d'être enterrée dans un mausolée dédié au *descamisado*. Le parlement vota une loi qui en décida la construction au croisement des avenues du Libertador San Martín et Figueroa Alcorta, c'est-à-dire en plein centre du quartier aristocratique de Buenos Aires. Le monument mesurerait cent trente-sept mètres de hauteur, cent mètres de diamètre, posséderait quatorze ascenseurs menant à la coupole d'où on dominerait la ville et le Río de La Plata. Comme d'habitude, le péronisme s'efforçait de capitaliser politiquement la ferveur populaire.

Ce gigantesque tombeau ne serait jamais édifié.

Le 10 août, en présence de deux millions de spectateurs, le cortège funèbre parcourut à nouveau les rues Rivadavia et Hipólito Yrigoyen, l'avenue de Mayo, la promenade Colón jusqu'au local de la Confédération Générale du Travail, à Azopardo ; dix-sept mille soldats postés le long du trajet présentèrent les armes. Le cercueil fut déposé sur l'affût d'un canon tiré par trente-cinq hommes et dix femmes, des secrétaires syndicaux, les hommes en chemise blanche et pantalon noir, les femmes en jupe noire et blouse blanche.

Le convoi était précédé de trois cents grenadiers de San Martín à cheval, en uniforme bleu et rouge. Vingt mètres derrière la musique du collège militaire exécutait des marches funèbres. Juan Domingo Perón suivait l'affût à dix mètres, en costume gris pour se différencier du reste du cortège, flanqué de Juan Duarte, Bertolini et de quelques parents et amis. Ensuite venait un groupe compact de deux cents fonctionnaires et membres éminents du parti péroniste, le visage exagérément douloureux afin d'avoir l'expression convenable sur les photographies publiées par les journaux.

La véritable douleur s'était réfugiée dans le peuple anonyme se pressant sur le parcours ; on a conservé le souvenir et l'image de ces hommes mûrs, femmes, vieillards et enfants bouleversés et en larmes.

A dix-sept heures cinquante l'arrivée du cortège fut saluée par vingt et un coups de canon et une sonnerie de trompette.

Evita allait rester trois ans dans le local de la CGT, avant d'entreprendre la plus étrange et mystérieuse de ses aventures.

En écho aux lamentations du peuple argentin, la presse internationale accorda une place importante à la mort d'Eva Perón.

Pour *The Times* (Londres), Eva fut « une bienfaitrice et une authentique Cendrillon ». Le *Manchester Guardian* : « Madame Perón appartenait à cette minorité de personnages historiques qui finissent par devenir un symbole. En tant que femme, elle fut celle qui en fit davantage, à toutes les époques, pour élever le niveau des femmes d'Amérique du sud. » Selon le *Daily Herald,* organe du parti travailliste anglais, « à aucun moment, depuis l'époque de Tse-hul, la fabuleuse impératrice veuve de Chine, il y a un demi-siècle, aucune autre femme n'eut l'influence politique d'Eva Perón ». Curieusement, le journal des ouvriers britanniques n'ajouta rien quant à l'œuvre sociale, contrairement à l'hebdomadaire londonien *The People :* « Eva avait beaucoup d'ennemis parmi les classes hautes et puissantes, mais des millions de partisans très fidèles chez les pauvres et les faibles. »

Paris-Match lui consacra deux éditions successives : « Pour tous les déshérités de l'Argentine, son succès fut comme une revanche. Jusqu'à sa maladie, Eva fut pour eux " la princesse de la bonne chance ". Son luxe, qui lui valut quelques jalousies, ne lui fut pas reproché par son peuple. Eva était Cendrillon dans le bal triomphal. »

Le *Frankfurter Allgemeine Zeitung* : « Le pouvoir des foules en fit une reine qui, de son côté, se mettait en quatre pour son peuple. »

La presse espagnole rappela avec nostalgie sa visite de 1947, son amitié pour l'Espagne, l'aide accordée par l'Argentine. *Arriba,* organe de la phalange, publia cet éditorial : « Eva Perón fut l'amie de la justice. L'amie des pauvres et la plus parfaite incarnation de la miséricorde. » Un jardin madrilène fut baptisé « María Eva Perón ».

Avec un style lyrique, la *Folha de Povo* (Brésil) formula cet éloge : « Les pampas n'oublieront jamais la leçon de cet amour, et les cordillières dialogueront avec l'âme de l'enfant de Los Toldos. »

Correio da Noite (Rio de Janeiro) : « A la manière de la France, avec Jeanne d'Arc, et du Brésil, avec Anita Garibaldi, l'Argentine a livré à la gratitude de la postérité le nom d'une martyre tombée en pleine gloire, dont les conquêtes la désignent pour figurer comme un symbole parmi les constellations de l'histoire. »

La revue *Mañana,* de Mexico : « Elle vit dans les étoiles qui indiquent sa route au voyageur perdu. Elle vit en esprit, en écriture, en musique, en plainte, dans tous les yeux, dans toutes les âmes. »

Claridad (Colombie) : « Les travailleurs d'Amérique et du monde entier ont en elle leur héroïne, leur apôtre et leur martyre. Il manquait le personnage féminin qui incarnerait la révolution des travailleurs et elle est venue combler ce vide d'une façon inégalable. »

Ultima Hora (Chili) résuma l'opinion générale de la presse latinoaméricaine par ces mots : « Ce fut une femme extraordinaire. D'une autre époque. Une femme dont on se souviendra, non seulement en Argentine, mais partout. Elle constitua un progrès pour toutes les femmes de la planète. »

La mort d'Eva Perón fit la première page de la plupart des journaux du monde ; on l'attaqua souvent, pour sa démagogie ou la somptuosité de ses bijoux, mais on ne contesta jamais la sincérité de ses convictions. Elle fut tenue pour l'une des trois femmes les plus remarquables de son siècle aux côtés de Sung Chiang-Kai-Shek et d'Eleanor Roosevelt. En quelques années, elle avait réussi à donner une image de la femme latino-américaine différente des stéréotypes et poncifs traditionnels. L'ironie suscitée par son voyage de 1947 avait cédé la place au respect, elle avait en cinq ans acquis une dimension et une profondeur durables.

Aux louanges étrangères quasi unanimes répondaient les controverses passionnées de son propre pays. Certaines déclarations de ses adversaires permettent de mesurer les tourments qu'elle leur infligeait encore plusieurs années après sa mort.

« La somme des honneurs prémortuaires, mortuaires et post-mortuaires fut l'expression calculée et pesante d'une spéculation ou exploitation pour la raison d'Etat, afin d'alimenter le plus grossier processus de mystification d'un peuple. Ce fut l'enterrement le plus coûteux de la femme la plus chère de l'histoire et du monde ; on a dû en effet investir plus d'un milliard de pesos entre les dépenses directes et les pertes occasionnées pendant deux semaines de foire. » (Américo Guioldi, homme politique socialiste.)

Les attaques devinrent plus féroces à la chute de Perón, en 1955. « Elle était une sublimation de la grossièreté, de la bassesse, de l'abjection, de la vengeance, de l'informe, et le peuple vit qu'elle incarnait les attributs des dieux de l'enfer. » (Ezequiel Martínez Estrada, politicien et homme de lettres.)

« Par la métamorphose d'une pauvre petite fille sacrifiée par un père insensible et une mère ignorante, et à cause d'une société mal ordonnée, une innocente a été étranglée, et cette mort épouvantable et précoce a engendré la louve cruelle ne connaissant ni la pitié ni le doux sourire de béatitude de ceux qui sont venus au monde avec un père, la fortune, la santé et l'amour. » (Román J. Lombille, écrivain.)

« Pendant toute sa vie elle démontra avoir du caractère et de l'esprit de décision, du mauvais caractère aussi, et des caprices. Elle avait gardé, de sa naissance, un certain ressentiment envers les classes les plus aisées, ressentiment qui s'accrut sans aucun doute à cause des affronts endurés au début. » (Enrique Rauch, général.)

Une commission nationale d'enquête fut créée le 7 octobre 1955 ; elle consacra un chapitre entier de son rapport à « Madame » dont elle traça ce portrait :

« Elle manquait d'instruction mais non d'intuition politique ; elle était véhémente, dominatrice et spectaculaire. Elle recevait des idées mais y mettait de la passion et du courage. Le dictateur Perón simulait beaucoup de choses, elle presque jamais. C'était un petit fauve indomptable, agressif, spontané, pas très féminin peut-être. La nature l'avait dotée de traits physiques agréables qu'elle accentua quand la fortune propice lui permit d'exhiber des bijoux et des vêtements somptueux. Elle se vengeait ainsi de sa propre misère non oubliée, de ses récentes frustrations en tant qu'actrice obscure et sans avenir. Eva Perón fut le plus extraordinaire élément de propagande détenu par le dictateur. Son feu intérieur, son esprit de décision dans les moments difficiles, son inépuisable activité et aussi son dédain pour toute forme conventionnelle en matière sociale et politique lui servirent à soumettre des volontés rétives, à garder un contact permanent avec les classes populaires, à organiser la branche féminine du « mouvement », à exciter les foules, à susciter et à augmenter les rancœurs, et surtout à exalter son nom et son oeuvre en tout lieu et à tout moment. Sa mission n'était pas de persuader, mais de promouvoir l'action, d'allumer les passions, de mettre en place les vengeances. Peut-être était-elle sincère, ses rares dons de comédienne ne lui auraient pas permis de simuler si habilement des sentiments qu'elle n'éprouvait pas... »

Une femme tellement haïe, il fallait qu'on l'eût aussi beaucoup aimée.

Dès le jour de sa mort, Eva Perón pénétra dans des milliers de foyers ouvriers et paysans qui vouèrent un culte à sa mémoire. Des petites photographies multicolores surgirent comme par enchantement dans les baraquements prolétariens des villes et des campagnes, dans les taxis et les camions, dans les syndicats, dans les clubs sportifs. Les images étaient souvent éclairées par des bougies ou des projecteurs : candide et superstitieux, le peuple l'avait rajoutée à la liste de ses saints. Les murs des édifices apparaissaient couverts d'inscriptions maladroites, ces simples mots : « Evita vit. »

De son vivant, on la vénérait comme une fée bienfaitrice,

créant par ses sortilèges hôpitaux, écoles et asiles, ou bien on l'exécrait comme une aventurière sans scrupule, rancunière et avide. La mort exacerba cet antagonisme au lieu de l'atténuer.

Mais quel souvenir l'histoire conservera-t-elle de cette femme singulière ?

La fuite du temps permet sans doute une appréciation plus sereine, le portrait final s'ébauche peu à peu avec plus de touches de lumière que d'ombre, quelques traits incertains et de nombreuses zones nébuleuses.

Quel que soit le verdict, on peut assurer dès maintenant qu'Eva Perón fut un être authentique dans ses convictions et d'un courage peu commun, deux qualités qui manquaient à Perón.

Il y eut dans l'histoire de nombreux personnages semblables à Perón. Comme Eva, fort peu.

Eva avait secoué pendant sa vie les structures d'une société fondée sur la suprématie du mâle ; vingt ans après sa mort les murs des villes portèrent ce slogan : « Si Evita vivait, elle serait *montonera*[1]. » Des centaines de femmes jeunes et idéalistes comme elle l'avait été, reprenaient le flambeau, combattaient les armes à la main une société qu'elles répudiaient.

La mort d'Evita marqua le commencement de la désintégration du régime péroniste. Perón déclara :

« Après la guerre, beaucoup de soldats vétérans survivent sans bras ni jambes. Moi aussi, après la mort d'Evita, je suis un de ces vétérans sans bras ni jambes. Dans un premier temps, j'ai contribué à construire une personnalité qui n'avait besoin que d'un contact pour fleurir et s'épanouir. Elle avait tiré parti de cet enseignement à un tel point qu'on ne savait pas ce qu'il fallait le plus admirer : sa sagacité pour tirer les conséquences des problèmes posés, ou l'équilibre qu'elle atteignait en combinant ce mélange d'audace, d'enthousiasme et de feu sacré dont elle était faite. On ne pouvait rester indifférent devant elle. Evita se consacrait à sa tâche avec une totale abnégation. » Pendant plusieurs semaines, Perón se

---

1. Mouvement de guérilla urbaine lié au péronisme et apparu au cours des années soixante-dix en Argentine (*N.d.T.*).

rendit chaque jour dans le bureau d'Evita, à la fondation, et s'occupa personnellement des solliciteurs. Mais le charme n'opérait plus. Sous prétexte que « le souvenir d'Eva à la fondation l'affectait trop pour travailler au même endroit », il ne revint plus jamais. Dorénavant l'organisation fut régie par des règles bureaucratiques qui la dépouillèrent de ses qualités humanitaires, elle fonctionnait de façon automatique et dépersonnalisée, telle une usine. Mille écoles créées par Eva passèrent sous la tutelle de l'Etat et une dégradation évidente envahit les « foyers de transit », les « asiles de vieillards », « la cité des enfants » et le « foyer de l'employée ». Des centaines de colis, machines à coudre, jouets et autres objets encombraient les dépôts de la fondation sans être distribués. La construction de nouveaux édifices fut paralysée et ce mécanisme complexe, tenu à bout de bras par l'ardeur d'Evita, se dérégla lentement. La « révolution libératrice » de 1955 lui donnerait le coup de grâce.

Il n'en subsista que les hôpitaux, les écoles techniques et quelques organismes épars ayant obtenu une certaine autonomie ou d'une utilité irremplaçable.

Quand Eva mourut, Perón frisait les cinquante-sept ans et était un homme en pleine possession de ses facultés intellectuelles et physiques. Très vite, de façon imperceptible et insidieuse, quelque chose commença à changer en lui. Au début ce fut un ralentissement de son rythme de vie. Sans cause apparente, il cessa d'être le gouvernant dynamique qui se rendait dans son bureau dès les premières heures de la matinée et n'en ressortait que le soir tombé, après une journée de travail. Il continuait à se lever tôt mais il regagnait sa résidence d'Olivos à midi et y faisait d'interminables siestes suivies de conversations inconsistantes avec son majordome Rienci. La banalité envahissait les habitudes du président, sombre, renfrogné, et plus autoritaire que jamais. Le proverbial sourire se faisait rare, la cordialité était forcée, Perón se montrait inaccessible et distrait.

Six mois après la mort d'Eva le ministre de l'Education, Méndez San Martín conçut le projet de fonder une organisation étudiante « afin d'intéresser le président qui venait de perdre son épouse ». On édifia rapidement le siège social à Olivos et on installa la branche féminine sur un terrain proche de la propriété présidentielle. Ainsi naquit l'Union des Etudiants Secondaires

(UES) qui compta jusqu'à soixante mille membres, adolescents des deux sexes.

Assez vite s'institua une aberrante camaraderie entre le président argentin et les étudiantes. Perón aimait à se promener l'après-midi avec toute une petite bande de jeunes filles bruyantes. Le général plastronnait en tenue sportive coiffé d'une exquise casquette de base-ball, à la mode nord-américaine. Pour mettre les filles en confiance, il les avait autorisées à l'appeler « Pocho »[1]. Les voisins de la résidence de Olivos, stupéfaits, eurent le privilège de voir une troupe de nymphettes euphoriques menées par le jovial « Pocho », riant à gorge déployée et se poursuivant dans les allées ombragées de la résidence présidentielle. Perón avait retrouvé le sourire.

Selon le rapport de la commission d'enquête de 1956, la UES coûta 270 millions de pesos au trésor argentin. Le sourire du général revenait cher. « Dans la résidence présidentielle, selon ce document, on faisait même des opérations de chirurgie esthétique. Les jeunes filles étaient invitées à Olivos pour des collations matinales, pour déjeuner et pour des fêtes où on leur offrait des joyaux de prix. En outre, les préférées avaient une chambre réservée à leur usage personnel dans la résidence présidentielle. L'une d'entre elles, âgée de quatorze ans, vécut en permanence avec l'ex-président dès la fin de l'année 1953. La jeune fille, Nelly Rivas, vendit en 1955 ses « mémoires » au *New York Herald Tribune*.

Ce climat de licence aggrava les rumeurs qui circulaient sur la vie privée du président. En effet, les malversations auxquelles se livraient les gens de son entourage alimentaient déjà la conversations privées.

Juan Duarte comptait au nombre des plus compromis mais resta invulnérable tant qu'Eva était en vie. En mars 1953, Perón ordonna une enquête, et déclara « qu'il châtierait père et mère s'il le fallait » (tous deux étaient morts depuis longtemps). Le 9 avril, à l'étonnement général, on annonça le suicide de « Juancito ». Cette version officielle fut accueillie avec scepticisme. On parla d'assassinat. On murmura qu'il y avait litige entre Perón et la famille Duarte à propos de la succession d'Eva, évaluée à 300 millions de dollars.

---

1. *Pocho* : « mon gros ».

On affirmait que Juan Ramón était titulaire de plusieurs comptes numérotés en Suisse et qu'il avait été liquidé au moment où il se préparait à fuir en Europe. L'affaire ne fut jamais tirée au clair. Lorsqu'elle apprit la mort de son fils, Juana Ibarguren eut cette phrase : « Apold l'a tué. » Raul Apold, ex-favori de Eva, était le chef du service de renseignements.

Pour réagir aux critiques, le gouvernement durcit sa politique répressive. Désemparé devant toute manifestation d'opposition, manquant de confiance en soi, facilement irritable, Perón réclama l'appui des dirigeants syndicaux. Toujours obéissante, la CGT organisa une manifestation publique de soutien au régime le 15 avril 1955, Plaza de Mayo.

Alors que la foule commençait à affluer, deux bombes éclatèrent. La première dans un restaurant et l'autre dans un accès du métro, faisant cinq morts et vingt blessés. Faut-il attribuer cet attentat à l'opposition ou à des agents provocateurs ? La première hypothèse semble la plus vraisemblable.

Cet épisode sanglant servit de prétexte à Perón pour accentuer la répression. « Compagnons, vociféra-t-il depuis le balcon de la Casa Rosada, il va falloir s'armer. » Et quand quelqu'un dans la foule cria : « Corrige-les ! Corrige-les ! », il répliqua : « Vous me conseillez de leur donner une correction mais, pourquoi ne commencez-vous pas vous-mêmes ? ».

Alors, fortes de cette permission, quelque trois cents personnes, excitées par des policiers en civil mêlés à la foule, attaquèrent la « Maison du peuple », siège du parti socialiste, l'envahirent, la mirent à sac et l'incendièrent.

Après quoi, en quelques heures, les incendiaires détruisirent successivement la maison du parti radical et le siège du parti démocrate. Dans la nuit, l'immeuble du Jockey Club, situé à une centaine de mètres de la Casa Rosada, fut à son tour pris d'assaut. Il y avait là une des bibliothèques les plus riches du continent, comptant environ cent mille volumes et une pinacothèque digne d'un musée : des Goya, des Corot, des Monet, des Van Loo, des Sorolla, des Figari.

L'immeuble fut incendié ; la plupart des livres et des toiles jetés par la fenêtre, les autres brûlés. Les meubles, les tapis, les porcelaines, la vaisselle furent livrés au pillage sous l'œil indifférent de la police. Les pompiers arrivèrent lorsqu'il ne restait plus que des ruines fumantes.

Malgré ses fanfaronnades, Perón s'était contenté jusqu'alors de persécutions individuelles. Ce recours à la violence de masse était un indice de sa panique croissante et de la faiblesse de sa position.

Après la mort d'Eva, les relations entre l'Eglise et le président restèrent convenables pendant quelque temps, malgré un lourd climat de suspicion. Perón craignait une collusion entre le clergé et la droite — ce en quoi il ne se trompait pas — ; l'Eglise, elle, voyait avec appréhension l'émergence de tendances anticléricales au sein du parti gouvernemental.

Le 15 novembre 1953, Perón parraina le couronnement pontifical de la Vierge de Luján. Il se rendit à la basilique, vêtu d'un uniforme de gala et suivi d'un important cortège. Là, genou en terre, l'air grave et contrit, il lut cette prière : « Notre Dame de Luján, souvent j'ai levé les yeux vers votre image qui m'a accompagné à tous les instants de ma vie... En ce jour extraordinaire, nous vous promettons, dans les limites de nos possibilités humaines, et avec votre aide, de rester fidèles à votre commandement... »

Depuis quelques mois déjà ce dévot organisait des séances de spiritisme à la Casa Rosada, avec le concours d'un médium brésilien du nom de Menotti Carnicelli. « Ce monsieur, a écrit Perón avait un nom d'artiste. Je crois que c'était Anael. Je l'ai reçu pour des raisons politiques, parce que, à cette époque, il y avait beaucoup de spirites au gouvernement brésilien. J'ai pensé que je devais prendre la même direction. »

Un individu, dit « le mage d'Atlanta » finit par provoquer la rupture des fragiles relations entre Perón et le clergé argentin. Le 17 mars 1954, le président argentin reçut la visite d'un pasteur évangéliste, Theodor Hicks, qui prétendait être doué de pouvoirs surnaturels pour soigner les malades. Avec l'autorisation de Perón, il commença à officier dans le stade de football du club Atlanta de

Buenos Aires ; les entrées payantes rapportaient jusqu'à 50 000 pesos par jour. Ce succès d'envergure inquiéta le clergé argentin qui déclara l'activité de Hicks contraire à la religion de l'Etat et nuisible aux intérêts de l'Eglise. Sous les auspices de l'épiscopat, une campagne contre « le mage » fut lancée dans les lieux de culte.

La tolérance de Perón pour les rites exotiques augmenta le ressentiment des milieux catholiques et conservateurs qui en 1954, fondèrent, avec la bénédiction du haut clergé, le parti démocrate chrétien. Perón vit là un acte hostile à son gouvernement et la naissance d'une force politique dangereuse pour le péronisme. Le conflit était désormais évident.

Dans une lettre pastorale datée du 1er novembre 1954, l'épiscopat argentin déclara : « Entre tous les périls qui menacent actuellement nos fidèles, il en est un grave et insidieux... C'est ce qu'on appelle communément le spiritisme... Ceux qui pratiquent le spiritisme encourent le risque d'hérésie tout comme ceux qui aident à organiser ses réunions... » Il ne manquait plus que de citer le nom de Perón.

En réaction, la CGT décida « l'intronisation laïque de Eva Perón dans les locaux syndicaux, sur les lieux de travail et dans d'autres locaux où les travailleurs pourront vénérer la mémoire de leur illustre porte-drapeau ».

Pour humilier l'église catholique, Perón manifesta son intérêt pour les autres cultes chrétiens en vigueur en Argentine. « Nous aspirons, déclara-t-il menaçant, à réaliser dans la nouvelle Argentine, la vérité universelle du christianisme authentique. »

L'Eglise riposta en mobilisant les élèves des collèges catholiques, les moines et les nonnes, les congrégations religieuses et les bigots de la bonne société. On vit apparaître sur les murs des inscriptions injurieuses pour Perón et des pamphlets furent distribués. On entendit les curés prononcer des sermons où le régime et la moralité du président étaient mis à mal.

Perón frappa plus fort. Son parlement docile approuva deux lois. La première octroyait tous les droits civils aux enfants naturels et adultérins ; la seconde légalisait le divorce civil. Perón alla plus loin. Le 1er mars 1955, la Chambre abolit la loi sur l'enseignement religieux et moral dans les écoles et, le 27 mai, supprima les exemptions d'impôts dont jouissaient les institutions religieuses, les couvents, les collèges et tous les organismes dépendant de l'Eglise. Cela signifiait pour elle une perte de dizaines de millions de pesos. La municipalité de Buenos Aires autorisa la réouverture des bordels fermés depuis 1933 et des établissements de strip-tease.

En mai, le parlement ratifia un texte affirmant la nécessité de la séparation de l'Eglise et de l'Etat.

Au moment de la réouverture des bordels, le clergé répliqua par une campagne sur la conduite des étudiantes de l'UES[1]. En chaire et dans les confessionaux, les prêtres exhortaient les pères et mères de famille à interdire à leurs filles de participer aux promenades et aux soirées qu'organisait « Pocho » dans sa résidence de Olivos. Perón en fut indigné.

Le conflit, qui portait en apparence sur des questions de moralité et de bonnes mœurs, prit une dimension politique de première grandeur. L'Eglise était le fer de lance d'une conspiration ourdie par les forces de droite et d'importants secteurs des forces armées.

Ce bras de fer entre Perón et le clergé, où les coups bas ne faisaient pas défaut et qui se livrait dans les confessionaux et dans la rue à coup de processions et de manifestations, avait un aspect farce. Un jour, par exemple, pour faire échec à une procession religieuse, Perón convoqua le peuple à venir accueillir Pascualito Pérez, champion du monde de boxe des poids plume et idole nationale. Il alla chercher Pascualito à l'aéroport et revint à ses côtés en voiture découverte. Ce fut un fiasco car il y eut peu de monde pour recevoir le champion et beaucoup à la procession. Perón était battu sur son propre terrain.

Le samedi 11 juin 1955, le jour de la fête de Corpus Christi, était prévue une procession depuis la cathédrale jusqu'à la place du Congrès. Le clergé et les catholiques avaient décidé d'en faire une manifestation politique contre le gouvernement. Une foule compacte chantant des cantiques et brûlant de l'encens parcourut les principales artères du centre de la capitale en proférant des imprécations contre Perón et l'athéisme. En arrivant devant

1. Union des étudiants secondaires (N.d.t.).

l'immeuble du Congrès, les manifestants y hissèrent le drapeau du Vatican. Il y eut quelques incidents confus avec des policiers en civil infiltrés. Le lendemain, le ministre de l'Intérieur, Angel Gabriel Borlenghi, annonça, indigné, que les manifestants catholiques de la veille avaient brûlé un drapeau argentin devant le Congrès. Avec des mines consternées, Perón et Borlenghi posèrent pour les photographes en montrant théâtralement les restes de la bannière « outragée ».

Le même jour on expulsa deux religieux dénoncés comme les instigateurs de ce sacrilège, Monseigneur Manuel Tato et Monseigneur Ramón Novoa qui prirent l'avion pour Rome. Le Vatican répondit en excommuniant Perón.

Perón en fut profondément affecté. « On a dit, et à juste titre, s'exclama-t-il, que le clergé de la république argentine est le pire du monde. Le peuple argentin déteste profondément son clergé, ce clergé qui essaye de tirer le plus de profit possible de sa position... Eva Perón, persécutée et calomniée par les curés argentins, a fait œuvre chrétienne plus grande en un seul jour que tous les prêtres du pays tout au long de leur vie. »

Par la suite, Perón n'épargnera aucun effort pour obtenir l'annulation de l'excommunication ou pour en atténuer les effets.

La manifestation du 11 était partie intégrante d'un plan de conspiration. Cela fut démontré le 16.

Ce jour-là, à midi, une dizaine d'avions rebelles survolèrent la ville à basse altitude et bombardèrent la Casa Rosada pendant que des détachements militaires tentaient de prendre l'édifice. L'objectif était de capturer Perón ou de le tuer. On croyait en effet, à ce moment-là, qu'il était à l'intérieur. Ce que les conjurés ignoraient, c'est que le complot avait été éventé à sept heures du matin : l'ambassadeur des Etats-Unis, M. Nuffer, était venu avec son attaché militaire prévenir Perón. On n'a jamais su les raisons qui poussèrent le diplomate américain à cette intervention. A cette époque, Perón tentait de faire face à une situation financière désastreuse en se rapprochant du gouvernement de Washington dont il espérait obtenir un prêt.

Les aviateurs révoltés prouvèrent qu'ils ne savaient ni garder un secret ni tirer. Leurs bombes égratignèrent à peine la Casa Rosada et quelques édifices proches mais massacrèrent beaucoup d'innocents sur la Plaza de Mayo à bonne distance de l'objectif visé. Il y eut trois cents victimes parmi lesquelles aucun militaire.

Perón, lui, était bien protégé. Il avait abandonné la Casa Rosada et s'était réfugié dans les sous-sols fortifiés du ministère de la Guerre, confiant la direction des opérations militaires au général Franklin Lucero.

Le soulèvement trouvait son origine dans les forces navales ; il ne parvint pas à entraîner l'armée de terre ni l'aviation sauf quelques unités cantonnées au ministère de la Marine qui combatirent sans conviction pendant deux ou trois heures. Les avions bombardèrent encore un peu la capitale puis vers 18 h 30 prirent la fuite en direction de Montevideo. La rébellion avait échoué. Ayant repris ses esprits, Perón remonta sur la scène.

« Quand l'attaque contre le siège du gouvernement a commencé, raconta-t-il le lendemain dans un message à la radio, grâce à nos services de renseignements, nous étions déjà au courant, ce qui nous a permis de gagner notre poste de commandement et de riposter à l'action ennemie... »

« Je veux, poursuivait-il, que mes premiers mots soient pour féliciter l'armée de l'action merveilleuse qu'elle a menée. Nos soldats se sont comportés valeureusement. Pas un seul caporal ni un seul homme de troupe n'a manqué à son devoir. Sans parler des officiers et des chefs qui se sont montrés courageux et loyaux... Tout est fini. Heureusement, bien... Je demande à nos compagnons ouvriers de ravaler leur colère, de serrer les dents comme je le fais moi-même et de ne commettre aucun excès... »

Dans la nuit, des groupes d'incendiaires, encouragés par l'attitude de la police qui avait reçu l'ordre de « laisser brûler », donnèrent l'assaut, profanèrent, mirent à sac et brûlèrent plusieurs églises et monastères de Buenos Aires, dont la curie ecclésiastique (située à côté de la cathédrale, à deux cents mètres de la Casa Rosada), l'église et le couvent de Santo Domingo, la chapelle San Roque... Neuf édifices en tout.

De jeunes voyous, revêtus de vêtements sacerdotaux, brandissant des objets de culte, bafouaient les cérémonies religieuses en lançant des imprécations obscènes et en mimant de grotesques pantomines. A San Domingo, des images saintes et des statues furent traînées à la rue où une pluie torrentielle acheva de détruire ce qu'avait épargné le feu. Les vandales mirent en pièces des joyaux de l'art religieux colonial, des trophées datant des invasions anglaises et de la reconquête de Buenos Aires, des lettres autographes de Belgrano et de nombreux documents historiques. Tout fut minutieusement détruit. Lentement, méthodiquement.

Pendant que se consommait ce sabbat, Perón avait disparu. Le jour suivant, il parla à la radio : « Des outrages ont été commis pendant la lutte, annonça-t-il d'une voix affligée. Le gouvernement de la nation déplore et condamne énergiquement les désordres provoqués en différents points de la capitale par des éléments communistes profitant de la situation créée par la lutte contre les troupes rebelles et les exigences qu'elle imposait. Le gouvernement dénonce ces désordres au cours desquels on n'a pas même respecté l'enceinte sacrée des temples, les reliques dont certaines appartenaient à notre héritage historique. Nous ne pouvons imaginer une chose pareille. Nos adversaires nous plongent dans l'affliction et la douleur... »

Inquiet devant la tournure que prenaient les événements, il tenta d'arriver à un accord avec l'opposition : calmer l'Eglise et contrôler l'armée. Pendant qu'il parlait de « pacification » politique, pour anesthésier une fois de plus la partie adverse, il installa l'état de siège. Prenant un virage à cent quatre-vingts degrés, il annonça que la période révolutionnaire était achevée et que commençait une ère d'harmonie et de dialogue : « Je veux, dit-il, passer de la période révolutionnaire qui a permis les réformes à une période normale d'évolution et de perfectionnement des institutions et de la législation argentines... Ainsi, nous obtiendrons la pacification parce que nous sommes disposés à restaurer toutes les libertés à condition qu'on n'en fasse pas usage pour attenter à la liberté d'autrui. »

Depuis la mort d'Evita, l'opposition ne craignait plus Perón. Ses bravades ne l'inquiétaient pas et ses intentions conciliatrices ne la convainquaient pas. On mesurait bien, au contraire, la précarité de la situation d'un président dont le sort était entre les mains de l'armée et de chefs syndicaux tout prêts à l'abandonner.

Evita avait été l'âme du péronisme, sa dynamique, sa « conscience sociale ». Mais aussi sa « virilité ». Perón se retrouvait seul, nu et faible, entouré de courtisans à qui il ne pouvait faire aucune confiance.

Comme l'opposition faisait la sourde oreille à ses appels, il fit savoir qu'il allait démissionner. Personne ne le crut. Au moment même où il annonçait sa démission, arrivèrent à la Casa Rosada des témoignages télécommandés de soutien au président. La CGT usa de l'ultime remède : elle appela à la grève générale et organisa une réunion de masse Plaza de Mayo, dans l'espoir de répéter le 17 octobre.

En cette occasion, Perón, exaspéré par le silence de l'opposition, devant une foule moins nombreuse et moins excitée qu'autrefois, par un revirement surprenant, prononça un des discours les plus emportés et les plus violents de sa vie :

« A la violence, lança-t-il, il faut répondre par la violence. Pour un des nôtres qui tombe, il faut en abattre cinq des leurs. Nous avons donné des preuves suffisantes de notre prudence, il faut donner des preuves suffisantes de notre énergie. Nous avons offert la paix, ils n'en ont pas voulu. Nous lutterons jusqu'au bout ! La lutte qui commence ne se terminera pas avant que nous les ayons anéantis ou mis en déroute. »

Prononcés par Evita, ces mots auraient électrisé le peuple et peut-être, provoqué une hécatombe. Dans la bouche de Perón, ils sonnaient creux. Tout le monde y vit les fanfaronnades d'un général intelligent mais très indécis et qui n'avait aucune intention de se battre.

D'ailleurs, quand, spontanément, quelques centaines d'ouvriers vinrent aux portes des casernes pour demander des armes, Perón et les militaires leur firent dire que leur aide était superflue puisque l'ordre était rétabli. Personne pourtant n'ignorait alors qu'au même moment trois conspirations se tramaient. La première, autour du général Eugenio Aramburu ; la seconde autour du général Eduardo Lonardi, soutenu par les catholiques nationalistes et enfin, la troisième, dans la Marine, autour de l'amiral Isaac Rojas.

CHAPITRE XIV

La seconde mort d'Eva Perón

« La vie n'est qu'une ombre qui passe. »
SHAKESPEARE.

Trois ans et deux mois après la mort d'Eva Perón, le 15 septembre 1955, éclata dans la ville de Córdoba l'insurrection qui renversa Perón.

Le général Pedro Eugenio Aramburu, âme de la rébellion, échoua dans sa tentative de soulever les unités militaires de la capitale. Le général en retraite Eduardo Lonardi dut donc hâter le coup d'Etat à Córdoba et assuma ainsi, de fait, la direction des opérations.

Lonardi était un officier prestigieux, courageux, catholique dévot et antipéroniste convaincu, qui n'avait pas la fibre politique et était en très mauvaise santé. Son soulèvement ne s'appuyait que sur les garnisons de Curuzú-Cuatia, dans la province de Corientes et les bases navales de Río Santiago et de Puerto Belgrano. Au total, quelque trente mille soldats assez loin de la capitale et en nombre nettement inférieur à l'armée de Perón qui comptait près de cent mille hommes cantonnés à Buenos Aires et dans les points stratégiques du territoire.

Une telle inégalité était compensée par l'ardeur combative de Lonardi et de ses hommes. Perón, lui, restait apathique, à la limite de l'aboulie, sans désir de combattre. « Il y avait dix ans que je gouvernais le pays, confessera-t-il plus tard ; et j'étais fatigué et désillusionné : des hommes, du pouvoir et de tout. »

Malgré ses excès de langage, Perón ne fut jamais un combattant ni un sanguinaire. Il se plaisait à dire qu'il était un « lion herbivore ». L'image n'était pas mauvaise. Dans ces circonstances, il resta donc conséquent avec lui-même.

Cette absence de commandement fut la cause de trois journées de manœuvres confuses de l'armée officielle : marches et retraites inexplicables. Il y eut beaucoup de désertions dans le camp de Perón. Il apparut aussi que les officiers de l'armée gouvernementale n'étaient guère disposés à prendre des risques. « La vérité, commentera ironiquement Perón plus tard, c'est que les généraux ne voulaient pas se battre. Ils voulaient bien faire la guerre à condition de ne pas se battre... Notre peuple, quant à lui, qui avait bénéficié d'énormes avantages aurait dû manifester plus d'enthousiasme pour défendre ce qu'on lui avait donné. Cette ingratitude m'amène à penser que combler de bienfaits un peuple qui n'est pas capable de se battre pour cela, c'est perdre son temps. Tout cela faisait que moi non plus je n'étais pas très déterminé à ce moment-là. »

Comme Buenos Aires était menacée d'un bombardement par la flotte, Juan Perón rédigea un acte de démission et le remit au général Franklin Lucero à qui il avait confié le commandement des troupes loyalistes. « Mon esprit de lutteur, y était-il écrit, me pousse à combattre mais mon patriotisme et mon honnêteté civique m'amènent à offrir mon renoncement personnel en holocauste à la patrie et au peuple. » Le 19 septembre, Lucero convoca une junte militaire à qui il ordonna de discuter avec les chefs rebelles de la formation d'un nouveau gouvernement. Le peuple resta passif ; les dirigeants syndicaux prirent la fuite. Seul, un groupe de la fraction nationaliste du péronisme résista à Buenos Aires et fut écrasé à coups de canon.

Perón se réfugia dans le souvenir d'Evita. « J'ai passé, raconta-t-il lui-même plus tard, ces journées de combat entre le palais du gouvernement et ma résidence privée. Je me promenais dans cette maison où j'avais vécu dix ans et où le souvenir d'Evita était plus vivant que moi. Chaque objet, chaque portrait me ramenait à un moment de ma vie, un moment de ces années-là pendant lesquelles mon épouse et moi nous avions consacré toute notre énergie à notre pays. Je me suis senti seul comme jamais. D'Evita, je ne pouvais rien emporter avec moi. Ses restes, embaumés, étaient conservés dans une chapelle ardente improvisée au siège de la CGT. Ses bijoux étaient dans un coffre-fort ; ils ne lui appartenaient plus puisque avant de mourir, elle les avait donnés à ses " grasitas ". Je les ai regardés pour la dernière fois. J'ai pris dans ma main un collier ; les perles étaient froides comme le front d'Evita le jour où en le touchant j'ai compris qu'elle était vraiment morte. »

Il se contenta de prendre sur la commode de la chambre à coucher un portrait d'Evita et une miniature de la Vierge de Luján.

Il tenta de tergiverser encore en expliquant aux militaires que sa lettre n'était pas une démission mais une « offre de démission ». Ce vieux truc ne servit à rien. Les généraux étaient en train de traiter avec les rebelles et Perón gênait. Le 18 septembre, le colonel Manni trouva un argument convaincant : « Vous êtes en danger, lui dit-il. C'est de votre vie qu'il s'agit maintenant. Rojas a fait savoir que l'unique solution était de vous assassiner. Prenez garde, ils sont capables de le faire. »

Perón comprit.

A huit heures du matin, le 20 septembre 1955, sous la pluie, une automobile s'arrêta au numéro 1853 de la rue Viamonte devant l'ambassade du Paraguay à Buenos Aires.

Trois hommes en descendirent. L'un d'eux, pâle et abattu, était vêtu d'un imperméable blanc et d'une casquette écossaise. Il portait à la main une petite valise de cuir.

C'était Juan Domingo Perón qui venait demander l'asile politique. Dans la mallette, il avait ses papiers personnels, deux millions de pesos en billets et un chèque de soixante dix mille dollars.

L'ambassadeur du Paraguay, Juan Chávez le conduisit jusqu'à la canonnière « Paraguay » qui était à quai pour subir des réparations. Perón resta cinq jours enfermé dans une cabine pendant que le gouvernement tardait à lui délivrer un sauf-conduit. Le 25, il fut transféré à la canonnière paraguayenne « Humaita » qui avait jeté l'ancre hors des eaux territoriales argentines. Enfin, le 2 octobre, le gouvernement paraguayen envoya un avion Catalina qui conduisit Perón à Asunción. Ainsi débutait un exil qui allait durer dix-sept ans.

Comme sa présence dans un pays limitrophe continuait à inquiéter le nouveau gouvernement argentin, le président du Paraguay prêta à Perón son avion personnel pour l'emmener à Panamá. Le 10 novembre, après quelques péripéties supplémentaires, l'exilé parvint à Colón où il s'installa à l'hôtel Washington.

À Panamá, Perón fit la connaissance d'une jeune danseuse argentine âgée de vingt-cinq ans, María Estela Martínez, qui travaillait dans un cabaret du port. Elle était menue, avait le teint clair, des cheveux châtains, des yeux en amande et des lèvres fines. Issue d'une famille nombreuse de la classe moyenne, elle était née dans la province de La Rioja. Elle avait quitté les siens pour entrer dans un corps de ballet folklorique patronné par la fondation « Eva Perón ». En 1954, le groupe avait entrepris une tournée en Amérique latine mais, faute de ressources, s'était dissous à Panamá. Abandonnée à son sort, Estela, sous le nom d'*Isabelita,* dut gagner sa vie comme « entraîneuse » dans des boîtes de nuit. Elle se lia avec Isaac Gilaberte, le chauffeur particulier de Perón, qui la présenta à son patron.

Elle devint d'abord sa secrétaire, puis sa maîtresse et enfin, en 1961, à Madrid, sa troisième épouse.

Invité au Nicaragua par son ami le président « Tacho » Somoza, Perón dut renoncer au voyage à cause d'une campagne lancée contre lui par le clergé local.

Mais il ne put pas non plus rester très longtemps à Panamá. « Le bruit courait, raconta-t-il, que j'avais 700 millions de dollars et ils espéraient bien m'en prendre cent ou deux cents. C'est un pays que je n'aime pas : il vit de la prostitution, du jeu et des marins qui viennent s'y soûler. Quand ils se sont rendu compte que je n'avais pas les 700 millions de dollars, ils se sont désintéressés de moi. J'ai pris l'avion pour Caracas. »

Il y resta de 1956 à 1958. Lors des élections du 28 juillet 1957, en Argentine, les partisans de Perón reçurent la consigne de voter blanc. Il y eut deux millions de bulletins blancs ce qui constitua une très mauvaise surprise pour les gouvernants, convaincus que l'étoile de Perón était à jamais éteinte.

Quand un coup d'Etat renversa, le 26 janvier 1958, le général Marcos Pérez Jiménez qui dirigeait le Venezuela, Perón fut forcé de demander asile à la République dominicaine, alors sous la férule énergique de son ami le dictateur Rafael Leonidas Trujillo, généralissime-docteur, Bienfaiteur de la Patrie et Protecteur de l'Humanité.

Ignorant les problèmes d'argent, entouré de deux ou trois faire-valoir, avec Isabel près de lui, Perón était heureux. Il conspirait à distance et menait la vie de toujours : levé de bonne heure, il s'occupait de son courrier le matin, déjeunait légèrement, faisait sa sacro-sainte sieste et se promenait l'après-midi en discutant avec ses visiteurs.

Pour les élections présidentielles de 1958, en Argentine, il donna la consigne de soutenir le candidat de l'Union Civique Radicale, le docteur Arturo Frondizi. Le triomphe de Frondizi confirma que Perón était toujours une réalité politique.

En janvier 1960, Trujillo, le tyran mulâtre qui avait terrorisé son peuple pendant trente ans, fut assassiné. Les nouvelles autorités firent comprendre à Perón que sa présence en République dominicaine n'était plus souhaitée. Il acheta alors, pour la somme de 30 000 dollars, un *Superconstellation* à la compagnie aérienne brésilienne Varig et, le 28 janvier, Perón, Isabel Martínez, son ami Manuel Campos et un énigmatique personnage du nom de John de Re, s'envolaient vers l'Espagne. Il y avait aussi avec eux deux caniches dont Perón et son amie Isabel ne se séparaient jamais.

Perón choisit pour résidence une confortable villa située dans le quartier Puerta de Hierro, à Madrid. Il y restera treize ans jusqu'au 20 juin 1973, date à laquelle il rentrera triomphalement en Argentine.

Après la chute de Perón, le 23 septembre 1955, le nouveau chef du gouvernement, le général Lonardi, devant un demi-million de personnes réunies plaza de Mayo, prononça un discours dont se détachait cette formule : « Ni vainqueurs ni vaincus. »

Quelques semaines plus tard, il répéta qu'il ne considérait pas comme de mauvais patriotes ceux qui avaient apporté un soutien désintéressé à Perón et refusa de dissoudre la CGT et le parti péroniste.

Cinquante jours plus tard, une révolution de palais déposa Lonardi et le remplaça par le général Aramburu. La réaction anti-péroniste s'aiguisa. Le Congrès national fut dissous, le pouvoir judiciaire placé sous contrôle. On accéléra l'épuration de l'adminis-tration : on désigna des curateurs pour la CGT dont les dirigeants furent remplacés par simple décision administrative. Le parti péroniste cessa d'avoir une existence légale.

Un tribunal d'honneur, composé de cinq généraux, dégrada Perón et lui interdit le port de l'uniforme. Entre autres charges, on accusa l'ex-président d'avoir semé la haine dans la famille argentine en l'incitant à la violence et au crime, d'avoir attaqué la religion catholique et incendié les églises, d'avoir brûlé le drapeau et trahi l'armée. Le tribunal s'intéressa aussi à la vie privée de Perón.

Mais la fièvre revancharde de la « révolution libératrice » s'acharna plus encore contre la mémoire d'Evita. Une commission spéciale mit l'embargo sur les biens de la fondation « Eva Perón » ; elle ne trouva aucune irrégularité dans sa comptabilité. La fonda-tion fut cependant dissoute par décret. Des foules bien encadrées reçurent pour mission de détruire en public des milliers de couvertures et de nappes, des meubles, de la vaisselle et des objets de toute sorte qui avaient le tort de porter l'inscription « Fondation Eva Perón ».

On interdit les emblèmes, les médailles, les publications, tous les souvenirs qui pouvaient être associés à la disparue. Une campagne méthodique fut organisée dans tout le pays dans le but de détruire les monuments, bustes, affiches et photographies à l'effigie d'Evita. Plusieurs dizaines de milliers d'exemplaires du livre *Ma Raison de vivre* furent brûlés et on fit savoir à la population que le simple fait d'en posséder serait interprété comme une provocation. Le nom d'Eva Perón fut effacé du fronton des écoles, des cliniques et des bâtiments officiels. La presse et la radio reçurent des consignes énergiques pour éviter de mentionner le nom de la maudite.

On alla même jusqu'à raser la maison où elle était née à Los Toldos puis la résidence présidentielle où elle mourut.

Pour montrer que le porte-drapeau des « descamisados » avait vécu dans le luxe et dans l'excès, le gouvernement organisa une exposition des bijoux d'Evita. On montra cent montres, cent vingt bracelets, trois lingots de platine, une émeraude de 48 Carats, un collier de diamants, un autre de rubis, plus de mille cinq cents diamants, de la vaisselle d'argent, des dizaines de manteaux de fourrure et d'innombrables vêtements, chaussures, chapeaux, etc.

La réaction populaire ne fut pas du tout celle qu'attendait le gouvernement. Une foule silencieuse de femmes du peuple aux yeux pleins de larmes et d'ouvriers aux mines sombres parcourait l'exposition sans manifester la moindre réprobation, regardant au contraire les bijoux comme des reliques saintes. Alarmé, le gouvernement ferma l'exposition quelques jours à peine après son inauguration.

Après ce fiasco, le pouvoir se trouva confronté à un problème inquiétant : que faire des restes d'Eva Perón qui étaient toujours au quatrième étage de l'immeuble de la CGT ? Naturellement les visites étaient interdites mais la seule présence de cette dépouille, qui pouvait devenir un symbole, représentait un danger.

Le président Aramburu fit mettre le cercueil d'Eva Perón sous la garde des forces armées « pour éviter toute manœuvre politique ». Puis, il annonça à la junte militaire qu'il prenait l'affaire sous sa responsabilité personnelle.

Le 13 novembre 1955, un commando militaire dirigé par le lieutenant-colonel Carlos Eugenio Moore Koening, chef du service de renseignements de l'armée (SIE), fit irruption au siège de la CGT. Devant le capitaine de frégate Alberto Patrón Laplacette, curateur de la CGT, et du docteur Pedro Ara, qui avaient été secrètement prévenus à l'avance, Moore Koening déclara qu'il agissait sur ordre du président Aramburu et que le transfert du corps avait pour objet de lui donner une sépulture chrétienne.

Pedro Ara, l'embaumeur, qui avait mené presque à terme le lent travail de momification du cadavre obtint des militaires un reçu pour un escudo péroniste d'or, un rosaire et un autre bijou qui étaient sur la morte.

Les conjurés descendirent le cercueil, le déposèrent dans une camionnette qui servait à vendre des fleurs et disparurent dans la nuit. Le 18 novembre, Moore Koening vint rendre compte à Aramburu et confirma que, selon les instructions reçues, les restes avaient été transférés dans un lieu secret que Aramburu lui-même voulait ignorer.

Dès lors, les versions les plus étranges des circonstances de l'enlèvement circulèrent un peu partout. On disait que le cadavre avait été brûlé et les cendres dispersées aux quatre vents, qu'il avait été noyé dans le Rio de la Plata, enterré dans l'île de Martín García, qu'il était déposé dans la niche 275 du cimetière de La Chacarita, sous un nom d'emprunt ; qu'il avait été caché dans un couvent, remis à la famille Duarte et enterré subrepticement dans un caveau du cimetière de La Recoleta. Selon d'autres rumeurs, tout aussi incontrôlables, le corps aurait été transporté hors du pays, En Uruguay ou en Europe ou en Afrique... après avoir subi d'horribles profanations.

Contrairement à ce que recherchaient ses ennemis, pendant ces vingt années où l'énigme resta entière, Evita était de plus en plus présente ; sa légende s'ancra profondément dans l'imagination populaire. Son spectre semblait errer à travers toute l'Argentine.

Juana Irbarguren consacra le reste de sa vie à chercher les restes de sa fille. Elle frappa à toutes les portes, écrivit des centaines de lettres, présenta des mémoires, supplia, menaça... En décembre 1955, le président Aramburu répondit à un mémoire qu'elle lui avait adressé que sa demande serait satisfaite une fois passés « les moments difficiles que vivait le pays »... En mai 1958, le président Frondizi lui déclara ne pas être dans le secret ; devant son insistance, il ajouta : « Il me semble qu'ils l'ont emmenée en Italie... » Elle avait aussi écrit, en 1956, au pape Paul VI. Cette démarche ne fut pas plus heureuse que les autres. Juana Ibarguren mourut le 11 février 1971, à Buenos Aires ; ses dernières paroles furent : « Je meurs sans même savoir où sont les restes de mon Evita. »

Perón lui-même, généralement bien informé de la situation en Argentine, n'en savait pas plus que les autres. L'ex-président pensait que les ravisseurs avaient détruit le cadavre après l'avoir dépouillé de ses bijoux. Tout au long de ces années, il ne parla d'Evita qu'en de rares occasions comme si lui aussi craignait d'évoquer son fantôme.

Pedro Ara, l'embaumeur espagnol, déclara en 1971 :

« Peu importe où ils ont caché le cadavre. Mon travail était parfait et ce cadavre ne peut être détruit que par le feu. Il est imputrescible. Même sous les eaux, il resterait intact. Si on la retrouve dans un siècle, elle sera comme au jour de sa mort. »

Seize années passèrent ainsi. Pendant cette période, l' « énigme Evita » devint une affaire politique et un symbole pour le péronisme qui avait maintenant une martyre et un drapeau. Les grèves du personnel des postes et télégraphes, des ouvriers de l'industrie pétrolière, en 1958, la grève générale de 1958, celle des travailleurs des abattoirs en 1959, furent déclenchées en invoquant le nom d'Evita. En décembre de la même année, dans les montagnes de Tucumán apparurent les premiers foyers de guérilla. Puis, en mars 1960, il y eut des attentats à Córdoba contre les installations de la Shell. L'agitation continua les années suivantes, se propageant à travers tout le pays. Dans presque tous les cas, les rebelles brandissaient un nom comme une bannière, celui d'Eva Perón.

Avec le temps, le cadavre disparu devint un symbole aussi important — et peut-être plus important — que Perón lui-même. Une légende grandissait qui dépassait le cadre du péronisme et envahissait toute la vie politique argentine. La jeunesse prit Evita pour modèle ; elle était la rébellion et l'incitation à la lutte. Dans les milieux populaires, on se racontait les miracles et les apparitions de la disparue. Elle faisait l'objet d'un véritable culte. Clandestinement pour échapper à la répression, circulaient des portraits en couleur d'Evita avec cette légende : « Sainte Evita, priez pour nous. » Dans les campagnes, beaucoup de gens attendaient le jour où elle reviendrait pour les sauver.

La figure d'Evita s'était avec le temps épurée. Elle était débarrassée des oripeaux péronistes. Le peuple avait décidé d'ignorer ses erreurs et de ne se souvenir que de ses vertus et de son œuvre interrompue par la mort.

Qu'était-il advenu des restes d'Evita ?

Après avoir mis le cercueil dans la camionnette, les ravisseurs se dirigèrent vers l'arsenal militaire Estaban Luco où on ne les laissa pas entrer. Déconcertés, ils se rendirent alors à la caserne du premier régiment d'infanterie de marine où ils se heurtèrent au même refus. Koening et ses complices errèrent au hasard pendant quatre jours dans les rues de Buenos Aires. La nuit, ils abandonnaient le cadavre d'Evita dans la camionnette après l'avoir convenablement dissimulé aux regards des passants.

Le 5 janvier 1956, le cercueil fut déposé dans un sous-sol d'un bâtiment du SIE, situé dans la rue Sucre. Pour des raisons incompréhensibles, les militaires déplacèrent encore quatre fois la caisse pour l'apporter finalement dans l'appartement du major Arandia, l'un des ravisseurs. Au bord de la dépression nerveuse, le major, une nuit, crut qu'on pénétrait chez lui, tira un coup de revolver sur une ombre et tua sa propre épouse.

La caisse qui contenait le cercueil fut ensuite entreposée au siège central du SIE, situé entre les rues Viamonte et Callao. Il y resta plusieurs mois. Le 9 juin 1956, le lieutenant-colonel Moore Koening fut remplacé dans ses fonctions par le colonel Héctor Cabanillas qui ne fut pas averti de la présence des restes. Epouvanté, il la découvrit un jour en ouvrant une caisse sur laquelle était inscrit « Matériel pour l'émission La Voix de la liberté ».

Ensuite, la piste se perd. Selon certaines sources, les chefs du SIE, hantés par cette morte terriblement présente, firent fabriquer cinq cercueils ; chacun d'entre eux fut confié à un groupe chargé de l'ensevelir. Personne ne savait quel cercueil contenait réellement le cadavre d'Evita. Ils tentaient ainsi de brouiller les traces pour rendre impossible toute tentative ultérieure d'identification. Mais il n'y eut que quatre caisses enterrées car, au moment d'ensevelir la cinquième, elle s'ouvrit et l'on vit qu'elle ne contenait que des pierres.

La suite de l'histoire est encore plus démentielle.

Les chefs du SIE continuaient à vivre dans la crainte qu'un événement fortuit ne provoque la découverte de ce cadavre qu'ils voulaient absolument dissimuler. Ils décidèrent donc de faire sortir du pays les restes d'Eva Perón.

Ils firent fabriquer six cercueils de couleur et de taille identique ; on plaça le corps d'Evita à l'intérieur de l'un d'entre eux. On forma six équipes de quatre personnes chacune. Aucune d'entre elles ne savait dans quel cercueil était le corps ni même quel était le but de l'opération. Un des cercueils fut emmené jusqu'en Afrique, un autre jeté dans le Río de la Plata et trois enterrés dans divers lieux du pays. Le sixième — celui qui contenait les restes d'Evita — fut confié au lieutenant-colonel Moore Koening lui-même. Il le transporta jusqu'en Europe par voie de mer. Le débarquement eut lieu dans un port belge selon certaines sources, dans un port italien selon d'autres. Ce qui est certain, c'est qu'un groupe attendait en Europe et se chargea d'acheminer les restes à Milan, le 17 mai 1957. Le certificat de décès était établi au nom de Maria Maggi de Magistriz, morte le 23 février 1951. Il avait été envoyé par les autorités de la ville de Rosario. Eva fut enterrée sous ce nom au cimetière Maggiore de Milan. Très peu de gens étaient au courant de la substitution. On sait qu'un mystérieux jésuite intervint dans l'affaire de l'enterrement.

Au cours de l'année 1957, un jésuite qu'on ne connaît que sous les initiales C.D.T. — était-ce le prêtre de Milan ? — rencontra le président Aramburu à qui il remit une enveloppe contenant des documents qui permettaient d'identifier la tombe d'Evita. Aramburu n'ouvrit pas l'enveloppe et la remit à un notaire avec la note suivante :

« Le commandant en chef de l'armée, un an après ma mort, fera remettre les restes à la famille, si cela peut servir la cause de la paix et de la réconciliation nationale. »

Ces dispositions sont étonnantes. On sait, en effet, que Aramburu était un homme pondéré, patriote et peu rancunier. Pourquoi ce délai ? Craignait-il quelque chose ? Quel secret voulait-il préserver ?

A partir de 1955, l'Argentine entra dans une période troublée marquée par un divorce croissant entre le peuple et l'armée, l'impuissance des gouvernements successifs et la permanence d'un esprit révolutionnaire qui se traduisait par des grèves, des tentatives d'insurrection et des coups d'Etat. Une violence insensée et endémique finit par s'installer et déstabiliser le pays.

Le 29 mars 1962, le président Frondizi fut renversé par un coup d'Etat et remplacé par le président par intérim du Sénat, le docteur José María Guido. Les élections du 12 octobre 1962, amenèrent au pouvoir le parti radical ; un médecin de Córdoba, Arturo Illía, devint président. Le 28 juin de l'année suivante, il fut déposé à son tour par un autre coup d'Etat militaire dirigé par le général Juan Carlos Onganía.

Ni les circonstances de sa chute, ni son exil, ni les campagnes que ses adversaires lançaient périodiquement pour dénoncer la faillite de sa gestion économique, son despotisme, son enrichissement illicite, sa vie privée « scandaleuse », ne purent empêcher Perón de rester bien présent dans la réalité argentine.

Plus on l'attaquait, plus il était populaire. Son opinion était constamment sollicitée et ses directives respectées par de larges secteurs de la population. Son absence avait fait renaître à son endroit une dévotion qui touchait à l'idolâtrie. « Voleur ou pas, nous aimons Perón » : c'était l'un des innombrables graffiti qui apparaissaient régulièrement sur les murs des villes d'Argentine.

Mieux encore. Perón au pouvoir avait bénéficié de l'appui inconditionnel des ouvriers mais n'avait jamais réussi à séduire la jeunesse universitaire. Déçues par l'incompétence des gouvernements qui lui succédèrent, les nouvelles générations d'écoliers et d'étudiants se tournèrent vers le péronisme. A la fin des années soixante, sous la présidence de Onganía, la jeunesse bourgeoise de la capitale commença à s'organiser politiquement et fit entendre sa voix dans le grand débat national sur l'éventuel retour de Perón. Ce mouvement de la jeunesse engendra une sorte de « néo-péronisme » qui tout en se réclamant de Perón avait une nette orientation gauchiste et antinord-américaine. Ce qui dépassait de beaucoup les propres conceptions de Perón.

Le néo-péronisme connut de nombreux avatars et prit plusieurs expressions. La Confédération Générale du Travail des Argentins (CGTA) se proposait de réformer et d'épurer l'opportuniste CGT. La CGTA proclamait la nécessité de la lutte de classe. Elle était numériquement peu importante et sa place forte était le syndicat des dessinateurs industriels. Elle s'était convertie en mauvaise conscience de la vieille CGT qui avait adopté, à l'égard des gouvernements successifs, une position équivoque dite de « dialogue ».

Bien entendu, Perón restait en contact avec les deux syndicats.

Dans les milieux universitaires, le néo-péronisme prit en 1969, une forme politique. C'est à cette époque en effet qu'apparut le groupe des « Montoneros ». Leur nom était une référence aux bandes de « gauchos » qui au xixe siècle appuyèrent les chefs militaires de province dans leurs luttes contre le pouvoir central. Les Montoneros avaient subi l'influence des théologiens tiersmondistes anticonformistes et révolutionnaires ; ils se préparaient dans une semi-clandestinité à la lutte de guérilla. Ils se rapprochèrent d'organisations comme « La Jeunesse péroniste », « La Jeunesse universitaire péroniste », « Les jeunes travailleurs péronistes » et de groupes qui aidaient et endoctrinaient les habitants des bidonvilles. En 1973, les Montoneros coordinèrent leur action avec celle des Forces Armées Révolutionnaires (FAR), et de l'Armée Révolutionnaire du Peuple (ERP), groupes guérilleros marxistes.

Depuis son exil doré de Madrid, Perón comprit immédiatement le bénéfice qu'il pouvait en tirer. Sans vraiment se compromettre avec ces organisations, il s'en servit pour peser sur les gouvernements militaires. Un jour, il alla même jusqu'à dire : « Si j'avais vingt ans, je serais guérillero. »

Confortés par cet appui, les montoneros redoublèrent d'activité. Un commando enleva, tortura et assassina, le 29 mai 1970, l'ex-président Aramburu. Il semble que les guérilleros tentèrent de lui faire avouer où était caché le corps d'Evita.

Le 18 juin 1970 le général Roberto Marcelo Levingston remplaçait Onganía. La guérilla se développait, des grèves violentes éclataient à Córdoba. Une junte formée des commandants en chef de l'armée força Levingston à renoncer et, le 23 mars 1971, désigna, comme chef de l'Etat le général Alejandro Agustín Lanusse.

Lanusse était convaincu que la paix sociale ne serait pas rétablie sans un accord avec Perón. Il envoya donc à plusieurs reprises des émissaires discrets à Madrid. Perón imposa comme préalable à tout accord la restitution du corps d'Evita. L'exilé était persuadé que cette exigence était impossible à satisfaire car il croyait que le cadavre avait été brûlé et les cendres dispersées.

Lanusse n'était pas mieux informé que Perón du destin de la dépouille d'Eva Perón.

Le hasard lui vint en aide. En effet, une année s'était écoulée depuis l'assassinat d'Aramburu et selon le vœu du défunt, le notaire remit à Lanusse — commandant en chef de l'armée — l'enveloppe contenant le document qui permettait de retrouver la tombe d'Eva Perón.

Lanusse envoya à Milan un jésuite — qu'on ne connaît que sous les initiales A.M.R. — pour vérifier l'information.

Un nommé Carlos Maggi, accompagné d'un prêtre qui n'a pas été identifié, vint le 28 août 1971 entreprendre les démarches pour l'exhumation des restes de sa sœur Maria Maggi de Magistriz. Après diverses tracasseries administratives, le cadavre fut exhumé et transporté en passant par la France jusqu'à la frontière espagnole. Là un groupe d'Argentins en prit possession et l'emmena à grande vitesse vers Madrid.

Le lendemain, dans l'après-midi, l'ambassadeur d'Argentine en Espagne, l'amiral Jorge Rojas Silveyra, vint au domicile de Perón pour lui remettre les restes d'Eva, enlevés seize ans plus tôt à Buenos Aires. Etaient présents le colonel Héctor Cabanillas, ex-chef du SIE (« Carlos Maggi »), Isabel Martínez de Perón et José López Rega, secrétaire et homme de confiance de Perón. En même temps, Perón reçut les arriérés de sa solde de général, payés en liquide. Perón compta tranquillement les billets devant le cercueil.

Puis il contempla longuement et en silence le visage de la morte et murmura enfin d'une voix presque inaudible : « Eva... Eva... » Tout le monde quitta alors la pièce laissant Perón face à son passé.

Eva Perón grâce au travail de l'embaumeur avait gardé l'apparence de ses trente-trois ans.

Le corps momifié resta au domicile de Perón. Blanca et Erminda Duarte vinrent de Buenos Aires pour le voir. Le docteur Ara put terminer le travail commencé en 1952 et mourut peu après comme s'il avait attendu d'achever sa tâche pour cela.

Selon le journal *Extra* de Madrid qui publia un rapport médical, le cadavre avait été profané : « Pommette droite coupée ; nez cassé avec des déformations visibles ; quatre coups sur le front ; blessure ouverte dans le thorax ; genoux brisés ; première phalange du majeur de la main droite coupée ; un morceau de l'oreille droite coupé. »

Il y avait aussi de la chaux et du goudron sur le corps et des trous de cinq centimètres dans le revêtement intérieur de zinc du cercueil.

Blanca et Erminda habillèrent le corps de leur sœur d'une tunique de soie blanche qu'elles avaient elles-mêmes cousue.

Épilogue

Cédant à la pression populaire, le président Lanusse mit en marche un processus de retour à une vie démocratique normale. La réconciliation nationale passait par la participation des péronistes à des élections.

Perón désigna son candidat à la présidence de la République, un militant péroniste de longue date, ex-président de la Chambre des députés et dentiste de profession, Héctor Cámpora. Cámpora triompha dans des élections régulières. Personne ne doutait qu'il serait un docile exécutant des consignes de l'exilé de Madrid.

Vieilli et malade, Perón, qui dans le fond ne le souhaitait guère, fit son retour en Argentine, le 20 juin 1973, moins d'un mois après l'accession de Cámpora à la magistrature suprême.

Dès la veille de son arrivée, un million de personnes s'étaient rassemblées autour de l'aéroport de Ezeiza. Perón s'attendait à un accueil triomphal. Il se trouva plongé en plein drame. Les deux fractions du péronisme, l'aile droite dogmatique dirigée par les vieux pontes de la CGT et l'aile gauche, radicalisée, intransigeante et socialiste, s'affrontèrent les armes à la main. Les uns criaient « la patrie péroniste », les autres « la patrie socialiste ». Les coups de feu et l'affolement général qui s'ensuivit firent sans doute plus de cent morts et un millier de blessés.

Perón contraignit Cámpora à se démettre. Le 23 juin 1973, après de nouvelles élections, Juan Domingo Perón revint pour la troisième fois au pouvoir. Il imposa la nomination, comme vice-présidente, de son épouse, María Estela Martínez, « Isabelita ».

Vingt-quatre heures après le triomphe de Perón, José Rucci,

secrétaire général de la CGT, un des responsables de la mise à l'écart de Cámpora, fut abattu d'une rafale de mitraillette dans une rue de Buenos Aires.

Perón restait lucide mais n'avait plus son appétit de pouvoir d'antan. Il accusait ses soixante-dix-huit ans. Vénéré par les travailleurs, adulé par les dirigeants syndicaux, il devait en revanche faire face à la rigueur exigeante de la jeunesse de gauche. Il échoua dans sa tentative de rétablir la paix entre les Argentins.

Dans cette période, Perón qui, avec ses illusions, avait perdu son ambition, donna l'impression d'un homme qui se survivait à lui-même.

Il ne comprit pas que l'Argentine de 1973 n'était plus celle de 1955. Il forma un gouvernement de vieillards, composé de collaborateurs d'autrefois comme Ivanissevitch, Benítez Tayana, Vignes, Llambí. Tous dépassaient les soixante ans. Les trucs dont il usait autrefois avaient perdu de leur efficacité. Slogans, simplifications, promesses, atermoiements étaient maintenant soumis à la critique. La démagogie péroniste montrait ses insuffisances.

De ce processus de réévaluation du péronisme, la figure d'Evita sortit indemne. Le temps en avait fait une figure mythologique. Perón le comprit fort bien et, jaloux jusqu'à la fin, décida que les restes de son épouse demeureraient à Madrid. Durant cette troisième présidence, on parla d'ailleurs fort peu d'Evita. Les services de propagande consacrèrent leurs efforts à mettre en avant Isabel, la vice-présidente. On tenta même de la présenter comme « l'héritière spirituelle d'Evita ». Plus cérébrale, moins impulsive, influençable et manquant de confiance en elle-même, Isabel n'avait aucun charisme ; ses efforts pour imiter et remplacer la défunte la rendaient ridicule et tournaient à la pantomime.

On ne sait pourquoi Perón poussa Isabel à la vice-présidence. Ses limites intellectuelles et son incapacité qui sautaient aux yeux de tous ne pouvaient lui avoir échappé après dix-huit ans de vie commune.

Isabel fut assez vite assimilée à la fraction la plus réactionnaire du péronisme pendant qu'Evita prenait de plus en plus valeur de symbole révolutionnaire pour la jeunesse qui formait l'aile gauche du mouvement. C'est pour cette raison que Perón décida de prolonger l'exil d'Eva. On peut dire que ce fut sa seconde mort.

José López Rega, ex-policier, ex-garde du corps de Perón à l'époque de sa seconde présidence, devenu à Madrid son secrétaire privé et son factotum, fut nommé ministre de la Prévision sociale. Ce personnage inquiétant, adepte de pratiques ésotériques, membre de la secte spiritualiste brésilienne « Anael », exerçait une étonnante influence sur le couple présidentiel. Il vivait dans une intimité équivoque avec Perón et Isabel. Cet homme chauve, rubicond, aux yeux bleus très pâles, âgé d'une cinquantaine d'années, peu intelligent mais extrêmement audacieux avait acquis une immense influence. Il disposait de ressources illimitées, intervenait dans la désignation des hauts fonctionnaires, s'occupait des contacts politiques et était le porte-parole officiel et officieux de Perón. On lui attribue la fondation de l'Alliance Anticommuniste Argentine (AAA), organisation paramilitaire clandestine chargée de détruire par la terreur l'aile gauche du mouvement péroniste. Après la mort de Perón, son pouvoir sera sans limites jusqu'à son éviction sous la pression des militaires.

Perón savait comme tout le monde et mieux que personne que ses jours étaient comptés. A cause de cela, indifférent au drame qui se jouait autour de lui, il préférait discourir sur les grands problèmes mondiaux et l'avenir de l'humanité. Il avait dépassé la réalité argentine et rêvait d'entrer dans l'Histoire comme un homme d'Etat de la stature d'un Gandhi, d'un Tito ou d'un Nasser.

Pour faire revivre les fastes d'autrefois, la CGT organisa une grande manifestation populaire Plaza de Mayo, face à la Casa Rosada, le 1er mai 1974. Des centaines de milliers de personnes applaudirent un Perón souriant. Mais une partie de l'assistance se mit à crier : « *Se siente, se siente, Evita está presente* » (« On le sent, on le sent, Evita est présente ») et quelques exaltés insultèrent Isabel et López Rega qui étaient aux côtés de Perón. Pour la première fois de sa vie, Perón, ce maître du verbe, ce manipulateur de foules, perdit son sang-froid en public et hurla à l'adresse des jeunes péronistes de gauche : « Mercenaires imberbes. Imbéciles pervertis par le marxisme. » Alors les applaudissements cessèrent et devant Perón stupéfait, près de trente mille personnes quittèrent la place avant la fin de son discours. Ce geste consacra la rupture entre Perón et l'aile gauche de son parti, avec les idéalistes, avec ceux qui croyaient en lui et étaient prêts à mourir pour lui.

Dès lors, Montoneros, ERP et groupes similaires retournèrent à la clandestinité et reprirent la lutte violente.

Perón mourut le 1er juillet 1974 à l'âge de 79 ans. Par milliers, des hommes, des femmes et des enfants vinrent de toute l'Argentine pour rendre hommage à la dépouille mortelle de Perón. Silencieux, dignes, pendant trois jours et trois nuits, ces gens humbles, indifférents au froid, à la faim et à l'inconfort attendirent pour défiler devant le Congrès national où était exposé le corps de Perón. Tous étaient en larmes. Oublieux de ses erreurs et de ses mensonges, ils lui conservaient toute leur foi et lui pardonnaient tout. Ils ne voyaient plus en lui que l'homme qui, trente ans plus tôt, leur avait parlé avec des mots d'espoir.

Après les trois jours de deuil officiel, les restes de Perón furent transportés dans la crypte de la résidence de Olivos.

Cinq mois plus tard, une mission dirigée par López Rega ramena secrètement d'Espagne les restes d'Eva Perón. Le cercueil fut déposé à côté de celui de Perón dans la crypte de Olivos.

Mais, le 22 octobre 1976, le gouvernement militaire qui en mars de la même année avait renversé Isabel Perón rendit les restes d'Evita à ses sœurs Blanca et Erminda. Elles firent transporter le cercueil dans l'aristocratique cimetière de La Recoleta, où l'on enterrait les membres de l'oligarchie. Pendant le transport, le chauffeur du fourgon mortuaire fut victime d'une crise cardiaque qui occasionna sa mort.

La famille Duarte avait fait construire à La Recoleta une crypte luxueuse où reposent désormais réunis Juana Ibarguren, Elisa, Juan Ramón, le major Arrieta et Evita.

Perón, quant à lui, est inhumé dans le cimetière populaire de La Chacarita, auprès de son grand-père paternel, le docteur Tomás Perón.

Table des matières

    I. Décor et circonstances 9
   II. La traversée du désert 24
  III. Le flûtiste d'Hamelin 44
   IV. Galatée 65
    V. Son heure de gloire 86
   VI. Ce dix-sept octobre... 103
  VII. Sa raison de vivre 124
 VIII. Premier pèlerinage en Espagne 147
   IX. Cidre et pâtisseries 172
    X. Vingt vérités et un mensonge 199
   XI. « La Señora » et Evita 220
  XII. La flamme qui s'éteint 240
 XIII. Flambeaux de Buenos Aires 266
  XIV. La seconde mort d'Eva Perón 286
Épilogue 301

Achevé d'imprimer le 5 mai 1982
sur presse CAMERON,
dans les ateliers de la S.E.P.C.
à Saint-Amand-Montrond (Cher)
pour le compte des Éditions Mengès
13, passage Landrieu - 75007 Paris

Nº d'Impression : 947-595.
Dépôt légal : mai 1982.
Imprimé en France